Volker Lapp • Wie helfe ich mir draußen

D1734494

Volker Lapp

Wie helfe ich mir draußen

Touren- und Expeditionsratgeber

Einbandgestaltung: Katja Draenert

Titelbild: Andreas Pflaum unter Verwendung einer Vorlage
von Siegfried Horn.

Bildnachweis:
Die Zeichnungen erstellten Heinz Lapp, Fenja Killmann/
Jeanette Killmann und Reinhold Busch und Iris Ehrhardt.
Die Wolkenbilder stammen von Christian Schiegel, die anderen
Bilder vom Autor.

ISBN 978-3-613-50536-0

Copyright © by Verlag pietsch,
Postfach 103743, 70032 Stuttgart
Ein Unternehmen der Paul Pietsch Verlage GmbH + Co
7. überarbeitete und erweiterte Neuausgabe 2007

Sie finden uns im Internet unter
www.pietsch-verlag.de

Lektor: Marko Schweizer
Innengestaltung: TEBITRON GmbH, 70839 Gerlingen
Repro: digi bild reinhardt, 73037 Göppingen
Druck und Bindung: Rung-Druck, 73033 Göppingen
Printed in Germany

Inhalt

VORWORT _____ 11

TEIL I: VOM NOTFALL BIS ZUR UNTERKUNFT _____ 13

1. Rund um's Wetter 13
Allgemeine Wetterregeln 13 • Vorzeichen für gutes
Wetter 14 • Kältezunahme 14 • Anzeichen für
schlechte Witterung 14 • Die Wolken-Wetter-
bedeutung 15 • Kleine Wolkentabelle 17 •
Wetterkarten-Symbole 23 • Luftdruckmessung mit dem
Taschenbarometer 24 • Luftdruckregeln 24 • Die
Zirkulation im Hoch- und Tiefdruckgebiet 25 • Windregeln
26 • Windgeschwindigkeiten 28 • Der Chill-Faktor (Kühl-
effekt des Windes) 29 • Der Wechsel zwischen Land- und
Seewind 30

2. Wind- und Wetterschutz 31
Verhalten bei Gewitter 31 • Lawinengefahr 33

3. Orientierung 36
Natürliche Orientierungsmittel 36 • Karte und Gelände 40
• Kompass 46 • GPS-Empfänger 64 • Höhenmesser 77

4. Suchen 78
Kettensuche 78 • Spiralsuche 78

5. Wassergewinnung und -aufbereitung 80
Wassergewinnung in heißen Gebieten 80 •
Süßwassergewinnung aus Salzwasser 81 • Grobfilterung
von Wasser 82 • Feinfilterung 83 • Tipps zur Wasserreinigung 83

6. Feuer 85

Grundlegendes 85 • Feuerstarter 86 • Zubereitung von Brennholz 86 • Schärfen von Macheten 87 • Schärfen der Axt 88 • Feuer ohne Streichhölzer anzünden 89 • Feuermachen mit Hilfe einer Feuerinsel 90 • Feuergrube zum Schlafen 92 • Einfacher Reflektor 92 • U-förmiger Reflektor 93 • Feuerstellen in geschlossenen Unterkünften 93 • Trocknen von Kleidung 94

7. Unterkünfte 96

Die Zweighütte 96 • »Iglu«-Hütte 97 • Poncho-Unterkunft 97 • Stangenzelt 99 • Schneebehausungen 100 • Verhalten im Notbiwak 102

TEIL II: ERSTE HILFE IN DER WILDNIS _____103

8. Erste Hilfe 103

Grundregeln 103 • Lebensbedrohliche Zustände 104 • Bergen 105 • Krankentransport 107 • Wiederbelebung 108 • Stabile Seitenlage 112 • Ertrinken 113 • Wunden 113 • Schock 115 • Verätzungen 120 • Tollwut 122 • Brüche, Verrenkungen, Verstauchungen 124 • Akute Schmerzzustände 130 • Herzinfarkt 130 • Lungenentzündung 131 • Bauchschmerzen 132 • Verletzungen und Erkrankungen im Kopfbereich 135 • Schlaganfall 135 • Gehirnerschütterung, Schädelbruch 136 • Augen 137 • Nase 137 • Ohr 138 • Hals 138 • Verschlucken, Ersticken 139 • Bisse und Stiche giftiger Tiere 140 • Giftschlangen 140 • Skorpione 143 • Spinnen 145 • Insektenstiche 146 • Giftfische 147 • Zeckenbisserkrankungen 148 • Tropenerkrankungen 151 • Hitzschlag 152 • Sonnenstich 153 • Stromschlag 153 • Flüssigkeitsmangel 154 • Durchfall 155 • Unterzuckerung 156 • Unterkühlung 157 • Erfrieren 158 • Vergiftungen 159 • Höhenkrankheit 161 • Zahnerkrankungen 163 • Wildnisapotheke 167 • Injektion von Medikamenten 172 • Impfungen 174 • Notrufnummern 175 • Handy-Ortung 175

TEIL III: ERNÄHRUNG IN DER NATUR _____ 176

9. Fallenbau _____ 176
Allgemeines 175 • Eichhörnchenfalle 177 • Verschiedene
Schlingenfallen 177 • Fallenkasten 179 • Schlagfalle 179
• Fischfalle 181

10. Verarbeitung der erbeuteten Tiere _____ 182
Hase, Kaninchen 182 • Geflügel 182 • Größeres
Wild 182 • Haarwild 182 • Ausnehmen und
Abbalgen 184 • Messer schleifen 187

11. Nahrungskonservierung _____ 188
Möglichkeiten der Fleischkonservierung 188
• Herstellung von »Pemmikan« 188

12. Versorgung mit Fisch _____ 189
Allgemeines 189 • Ausrüstung 189 • Reviere 191
• Angeltechniken 192 • Versorgung des Fanges 195
• Haltbarmachung 198 • Giftige Fische 199
• Verletzungen durch Angelhaken 200

13. Brot selbst gemacht _____ 201
Von den Zutaten bis zur Teigherstellung 201 • Backen
in der Alufolie 202 • Die »Stein«-Methode 202 • Das
Ganze im Topf ... 202 • ... und in der Pfanne 202

14. Aufbewahren von Nahrung _____ 203
Schutz der Lebensmittel 203 • Abfallbeseitigung 203

15. Wildwachsende Pflanzen _____ 204

16. Kochstellen- und Ofenbau _____ 205

TEIL IV: SEILE UND KNOTEN _____ 209

17. Seile und Knoten 209
Mastwurf 209 • Seilverbindung oder Kreuzknoten 209 •
Achterknoten 210 • Klemmknoten 210 • Palstek 211

TEIL V: ÜBERWINDEN VON GEWÄSSERN _____ 212

18. Hindernis Fluss 212
Gesicherte Flussüberquerung 212 • Berechnung der
Seilkräfte 215 • Bau eines Flaschenzuges 216 • Fluss-
überquerung am Hängeseil 217 • Seilspannung ohne
Flaschenzug 219 • Die »Einfach-Seilspann-Methode« 219
• Brückenbau 220 • Das richtige Fällen von Bäumen 221
• Das Überqueren von Eisflächen 224

19. Fortbewegungsmöglichkeit Wasser 230
Anfertigen eines Notbootes 230 • Bau eines Floßes
mit Auftriebskörpern 234 • Auftriebsfähigkeit luftgefüllter
Gegenstände 234 • Hilfsmittel Luftballon 236 • Holzfloß
237 • Tragfähigkeit von Holz 237 • Schwimmhilfen 238
• Die Strömungsgeschwindigkeit 238 • Geschwindigkeits-
berechnung eines Wasserfahrzeuges vom Fahrzeug aus
239

TEIL VI: ABSEILEN UND BERGEN _____ 241

20. Abseilen 241
Grundlegendes 241 • Abseilen mit Halbmastwurf und
Karabiner 243 • Abseilen mit Abseilachter und zusätz-
licher Klemmknoten-Sicherung 243 • Sichern mit Abseil-
achter 244 • Sichern mit Halbmastwurf 245 • Die Seilver-
längerung 245 • Der Dülfersitz 246 • Bruchlasten von
Kernmantel-Reepschnüren 248 • Verankerungen im
Schnee, Schlamm oder Erdreich 248

21. Bergen 250
Die Selbstbergung (Auf- und Absteigen am Seil) 250
• Spaltenbergung 251 • Bergung mit Hilfe eines Flaschen-
zuges 254

TEIL VII: MIT DEM PFERD UNTERWEGS _____ 256

22. Hilfsmaßnahmen für draußen 256
Maßnahmen zur Ablenkung des Tieres 256 • Verhinde-

rung des Ausschlagens 256 • Öffnen des Mauls 257
• Ruhewerte des Pferdes 257 • Verletzungen 257
• Wundversorgung 257 • Pfählungswunden 258 • Nageltritt 258 • Hufverband 259 • Ballen- und Kronentritt 259
• Huflederhautentzündung 259 • Hufabszess, Hufgeschwür 260 • Satteldruck 260 • Einschuss 261 • Verstauchung, Sehnenzerrung 262 • Druckstellen durch Gebiss 262 • Augenerkrankungen 263 • Nasenbluten 263
• Schlundverstopfung 264 • Kolik 264 • Kreuzverschlag
265 • Hufrehe 266 • Schlauchödem 267 • Nesselsucht
267 • Kreislaufprobleme 268 • Hitzschlag 269 • Austrocknung 270 • Giftpflanzen 271 • Stecken bleiben bzw.
Einbrechen 272 • Pferdemedikamente 273 • Hufbeschlagkontrolle 274 • Ersetzen eines Nagels 274 • Verlust
eines Hufeisens 275 • Tipps zur Hufarbeit 276

TEIL VIII: MIT DEM HUND AUF TOUR _____ 277

23. Soforthilfe bei Krankheiten und Verletzungen 277
Allgemeines 277 • Verhindern des Beißens 277
• Schockbehandlung 278 • Normalwerte beim Hund
279 • Pulsmessen 279 • Wundversorgung 279 • Nähen
von Wunden 280 • Ohrverletzungen 281 • Brust- und
Bauchverletzungen 281 • Wunden an den Läufen (Beinen) 281 • Verletzungen an den Pfoten 282 • Krallenbruch 282 • Bissverletzungen 282 • Anfertigung einer
Halskrause 283 • Knochenbrüche 283 • Künstliche Beatmung 284 • Herzmassage bei Kreislaufstillstand 284
• Innere Erkrankungen 285 • Magendrehung 285 • Ersticken 285 • Erbrechen und Durchfall 285 • Darmverschluss 286 • Verstopfung 286 • Vergiftung xxx • Zahnerkrankungen 287 • Augenerkrankungen 288 • Ertrinken 289 • Erfrierungen 289 • Unterkühlung 289 • Hitzschlag 289 • Zecken 290 • Insektenstiche 290
• Schlangenbisse 291 • Medikamententipps 291

TEIL IX: MIT DEM AUTO UNTERWEGS _____ 292

24. Hilfe für Offroader 292

Grundregeln des Geländefahrens 292 • Ausrüstung 293 •
Brennstoffwörterbuch 299 • Winden und Bergen 300 • Hang-
fahren 308 • Brückenbau 314 • Radwechsel 329 • Reifenpanne
331 • Wasserfahrten 339 • Floßbau (Schwimmautobau) 342

TEIL X: SIGNALE UND ZEICHEN _____ 354

25. Notsignale und Nachrichtenübermittlung 354

Alpines Notsignal 354 • Internationales Notsignal
SOS 354 • Mayday-Notruf 354 • Das Morsealphabet 355
• Das Phonetische Alphabet 355 • Bodenzeichen für
Flugzeuge 356 • Flugzeugantworten 356 • Körpersignale
für die Luftsuche 358 • Improvisierte Notsignale 359

TEIL XI: MASSEINHEITEN _____ 360

26. Verschiedene Maßeinheiten 360

Die Umrechnung von Fahrenheit in Celsius 360
• Umrechnungstabelle für deutsche, englische
und amerikanische Maße und Gewichte 361

TEIL XII: HERSTELLUNG VON HILFSMITTELN _____ 362

27. Improvisierte Hilfsmittel 362

Anfertigung einer Schneebrille 362 • Rucksack- und -
Tragenbau 362 • Bau einer Säge 362

DANKSAGUNG _____ 363

EIN VIELSEITIGES UNTERNEHMEN _____ 364

DER AUTOR _____ 365

STICHWORTVERZEICHNIS _____ 367

Vorwort

Im Jahre 1988 erschien zum ersten Mal das vorliegende Büchlein, mit dem ich eine Lücke auf dem Markt der vielen Survivalbücher schließen wollte. Nun gibt es das Buch bereits in der siebten Auflage – und seit 2006 auch auf chinesisch – und es hat mit jeder Auflage etwas an Umfang gewonnen, da mir im Lauf der Jahre immer wieder neue Tipps einfielen, die sich in bestimmten Situationen als wichtig erwiesen haben.

Ich habe mich bemüht, das Buch als ein Handbuch zu erhalten, das in jeder Tasche mitgeführt und weiterhin nach dem Prinzip: »Man nehme ...«, verwendet werden kann. Es soll ein Buch bleiben, das mögliche Situationen darstellt und gleichzeitig eine Lösung dafür anbietet – eine Lösung, die einfach zu verstehen und vor allem schnell und sicher auszuführen ist.

Ich habe versucht, ein möglichst vielschichtiges Buch zu schreiben, das nicht nur Expeditionsteilnehmern und Abenteuerurlaubern eine Hilfe ist, sondern auch Wanderreitern, Jägern, Schlittenhundeführern, Bergsteigern, ATV-Fahrern, Natur- und Survivalfreunden.

Ab der vierten Auflage neu hinzugekommen ist das Kapitel »Mit dem Auto unterwegs«, das sich vor allem an Fernreisende richtet, aber auch eine Menge allgemeiner Tipps für das Fahren im Gelände bietet. Neu sind auch die Kapitel über das Angeln und die Orientierung mit Hilfe von Kompass, Karte und GPS.

Ein besonderes Anliegen war mir schon immer der Medizinteil. Dieser kurze Streifzug durch die Human- und Tiermedizin kann selbstverständlich weder den Gang zum Arzt noch ein Medizinstudium ersetzen. Allerdings sind gewisse medizinische Kenntnisse – gerade wenn man auf sich alleine gestellt ist – unumgänglich. Denn selbst der einfallsreichste, improvisierfähigste Geist ist machtlos, die beste Ausrüstung nur noch Hilfswerk, wenn man durch Krankheit oder Unfall nicht mehr einsatzfähig ist. Natürlich sollten die richtigen Handgriffe schon vor dem Beginn einer Reise oder Tour eingeübt werden. Ein Erste-Hilfe-Kurs ist sogar als selbstverständlicher Bestandteil einer sorgfältigen und richtigen Planung zu sehen. Dazu sollte jeder versuchen, sich eine gewisse Flexibilität anzueignen, um im Notfall mit den ihm zu Verfügung stehenden Mittel improvisieren zu können. Auf keinen Fall soll dieses Buch jedoch eine Anleitung sein, ohne Not bestimmte darin beschriebene Rettungsmethoden auszuprobieren, da manche Vorgehensweisen nicht ganz ungefährlich sind und wirklich nur im Notfall eingesetzt werden sollten. Was sich jedoch auf alle Fälle anbietet, ist, auch schon vor Antritt einer Reise oder Tour in dem Büchlein zu schmökern, da es auch eine Menge vorbeugender Ratschläge enthält und so den Reisenden vor etlichen Fehlern bewahren kann. Denn die goldene Regel lautet immer: *Die beste Bewältigung einer Notfallsituation besteht darin, sie gar nicht erst eintreten zu lassen!*

Volker Lapp
Wittgenborn, im Jahr 2007

1. Rund ums Wetter

ALLGEMEINE WETTERREGELN

(Süd–)Föhn: Birgt in den Nordalpen und Mitteleuropa stets die Gefahr einer Wetterverschlechterung..

Kaltfronten: Können auch im Sommer die Schneefall-Grenzen im Gebirge sinken lassen.

Nebel im Tal: Meist sonniges Wetter im Gebirge; gute Fernsicht.

Bewölkter Himmel: Geringere Temperaturunterschiede zwischen Tag und Nacht.

Wolkenloser Himmel: Starke Temperaturunterschiede zwischen Tag und Nacht.
Diese fallen umso stärker aus:
- Je schwächer der Wind weht und/oder
- je trockener die Luft ist (insbesondere bei Schnee).

Langsame Veränderung des Wetters: Bringt beständiges Wetter und konstante Temperaturen.

Schnelle Wetterveränderung: Sorgt für Unbeständigkeit.

VORZEICHEN FÜR GUTES WETTER

- Sich schnell auflösende Kondensstreifen
- Taubildung am Morgen
- Morgengrau
- Hoher Luftdruck
- Steigender Luftdruck
- Morgennebel, der sich bald auflöst
- Senkrecht aufsteigender Rauch
- Große Temperaturunterschiede zwischen Tag und Nacht.
- Ostwind im Sommer: es wird wärmer
- Ein langsamer Anstieg des Luftdrucks über Tage hinweg entspricht einem beständigen Hoch; ein schneller Druckanstieg bedeutet meist nur ein Zwischenhoch.
- Im Gebirge: Nebel im Tal ist meist von gutem Wetter und Fernsicht auf der Höhe begleitet.

KÄLTEZUNAHME

Eine Kältezunahme ist zu erwarten bei:
- stark glitzernden Sternen im Winter
- Ostwind im Winter.

ANZEICHEN FÜR SCHLECHTE WITTERUNG

- Morgen- oder Abendrot
- Flach ziehender Rauch
- Tiefer Luftdruck mit bleibender Tendenz
- Lang anhaltende Kondensstreifen in großer Höhe
- Windzunahme
- Grauer Abendhimmel
- Fallender Luftdruck

- Windstille bei Regen: langanhaltender Niederschlag
- Ferne Gegenstände, die plötzlich scheinbar näher kommen; Berge nehmen eine blauschwärzliche Färbung an
- Halo-Erscheinungen (Ringe und Höfe) an Sonne, Mond oder Sternen bedeuten eine baldige Wetterverschlechterung
- Auffallend gute Hörbarkeit entfernter Geräusche
- Aufklarung mit plötzlich starkem Luftdruckanstieg nach längerem Regen deutet nur auf eine kurzzeitige Wetterbesserung hin
- Wolkenaufzug (sich verdichtende Schichtwolken) aus West bis Südwest zeigt bei Druckabfall in Mitteleuropa auf Niederschlagstendenzen
- Dunst in den Bergen – bei gleichzeitiger Aufklarung im Tal – ist meist ein Zeichen für Wetterverschlechterung
- Sturmgefahr bei schnell und stark fallendem Luftdruck.

DIE WOLKEN-WETTERBEDEUTUNG

Schichtwolken

Cirrus: Bei Schönwetterlage und unregelmäßig verteilten Cirrus-Wolken am Himmel besteht keine baldige Aussicht auf Wetterveränderung. Bei fallendem Luftdruck sowie aus SW bis NW herbeiziehenden Cirruswolken, die sich verdichten, ist während des nächsten Tages mit Wetterverschlechterung zu rechnen.

Cirrocumulus: Schnell herbei ziehende Cirrocumuli-Wolken aus westlicher Richtung zeigen den kommenden Wetterumschlag. Sehr feine Cirrocumuli deuten im Sommer auf Föhn oder Gewitter hin.

Cirrostratus: Bei fallendem Luftdruck ein Zeichen für baldigen Regen; Ringe und Höfe (Halos) um Mond und Sonne: nachfolgender Regen.

Altocumulus: Schlechtwetterfront ist angesagt.

Altostratus:	Ebenfalls ein Schlechtwetterzeichen; bei Verdichtung des Altostratus und Ausbildung von Wolkenfetzen an der Unterseite ist mit nasskaltem und regnerischem Wetter zu rechnen.
Nimbostratus:	Bildet er eine geschlossene Wolkendecke in eintönigem Grau, deutet dies auf Landregen. Allerdings: Reißt die Wolkendecke langsam auf und kommt Helligkeit durch, kann man sich auf besseres Wetter einstellen.
Stratus:	Stratuswolken im Sommer zeigen die Möglichkeit eines Gewitters an. Strati unter 100 m Höhe bezeichnet man als Nebel.
	Wenn bei *klarem* Winterwetter abends Nebel aufzieht, der sich dann wieder auflöst, bedeutet dies anhaltenden Frost.
Stratocumulus:	»Schönwetterwolken«; flache, geschichtete (Stratus) Quellwolkenfelder unterhalb einer Inversion. Am Ende einer Schauerperiode oder nach Nebel oder Hochnebel im Hochdruckgebiet auftretend.
Quellwolken	**(= Schauer- oder Gewitterwolken)**
Cumulus:	Nach Sonnenaufgang (bei gutem Wetter) sich bildende Cumuluswolken, die sich nach Sonnenuntergang wieder auflösen, deuten auf eine stabile Wetterlage hin. Lösen sich dagegen die Wolken nicht auf, ist mit Wetterverschlechterung zu rechnen.
(Cumulus:)	Die Bildung von starken Cumuli deutet auf Regenschauer und/oder Gewitter hin.
	Cumuluswolken aus SW und NW: Regen oder Schneeschauer, unter Umständen zusätzlich Windböen.
	Ein Auftauchen von Cumuli im Morgengrau lässt ebenfalls auf schlechtes Wetter (Schauer) schließen.

Cumulonimbus: Gewitterwolken; es ist mit Böen und/oder Regen-
schauer zu rechnen. Schwefelgelb gefärbte Cumu-
lonimbuswolken zeigen kommenden Hagel an.

KLEINE WOLKENTABELLE

Wolkenhöhe in Metern	Wissenschaftlicher Name	Abkürzung	Bezeichnung	Volksmund
8000–12.000	Cirrus	Ci	Hohe Wolken	Feder-, Schleier-, Eiswolken
6000–10.000	Cirrocumulus	Cc	Hohe Wolken	Haufenfederwolken, kleine »Schäfchen«
6000–8000	Cirrostratus	Cs	Hohe Wolken	Schleierwolkenschichten (Halo um noch durchscheinende Sonne)
3000–6000	Altocumulus	Ac	Mittelhohe Wolken	grobe Schäfchenwolken, Quellwölkchen in der Höhe
3000–6000	Altostratus	As	Mittelhohe Wolken	Schichtwolken in der Höhe
2000–5000	Nimbostratus	Ns	Mittelhohe Wolken	Regenschichtwolken
0–2000	Stratus	St	Niedrige Wolken	niedrige Schichtwolken
500–2000	Stratocumulus	Sc	Niedrige Wolken	Schicht-/Haufenwolken
500–6000	Cumulus	Cu	Niedrige Wolken	Haufen-, Quellwolken
500–1500	Cumulonimbus	Cb	Niedrige Wolken	Regenhaufen-Wolken

Cirrus – Federwolken/Schleierwolken/Eiswolken

Cirrocumulus – Haufenfederwolken, kleine »Schäfchen«

Cirrostratus – Schicht von Schleierwolken, Halo um noch durch-scheinende Sonne

Altocumulus – grobe Schäfchenwolken, Quellwölkchen in der Höhe

Altostratus – Schichtwolken in der Höhe

Nimbostratus – Regenschichtwolken

Stratus – Niedrige Schichtwolken

Stratocumulus – Schicht-Haufenwolken

Cumulus – Haufenwolken, Quellwolken

Cumulonimbus – Regenhaufenwolken

WETTERKARTEN-SYMBOLE

◯ wolkenlos

◐ heiter (1/4 bedeckt)

◑ 1/2 bedeckt

◕ wolkig (3/4 bedeckt)

● bedeckt

∞ trockener Dunst durch Industrie oder Staub

= feuchter Dunst

≈ Bodennebel

≡ Nebel (Sicht unter 1 km)

⊰ Staub- oder Sandsturm

⊹ Schneetreiben

• Regen

❜ Nieseln (Sprühregen)

(•) Niederschlag in der Umgebung

✳ Schneefall

✳̇ Regen mit Schnee

⬅ Eisnadeln

▽ Schauer

▽̂ Graupelschauer

▲̂▽ Hagelschauer

⌐ᐸ Gewitter

(⌐ᐸ) Ferngewitter

ᐸ Wetterleuchten

•⌐ nach Regen

⌐ᐸ⌐ nach Gewitter

▲▲▲ Warmfront

▲▲▲ Kaltfront

▲▲ Okklusion

Windgeschwindigkeiten

◎ still oder sehr schwach

◯— um 1 m/sek. (1–5 km/h)

◯—\ um 2,5 m/sek. (6–13 km/h)

◯—\\ um 5 m/sek. (14–22 km/h)

◯—\\\ um 7,5 m/sek. (23–31 km/h)

◯—\\\\ um 10 m/sek. (32–40 km/h)

◯—\\\\\ um 22,5 m/sek. (77–85 km/h)

◯—\ um 25 m/sek. (86–94 km/h)

Wolkenzeichen

⌐⌐ Cirrus (Eiswolken, federförmig)

2_⌐ Cirrostratus (Eiswolken, dünne schleierförmige Schichtbewölkung)

2ω Cirrocumulus (kleine Schäfchenwolken)

∠ Altostratus (Schichtwolken aus Eis und Wasser)

⫽ Nimbostratus (dichte Schichtwolken aus Eis und Wasser)

ω Altocumulus (dicke Schäfchenwolken aus Wasser)

⌄⌐ Stratocumulus (geschichtete Quellwolkenbänke aus Wasser)

— Stratus (hochnebelartige geschlossene Wolkenschicht)

⌒ Cumulus (Quellwolken)

⌂ Cumulonimbus (Regen- und Schauerwolken, Gewitter)

∠ Altocumulus lenticularis (linsenförmige Wolken aus unterkühltem Wasser, Föhnwolken)

LUFTDRUCKMESSUNG MIT DEM TASCHENBAROMETER

Um eine präzise Luftdruckmessung zu erhalten, muss zwischen zwei Messungen der momentane Standort beibehalten werden. Man darf also nicht höher oder tiefer steigen. Falls doch, müssen anhand der Karte (Höhenlinien) die Ab- oder Aufstiegsmeter exakt vermerkt und das Barometer korrigiert werden, um ein Steigen oder Fallen des Luftdrucks zu erkennen. Ein Barometer kann deshalb auch als Höhenmesser verwendet werden (s. dazu auch Kap. 3, Höhenmesser).

> **Merke:** Der Luftdruck nimmt mit zunehmender Höhe über dem Meer ab.

Umrechnung:
1 Hektopascal (hpa) = 1 Millibar (mb) = 0,750 Torr (1 mm Hg, Quecksilbersäule).

LUFTDRUCKREGELN

1) Fallender Luftdruck am Ende einer Hochdruckperiode bringt erste Federwölkchen mit sich; diese verdichten sich dann und bedecken bald den ganzen Himmel bis zur Regenschichtbewölkung. Nachfolgend starker Regen.
2) Rasch fallender Luftdruck *im Sommer* hat meist Gewitter mit Beendigung der Schönwetterlage zur Folge.
3) Fallender Barometerdruck bei *anfänglich hohem Luftdruck* bringt, solange der Wind aus ost- bis südöstlicher Richtung weht, noch keine Wetterverschlechterung.

Die ersten gegen ein umfangreiches Hoch anlaufenden Regen und Schneefronten verlieren oft an Kraft; erst die nächsten Fronten bringen stärkeren Niederschlag.

4) Bei anhaltend tiefem Barometerstand (10–30 hpa unter dem Mittelwert von 1013,2 hpa) wechselt das Wetter bei westlichen Winden zwischen sonnig-trockenen Abschnitten im Zwischenhoch und häufigen Niederschlägen mit Wind und Abkühlung.
5) Eine Schönwetterlage ist von Bestand, solange das Barometer hohen Luftdruck anzeigt; hierbei im Winter oft Dunst, Nebel und Smog im Flachland. Im Bergland oberhalb der austauscharmen Grundschicht aber hervorragende Fernsicht und wolkenloser Himmel. Der leichte Luftdruckabfall von 1–2 hpa in der Zeit von etwa 4.00 Uhr morgens und besonders gegen 16.00 Uhr nachmittags ist tageszeitlich bedingt und ohne Auswirkung auf eine Wetterveränderung.
6) Sehr rasch steigender Luftdruck ist oft nicht von langer Dauer; nach dem Zwischenhoch folgt dann meist ein rasches Tief.
7) Langsamer, aber stetiger Druckanstieg signalisiert dagegen den Aufbau einer beständigen Hochdruckphase.

DIE ZIRKULATION IM HOCH- UND TIEFDRUCKGEBIET

- Das Wetter im Tief ist meist durch starke Bewölkung und Niederschlag an den Wetterfronten gekennzeichnet.
- Hochdruckzonen sind meist mit trockenem und wolkenarmem Wetter verbunden (abgesehen von Boden- und Hochnebel in den Frühlings-, Herbst- und Wintermonaten).

Merke: Der Wind weht immer entlang den Isobaren
(Linien des gleichen Luftdrucks).

Zirkulation um ein Tief auf der nördlichen Halbkugel: spiralförmiges *Ein*strömen ins Tief hinein (immer links herum, *entgegengesetzt* dem Uhrzeigersinn!).

Zirkulation um ein Hoch auf der nördlichen Halbkugel: spiralförmiges *Aus*strömen aus dem Hoch hinaus (immer rechts herum, also *im* Uhrzeigersinn!).

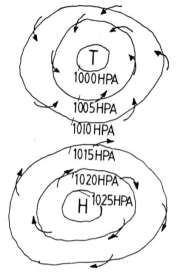

Anmerkung zur Zeichnung: Isobaren werden meist von 5 zu 5 hpa gezeichnet. Das Hoch in der Beispielzeichnung hat eine Kernisobare von 1025 hpa, d. h. alle Orte auf diesem Kreis verzeichnen den selben Luftdruck von 1025 hpa.

WINDREGELN (BEZOGEN AUF MITTELEUROPA)

- Wind vom Meer (aus SW, W oder NW) ist niederschlagsreich, da er Feuchtigkeit von der Wasserfläche aufnimmt.
- Westwetter bedeutet wechselhaftes, im Winter mildes Wetter, im Sommer kühle Temperaturen.
- SW-Wind auf der Vorderseite (Ostseite) eines von Westen her sich nähernden Tiefs bringt oft anhaltenden Warmfrontniederschlag – im Sommer Gewitter – mit sich.

- Südwind: mildes Wetter in allen Jahreszeiten.
- Nordwind dagegen bringt sommers wie winters kaltes Wetter.
- Ostwind: im Sommer trockenes, heißes Wetter, im Winter sehr niedrige Temperaturen.

Anmerkung: Diese Regeln beziehen sich auf die
Nordhalbkugel.

Merke:
- Durch die größere Reibung über Land ist die Windgeschwindigkeit über Wasserflächen immer höher.
- Mit zunehmender Höhe nimmt auch die Windgeschwindigkeit zu.
- Hat man den Wind im Rücken – weht also der Wind gegen den Rücken –, liegt das Tief links, das Hoch rechts.

Beispiel:
Der Wind weht von Westen her (man steht mit dem Rücken zum Westen, das Gesicht zeigt nach Osten), also liegt das Tief im Norden, das Hoch im Süden.

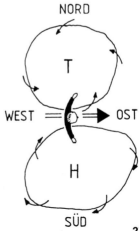

WINDGESCHWINDIGKEITEN

Definition	Erklärung	Wetterkarten-Zeichen	km/h	m/s	kn	Stärke nach Beaufort
Windstille	Keine Luftbewegung		0–1	0–0,2	0–1	0
sehr schwacher Wind	nur an ziehendem Rauch erkennbar		1–5	0,3–1,5	1–3	1
schwacher Wind	Wind im Gesicht spürbar		6–11	1,6–3,3	4–6	2
leichter Wind	Blätter bewegen sich		12–19	3,4–5,4	7–10	3
mäßiger Wind	kleine Zweige bewegen sich		20–28	5,5–7,9	11–15	4
stärkerer Wind	Größere Zweige bewegen sich		29–38	8–10,7	16–21	5
starker Wind	Große Zweige bewegen sich		39–49	10,8–13,8	22–27	6
sehr starker Wind	schwächere Bäume bewegen sich		50–61	13,9–17,1	28–33	7
stürmischer Wind	Große Bäume bewegen sich, Zweige brechen ab		62–74	17,2–20,7	34–40	8
Sturm	Leichte Gegenstände werden aus ihrer Lage gebracht		75–88	20,8–24,4	41–47	9
Schwerer Sturm	Bäume werden entwurzelt		89–102	24,5–28,4	48–55	10
Orkanartiger Sturm	Schwere Sturmschäden		103–117	28,5–32,6	56–63	11
Orkan	Verwüstungen		> 118	> 32,7	> 64	12

DER CHILL-FAKTOR (KÜHLEFFEKT DES WINDES)

Mit steigender Windgeschwindigkeit nimmt der Mensch die realen Temperaturen sehr viel niedriger wahr (sog. Chill- = Kühleffekt des Windes). Das führt z. B. dazu, dass es bei starkem Wind auch bei Temperaturen **über** 0° C zu Erfrierungen kommen kann. Die Kurven zeigen die empfundene Temperatur bei gegebener tatsächlicher Lufttemperatur und verschiedenen Windgeschwindkeiten bzw. -stärken.

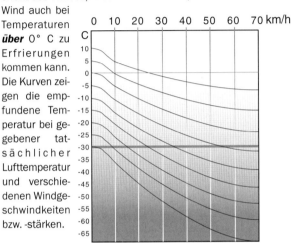

Merke: Ab einer empfundenen Temperatur von -30° C drohen an ungeschützten Körperteilen Erfrierungen innerhalb einer Minute. Ab -60° C empfundener Temperatur genügen bereits 30 sec!

Beispiel: Bei einer Lufttemperatur von -10° C und einer Windstärke 4 (gemessen in Beaufort; dies entspricht lt. Tabelle S. 28 11–15 km/h) empfindet der Mensch eine Kälte von -25° C.

DER WECHSEL ZWLSCHEN LAND- UND SEEWIND

Während nachts der Landwind zur See weht, bläst tagsüber der Seewind zum Land (aus dem Hoch ins Tief). Voraussetzung: generelle Sonneneinstrahlung.

Nachts gilt: Wolkenarmut über dem Land im Absink-bereich des Hochs sowie Wolkenbildung (Quellwol-ken) über der See im Tief.

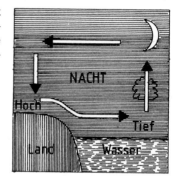

Tagsüber herrscht Wolken-armut über der See im Absinkbereich des Hochs; Wolkenbildung dagegen über dem Land im »Hitze-tief«.

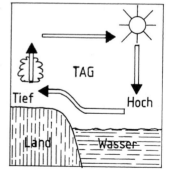

2. Wind- und Wetterschutz

VERHALTEN BEI GEWITTER

Gewitterentfernung
Zählen der Sekunden zwischen Blitz und Donner: das Ergebnis durch 3 geteilt ergibt die Entfernung in Kilometer (der Schall legt in der Sekunde 333 Meter zurück).
Bei 6 Sekunden Differenz vom Blitzeinschlag bis zum Donner hieße dies: 6 Sek. ÷ 3 = 2 Kilometer.

Vorsichtsmaßnahmen
- Alle Metallstücke ablegen, ebenso Gegenstände aus Metall meiden (Weidezäune, Schienen, Motorräder, usw.).
- Geschlossene Autos (keine Cabriolets!) sind sicher (Faraday-ischer Käfig).
- Offene Wasserflächen sofort verlassen.
- Bei Segelbooten: Versuchen den Mast zu erden, d. h. eine Metallverbindung vom Mast zum Wasser herzustellen (z. B. mit starkem Kabel oder Drahtseil).
- Feuchte Stellen – auch nasse Felsen – im Gelände meiden.
- Darauf achten, dass man selbst nicht über die Umgebungs-höhe hinausragt.
- Beste Schutzstellung: Hockstellung mit angezogenen Beinen auf trockenem Untergrund; beide Füße dicht zusammen-nehmen.

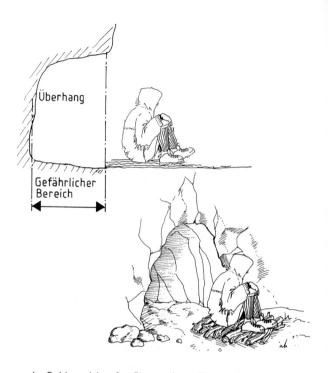

- Im Gebirge sich sofort über *mehrere* Einzelselbstsicherungen (s. S. 236) sichern, da der Blitz eine Seilverbindung abschlagen kann. Vorsicht bei nassen Seilen!
  Vorsicht vor Erdströmen: nicht direkt unter einzeln liegenden Felsblöcken, Höhlen oder Überhängen Schutz suchen. Es ist besser, 2–3 m davor in Hocksitz-Stellung abzuwarten.
- Beim Einwickeln in eine Rettungsdecke sollte diese Bodenkontakt haben.

LAWINENGEFAHR

Grundsätzliches
- Nach starken Schneefällen mit Wind ist in allen Hanglagen zwischen 25° und 45° Neigung mit Lawinengefahr zu rechnen. »Der Wind ist der Baumeister der Lawinen.«
- Unterhalb von Schluchten und Rinnen ist man stärker gefährdet.
- Ab 20–30 cm Neuschnee ist mit Lawinengefahr zu rechnen.
- Bei vorherrschendem Föhn oder rascher, sonstiger Lufterwärmung ist mit starker kurzzeitiger Lawinengefahr zu rechnen.
- Eingeschneiter Oberflächenreif und Schwimmschnee sind gefährliche Gleitschichten.
- Lichte Wälder bieten meist keinen ausreichenden Lawinenschutz.
- Windbedingte Pack- und Pressschnee-Ablagerungen sind besonders gefährlich: Es kann zu Schneebrett- oder Festschneelawinen kommen.
- Hohlräume im Schneeprofil sind gefährlich; diese kommen oft bei staudenartigem Unterwuchs (z. B. Heidelbeeren) vor.
- Lawinengefahr besteht auch beim Spuren, wenn der Schnee mit dumpfen »Wwummf-Geräusch« bricht.
- Vor Antritt einer Tour oder Abfahrt wenn möglich den Lawinenlagebericht einholen. Ab Lawinenwarnstufe 4 sind Steilhänge über 30° zu meiden.

Merke: Besser übertriebene Vorsicht als gefährliches Heldentum!

Verhalten in lawinenverdächtigem Gelände
- Falls Verschütteten-Sende- und -Suchgerät (VS-Geräte) vorhanden, die einwandfreie Funktion vor Inbetriebnahme prüfen.

- Zusätzlich warme Kleidung anziehen (Handschuhe, Pullover; Anorak-Kapuze tragen).
- Die Spur immer außerhalb verdächtiger Hänge anlegen, auch wenn man dadurch Umwege oder stärkeren Energieverbrauch in Kauf nehmen muss.
- Wenn möglich sollte sich immer nur ein Mitglied der Gruppe im gefährdeten Hangbereich aufhalten.

Merke: Ein lawinengefährdetes Gebiet wird, falls man es nicht umgehen kann, schnell, einzeln und so hoch wie möglich gequert!

Maßnahmen bei Fremdverschüttung

1) Lawinenabgang genau beobachten.
2) Nach Stillstand der Schneemassen den Punkt des letzten Aufenthaltes der betroffenen Person markieren.
3) Falls die Gefahr des Abgangs weiterer Lawinen besteht, einen Warnposten in sicherem Gelände aufstellen.
4) Sind ausreichend Helfer vorhanden, sofort einen Kameraden ins Tal schicken; genaue Ortsangaben vereinbaren (Karte, Kompass, Höhenmesser, Peilung).
5) Die Suche sofort beginnen – es geht um Minuten. Schematisch suchen! Das Suchgebiet einteilen und markieren. Sind keine Lawinensonden und VS-Geräte vorhanden, sind zur Suche Skistöcke, Pickel, Zeltstangen oder Äste zu benutzen.
6) Ist das Opfer gefunden, sofort den Kopf freilegen, Mund und Nase reinigen. Beruhigend auf den Verunfallten einwirken (auf Schock achten!).
7) Falls das Opfer nicht bei Bewusstsein ist, sofort mit künstlicher Beatmung und eventuell Herzmassage beginnen (s. Kap. 8).

Hilfe bei Selbstverschüttung

1) Beim Erkennen der Lawine sich sofort von allen Ausrüstungsgegenständen lösen (Rucksack, Ski, Skistöcke usw.). Falls Bäume oder Sträucher in der Nähe sind, versuchen sich festzuklammern.

2) Ist man mit Skiern unterwegs, unter Umständen eine Schussfahrt wagen, um aus dem Gefahrenbereich herauszukommen.

3) Versuchen, mit Schwimm- und Stemmbewegungen an der Lawinenoberfläche zu bleiben.

4) Bei Verschüttung probieren, eine Kauerstellung einzunehmen. Atemfreiraum vor dem Gesicht schaffen.

5) Ruhe bewahren, Sauerstoff sparen.

3. Orientierung

Zur sicheren Orientierung und um ein Ziel unter sinnvollem Kraft- und Zeiteinsatz zu finden, müssen Standort, Richtung, Entfernung und Höhe bestimmt werden können. Nötig sind dazu natürliche und/oder künstliche Hilfsmittel.

NATÜRLICHE ORIENTIERUNGSMITTEL

Diese Methoden taugen ohne Hilfsmittel oder Kenntnisse der Astronavigation nur zur Groborientierung!

Sonnenstand

Sonnenaufgang	= im Osten
Höchststand (Mittag) nördliche Halbkugel	= im Süden
Höchststand (Mittag) südliche Halbkugel	= im Norden
Sonnenuntergang	= im Westen

Die Uhr als Kompass

Diese Methode ist an den Polen genau, in hohen Breiten brauchbar und in Äquatornähe sowie bei bedecktem Himmel nutzlos.

Trägt man eine Digitaluhr, zeichnet man sich ein Ziffernblatt und ermittelt Süden bzw. Norden anhand der Skizze.

Nordhalbkugel: Der Stundenzeiger (kleiner Zeiger) muss zur Sonne zeigen. Süden entspricht dann der Winkelhalbierenden zwischen Stundenzeiger und 12 Uhr.

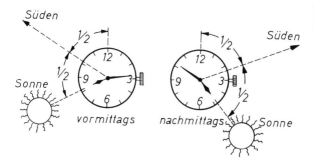

Südhalbkugel: Die Winkelhalbierende zwischen Stundenzeiger und 12 Uhr zeigt nach Norden.

Polarstern und Kreuz des Südens

Die einfachste Methode zur Orientierung bei Nacht bietet auf der Nordhalbkugel der Polar- oder Nordstern im Sternbild des »Kleinen Wagens« (auch »Kleiner Bär«). Zur Suche bedient man sich des »Großen Wagens«. Beide Sternbilder drehen sich gegen den Uhrzeigersinn um den Polarstern.

Südlich des nördlichen Wendekreises und auf der Südhalbkugel orientiert man sich nach dem Sternbild »Kreuz des Südens«, das sich im Uhrzeigersinn am südlichen Nachthimmel dreht.

Polarstern (Nordstern)
• Er zeigt geografisch Nord an und ist ab etwa dem 10. nördlichen Breitengrad (Breitengrad: s. bei Koordinaten) sichtbar.

Maßstab 1:200 000
1 cm = 2 km

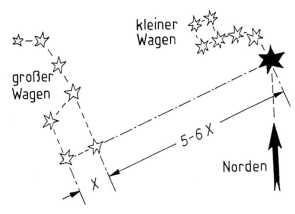

- In Polnähe kann kein Richtungswinkel bestimmt werden, weil er fast senkrecht über dem Kopf steht.
- Der Polarstern ist der vorderste »Deichsel«-Stern des »Kleinen Wagens«. Um ihn zu finden, verlängert man die hintere »Ladeklappe« des »Großen Wagens« 5 Mal.
- Da der Polarstern nach geografisch Nord zeigt, kann auch die Deklination (s. Kap. »Kompass«) bestimmt werden.

Kreuz des Südens

Es ist sehr klein und »Kopf« und »Fuß« des Kreuzes liegen bei ausgestrecktem Arm nur zwei bis drei Finger breit (ca. 6°) auseinander.

Verlängert man die Längsachse des Kreuzes 4- bis 5-mal ab dem Fußstern und geht von dort senkrecht zum Horizont, erhält man Süden (auf ca. 3° genau).

38

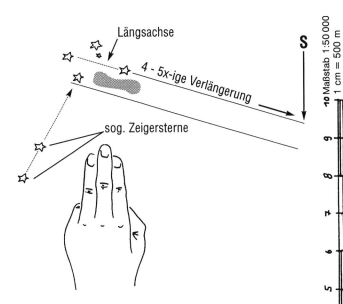

Längsachse

4 - 5x-ige Verlängerung

S

Maßstab 1:50 000
1 cm = 500 m

sog. Zeigersterne

Merke: Der Höhenwinkel (Alpha) des Nordsterns und der des »Himmels-Südpols« entspricht jeweils der geografischen Breite (Breitengrad) des eigenen Standorts.

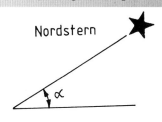

Nordstern

α

39

KARTE UND GELÄNDE

Je nach Kartenmaßstab ist die von der Karte ins Gelände zu übertragende Entfernung verschieden.

Der Maßstab wird auf dem Deckblatt oder am Kartenrand angegeben.

- Große Maßstäbe sind 1:25.000 und 1:50.000, z. B. bei topografischen Karten.
- Kleine Maßstäbe sind 1:500.000 oder 1:1.000.000, z. B. bei Straßen- oder Pilotenkarten.

Wichtigste Angaben für die Praxis sind Maßstab, Maßeinheit (km, Land-, Seemeilen) und Höhenlinien.

Kartenmaßstab

Maßstab	1 cm in der Karte entspricht im Gelände	1 km im Gelände entspricht auf der Karte
1:10.000	100 m	10 cm
1:15.000	150 m	6,65 cm
1:20.000	200 m	5 cm
1:25.000	250 m	4 cm
1:50.000	500 m	2 cm
1:100.000	1 km	1 cm
1:200.000	2 km	5 mm
1:500.000	5 km	2 mm
1:1.000.000	10 km	1 mm

Höhenlinien

Alle Geländeformen (Berge, Täler) werden auf Landkarten mit Höhenlinien dargestellt. *Höhenlinien* verbinden alle Punkte, die gleich hoch über Meereshöhe liegen.

Der Abstand zweier Höhenlinien heißt *Äquidistanz*, ist für die gesamte Karte gleich und wird am Kartenrand angegeben.

Die Hangrichtung verläuft rechtwinklig zu den Höhenlinien; so können Geländeformen erkannt werden.

Zähllinien sind stärker gedruckt und mit der Höhenangabe versehen, deren Ziffern so stehen, dass ihr Kopf immer nach oben (zum Berg), ihr Fuß nach unten weist.

Höhenlinien sind meist braun, auf Gletschern und Schneefeldern blau, in Seen (Höhe ü. M. oder Wassertiefe) blau und – in manchen Karten – auf felsigem Untergrund auch schwarz gedruckt.

Merke:
- Je enger die Höhenlinien, desto steiler das Gelände!
- Höhenlinien werden von der Falllinie rechtwinklig geschnitten.
- Für markante Punkte (Gipfel, Berghütten, Pässe, Seen, Ortsnamen) wird die Höhe ü. M. angegeben.

Nach den Höhenlinien lässt sich ein Profil der Landschaft zeichnen, die durchschnittliche Steigung kann ermittelt und die Gehzeit geschätzt werden.

Maßstab 1:10 000
1 cm = 100 m

Beispiele:

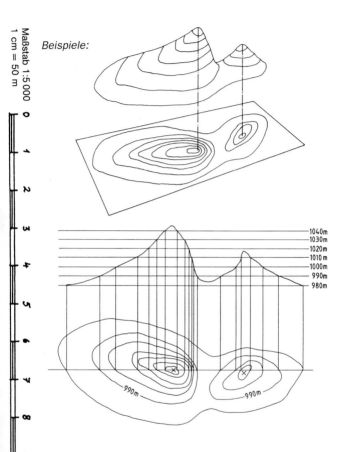

Ausgehend vom Maßstab der Karte sowie der Höhenlinien-Differenz (= Äquidistanz; sie wird in der Karte angegeben) lässt sich über den Abstand der Linien der Steigungswinkel errechnen.

Beispiel:
Kartenmaßstab 1:25.000
Höhenunterschied 60 m (6 Höhenlinien à 10 m)
Höhenlinienabstand für diese 60 Höhenmeter auf der Karte =
1,4 cm

Formel: $\dfrac{60 \times 10.000}{1,4 \times 25.000}$ = 17,1% Steigung

D. h., man muss auf 100 Meter waagerechte Wegstrecke 17,1 m
aufsteigen.

Umrechnung von Grad in Prozent

Grad	Prozent
5	8,7
10	17,6
15	26,8
20	36,4
25	46,6
30	57,7
35	70
40	83,9
45	100

100 % Steigung entspricht 45°,
ist also *nicht* senkrecht.

Benötigte Zeit beim Marsch

In der Ebene läuft der Mensch in hindernisfreiem Gelände in einer Stunde etwa 5 km bzw. er kann in dieser Zeit ca. 300 Höhenmeter aufsteigen.

Der Zeitaufwand für eine Etappe lässt sich daher ganz einfach aus Marschstrecke und Höhenunterschied berechnen.

Beispiel:
7,5 km auf 600 m Höhenunterschied ergeben einen Zeitaufwand von 90 + 120 Minuten = 210 Minuten.
Sicherheitsfaktor einkalkulieren!

Weitere Kartenmerkmale

Auf topografischen Karten, Straßenkarten und Atlanten markiert der obere Blattrand immer Norden.

Die Schrift von Siedlungsnamen (Orte, Berghütten) verläuft von West nach Ost.

Bei Landschaftsnamen, Flüssen, Gebirgszügen folgt die Schrift dem Landschaftsverlauf.

> **Merke:** Bei schlechten Straßenkarten und Touristik-
> »Wanderkarten« ist das nicht der Fall; manchmal
> fehlt sogar ein Nordpfeil.

Höhenmessung von Objekten

Um die Höhe von Bauwerken, Bäumen oder sonstigen Objekten im Gelände zu errechnen, gibt es folgende Methode:

1) Man wählt einen Punkt, der eine bestimmte Entfernung zu dem zu messenden Objekt hat. Die Entfernung wird dabei durch Abschreiten ermittelt.

2) Ein Stock von bekannter Länge wird senkrecht in die Erde gesteckt.
3) Über die Spitze des Stockes wird die Spitze des Objektes angepeilt.
4) Die Höhe des Gegenstandes wird dann nach folgender Formel berechnet:

$$H = \frac{A \times h}{a}$$

Merke: Immer die gleiche Maßeinheit benutzen, entweder Schritte oder Meter.

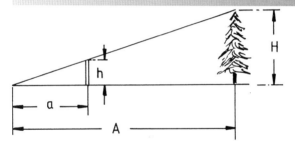

Bei geneigtem Gelände ist die Formel identisch,
der Stock muss lediglich parallel zur Höhe »h« stehen.

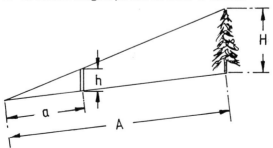

KOMPASS

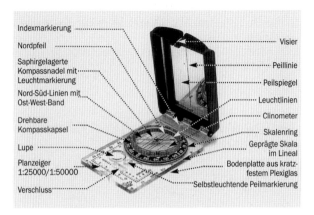

Indexmarkierung

Nordpfeil

Saphirgelagerte Kompassnadel mit Leuchtmarkierung

Nord-Süd-Linien mit Ost-West-Band

Drehbare Kompasskapsel

Lupe

Planzeiger 1:25000/1:50000

Verschluss

Visier

Peillinie

Peilspiegel

Leuchtlinien

Clinometer

Skalenring

Geprägte Skala im Lineal

Bodenplatte aus kratzfestem Plexiglas

Selbstleuchtende Peilmarkierung

- Die Nadel zeigt immer zum magnetischen Nordpol und dient als Winkelmesser zum Errechnen eines Kurses.
- Magnetischer und geografischer Nordpol sind nicht identisch. Dieser Fehler wird *Missweisung* oder *Deklination* genannt. Berechnungen entfallen, wenn die Kompass-Windrose um den Deklinationswert verdreht werden kann.
- Ebenso folgt die Nadel dem Erdmagnetfeld, dessen Feldlinien in verschiedenen Winkeln zur Erdoberfläche verlaufen. Dieser Effekt heißt *Inklination*. Weil herkömmliche Kompassnadeln für eine bestimmte Region ausbalanciert werden, kann anderswo die Nadel im Gehäuse streifen und falsch anzeigen. Gute Hersteller bieten für andere Regionen angepasste Dosen an und sogenannte »Turbo«-Modelle sind (fast) überall brauchbar, weil Magnet- und Anzeigenadel getrennt wurden.

- Die größte Fehlerquelle in der Praxis ist die Deviation – die Ablenkung durch Fahrzeuge, Stromleitungen, Pipelines, aber auch Taschenmesser oder Kameras. Die Ablenkung bei einem Fahrzeug-Kompass muss deshalb kompensiert werden können. Dies geschieht bei konventionellen Kompassen mit sog. »Gegen«-Magneten. Bei den neueren elektronischen Kompassen kompensiert sich der Kompass selbst. Dazu muss meist eine bestimmte Taste gedrückt und das Fahrzeug um 360° gedreht werden.

Ausstattung eines zur Kartenarbeit tauglichen Kompasses:
- Magnetnadel
- durchsichtige Dose mit Flüssigkeitsdämpfung
- darin eingedruckte Nordlinien
  (evtl. zusätzliche West-Ost-Linie)
- Nordmarke
- lange Anlegekante zum Verbinden der Start-Ziel-Strecke
- Kurspfeil
- Kreisteilung der Windrose.

Die Kreisteilung der Windrose
- Am häufigsten wird die 360°-Teilung im Uhrzeigersinn verwendet:

0 bzw. 360°	= Norden
90°	= Osten
180°	= Süden
270°	= Westen

Nachteilig dabei ist, dass diese Teilung sich nicht ins Dezimalsystem einfügt.

- Verbreitet ist auch die Einteilung in 400 Gon (Neugrad). Ihr Vorteil ist, dass auf sie das Dezimalsystem anwendbar ist:

| 0 bzw. 400 Gon | = Norden | 200 Gon | = Süden |
| 100 Gon | = Osten | 300 Gon | = Westen |

- Das Militär teilt je nach Land den Vollkreis in 6000 bis 6400 (vereinfacht 60 bzw. 64) Strich (Mils, Artillerie-Promille) ein. Der Vorteil dabei ist, dass 64 Teile bei halbierten Winkeln gerade Zahlen ergeben. 60 Teile entsprechen dem Uhrenziffernblatt mit den Minuten:

0/60	= Norden
15	= Osten
30	= Süden

Umrechnungstabelle für Kompass-Winkelangaben

360°	400°	6400
1	1,1	17,8
2	2,2	35,6
3	3,3	53,3
4	4,4	71,1
5	5,6	88,9
10	11,1	177,8
15	16,7	266,7
20	22,2	355,6
25	27,8	444,4
30	33,3	533,3
35	38,9	622,2
40	44,4	711,1
45	50,0	800,0
50	55,6	888,9
60	66,7	1066,7
70	77,8	1244,4
80	88,9	1422,2
90	100,0	1600,0

Die Deklination (Missweisung)

Die Erde dreht sich um den geografischen Nordpol. An diesem Punkt treffen sich auch die Längengrade.

Die Nadel des Kompasses richtet sich allerdings nach dem magnetischen Nordpol, genauer genommen nach den magnetischen Meridianen, die nicht geradlinig, sondern kurvenförmig verlaufen. Der Winkel der Abweichung der Kompassnadel von der geografischen Nord-Süd-Linie wird *Missweisung* oder *Deklination* genannt und in Grad (°) Ost oder West angegeben. Sie ist entweder in der Kartenlegende angegeben oder direkt als »Linien gleicher Missweisung« (= Isogonen) in die Karte eingezeichnet. Jeder geographische Standort hat eine andere Deklination, die sich im Lauf der Zeit ändert.

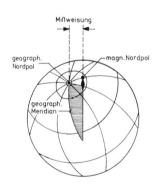

Magnetischer Nordpol	MN
Geografischer Nordpol	TN (engl. True North)
Deklination (Missweisung)	engl. Variation

Die Missweisung wird in Grad WEST oder OST angegeben.

Lage des magnetischen und geografischen Nordpols

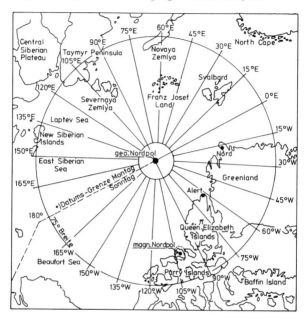

*) Internationale Datums-Grenze. Beim Passieren der Datums-Grenze nach Westen muss ein Tag weiter gerechnet, beim Passieren nach Osten ein Tag abgezogen werden.

Die Deklination entspricht dem Winkel am Ort des Betrachters der Karte zwischen dem geografischen Nordpol (TN) und dem magnetischen Nordpol (MN). Das heißt: Meine Kompassnadel weicht also um die angegebene Deklination von der geografischen N-S-Linie ab.

Für die nachfolgenden Beispiele wird zur Vereinfachung davon ausgegangen, dass die Kompassnadel genau zum magnetischen Nordpol zeigt, um so die nötigen Umrechnungen leichter erklären und zeichnerisch darstellen zu können.

Beispiel A

1) Deklination WEST

Der magnetische Nordpol (MN) liegt für den Betrachter westlich vom geografischen Nordpol (TN), also auf der Karte links von der Nord-Süd-Linie.
Somit ist bei Deklination West der Betrag der magnetischen Peilung um den Wert der Deklination größer als die Peilung bezogen auf den geografischen Nordpol (TN).

Nord-Süd-Linie (N/S) = Richtung geografischer Nordpol (TN)

Deklination: 10° WEST
Magnetische Peilung: 120°
Kartenpeilung:
120° – 10° = 110°
(Magnetische Peilung minus
Deklination = Kartenpeilung)

Das heißt: Der Kompass zeigt
10° mehr an, als die Peilung auf
Karte.

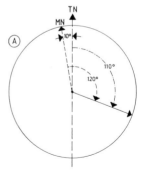

Beispiel B

2 Deklination OST

In diesem Fall liegt der magnetische Nordpol östlich vom geografischen Nordpol (TN). Auf der Karte somit rechts von der Nord-Süd-Linie.

Deklination: 10° OST (engl. EAST)
Magnetische Peilung: 100°
Magnetische Peilung
plus Deklination = Kartenpeilung: 100° + 10° = 110°

Das heißt: Der Kompass zeigt 10° weniger an als die Peilung auf der Karte.

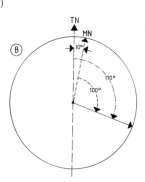

Merke:
Die Kompasspeilung ist bei
      • Deklination West größer
      • Deklination East kleiner
als die Kartenpeilung.

Merke:

Beachte, dass die Missweisung sich jährlich ändert!
Sie wird auf guten Karten angegeben. Auf der Karte steht
zum Beispiel: »Die Nadelabweichung beträgt für dieses
Kartenblatt im Jahre 1997 etwa 0,1° westlich; sie nimmt
z.Zt. jährlich um etwa 0,08° ab.« D. h. im Jahr 2007 wäre
die Deklination demnach 0,70° Ost.

Grobregel: Derzeit kann in Mitteleuropa und Nordafrika
die Missweisung für einfache Navigationsaufgaben
vernachlässigt werden. In anderen Regionen (z. B. Nord-
kanada) kann sie jedoch bis zu 30° betragen.

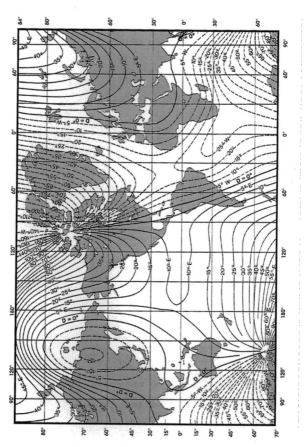

Isogonen-(Deklinations-)karte der Erde (Stand 1998)

Die Arbeit mit dem Kompass

- Gemessen wird der Winkel zwischen Nordrichtung und Ziel (= Azimuth, Kurs-, Marschrichtung, Marschzahl).
- Das zum Ziel zeigende Lineal und die verstellbare Kompassdose mit der Nordmarke und der Kreisteilung bilden den Winkelmesser. Dabei ist egal, ob die Kreisteilung 360°, 400 Gon o. a. beträgt, da man umrechnen kann.
- Am einfachsten ist es, wenn man den aus der Karte bestimmten Kurswinkel ohne Beachtung von Ziffern ins Gelände überträgt (wie es in der Praxis üblich ist!): Siehe dazu auch die »1-2-3-Methode«.
- Die Kursrichtung (= Verbindung Standort – Ziel) bestimmt die Anlegekante des Kompasses auf der Karte. Der Rot- bzw. Leuchtpfeil bzw. der Spiegel müssen dabei zum Ziel zeigen.
- Die Nordrichtung auf der Karte übernehmen dabei die Nordmarke bzw. die Nordlinien der Dose. Die Magnetnadel benötigt man bei der Kartenarbeit nicht, da der obere Kartenrand ja Norden ist.
- Im Gelände wird die Nordrichtung durch das Nordende der Kompassnadel bestimmt (Rot- bzw. Leuchtspitze).
- Die abgelesene Marschzahl (= Kartenwinkel) wird per Peilung zum nächsten sichtbaren, markanten Geländepunkt (Bergspitze, großer Baum, Mast usw.) ins Gelände übertragen.

Beispiel:
Die aus der Karte abgelesene Marschzahl ist 160, d. h. der Winkel zwischen Nord- und Marschrichtung beträgt 160°.

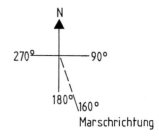

360° Kompass
Norden = 360°/0°
Osten = 90°
Süden = 180°
Westen = 270°

N

270° ——————— 90°

180° \160°

Marschrichtung

• Anhand zweier Peilungen kann der eigene Standort in die
  Karte übertragen werden.

Vorgehensweise:
1) Man sucht sich zwei markante Punkte im Gelände, die man in
   der Karte wiederfindet (Bergspitze, Turm o. ä.).
2) Beide Punkte werden mit dem Kompass angepeilt und die
   ermittelten Winkel (Marschzahlen) in die Karte übertragen.
3) Der Schnittpunkt der Winkelgeraden ist der eigene Standort.

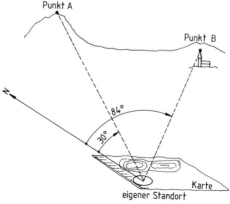

Punkt A

Punkt B

N

84°

30°

Karte

eigener Standort

- Ein unbekannter Punkt kann im Gelände durch zwei Peilungen bestimmt und in die Karte übertragen werden.

Vorgehensweise:
1) Der gesuchte Punkt wird vom ersten Standort angepeilt und der Winkel in die Karte übertragen.
2) Man begibt sich zu einem zweiten bekannten Standort, peilt den gesuchten Punkt an und überträgt auch diesen Winkel in die Karte.
3) Der gesuchte Punkt liegt auf der Schnittstelle beider Winkelgeraden.

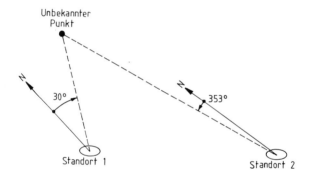

Umgehen von Hindernissen

Hindernisse sollten in uneinsichtigem Gelände mit der 60°- oder der 90°-Methode umgangen werden.

Bei der 90°-Methode müssen die Strecken A und C gleich lang sein.

Bei der 60°-Methode müssen die Strecken A und B gleich lang sein.

Die Streckenlänge muss sehr genau durch Zählung der möglichst gleich großen Schritte ermittelt werden.

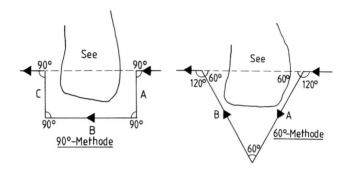

Falls durch bestimmte Geländeeigenschaften weder die 60°- noch die 90°-Methode anwendbar sind, sollte der Weg gekoppelt werden mit Hilfe einer Wegskizze. Dabei entsprechen 100 Schritt 1 cm auf der Skizze. Die Hauptrichtung wird dabei von der Karte übertragen.

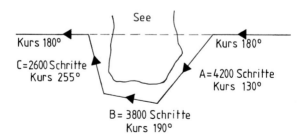

Die Breitenmessung

Um festzustellen, wie breit z. B. ein Fluss ist (z. B. um die Länge des benötigten Seils oder der Bäume für eine Überquerung auszurechnen), gibt es folgende einfache Methode:

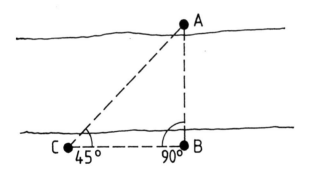

1) Punkt A suchen (Stock, Stein, Mensch).
2) Punkt B festlegen.
3) Punkt C suchen. Er liegt im rechten Winkel zur Strecke AB. Die Punkte A und B werden im 45°-Winkel gepeilt.
4) Die Länge der Strecke CB ist gleich der Strecke AB.

Die »1-2-3-METHODE«

Vorgehensweise:

1) Kompass auf die Karte legen. Die (linke oder rechte) Anlegekante zeigt vom eigenen Standpunkt zum Ziel.

2) Die Kompassdose so drehen, dass das »N« auf der Skala auf der Karte in Richtung Norden zeigt.
Hilfen: Die Nordmarke »N« parallel zu den Nordlinien bzw. zum Rahmen der Karte oder die Ost-West-Linie der Dose parallel zu Namenszügen von Orten oder Hütten legen.

3) Den Kompass in die Hand nehmen, den Körper drehen bis das Nordende der Nadel mit seiner Rot- oder Leuchtmarkierung mit der Nordmarke der Kompass-Skala übereinstimmt. Der Marschrichtungspfeil auf der Grundplatte bzw. der Spiegel zeigt jetzt genau in Marschrichtung. Einen Punkt im Gelände in Marschrichtung anvisieren und dorthin ge-

hen, ohne den Kompass anzusehen oder zu verstellen.

4) Punkt 3) so oft wiederholen bis das Ziel erreicht ist.

Der Planzeiger

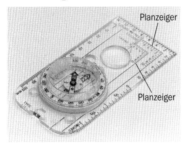

Planzeiger auf Kompass

Planzeiger

Planzeiger

- Der Planzeiger ist eine Zusatzfunktion des Kompasses.
- Er dient dazu, einen Punkt auf einer Karte für einen anderen Benutzer der gleichen Karte (z. B. Rettungsdienst) genau zu beschreiben.
- Angegeben wird immer zuerst der Rechtswert, dann der Hochwert.
- Rechtswert ist der Abstand eines Punktes von einer senkrechten Gitterlinie nach rechts.
- Hochwert ist der Abstand von einer waagerechten Linie nach oben.

- Die Nummern der Linien können dem Kartenrahmen entnommen werden.

Topographische Karte 1 : 25 000

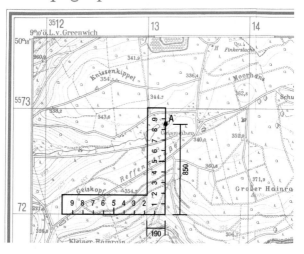

Bestimmung der Koordinaten des Punktes „Geisweiher":
Rechtswert: 3513190
Hochwert: 5572850

Merke: Mit dieser Zahlenangabe, der Höhe und Hinweisen zur Geländebeschaffenheit kann ein anderer Kartenbenutzer sofort den übermittelten Standort finden.

Auch für GPS-Berechnungen nutzt man einen Planzeiger, um Positionen in die Karte zu übertragen bzw. um die Koordinaten von Standort, Route und Ziel als Wegpunkte von der Karte in das Gerät einzugeben.

Des Weiteren ist es sinnvoll, die Höhe und zusätzlich die Geländebeschaffenheit des Standortes zu vermerken. Die Rettungsmannschaft kann mit diesen Angaben den Ort leichter finden.

GPS-EMPFÄNGER

Das *Global Positioning System* erlaubt eine theoretische Positionsbestimmung mit einer Genauigkeit bis auf 5–15 Meter. Es kann seit
dem 2. Mai 2002 weltweit von jedermann genutzt werden. Seitdem
gibt es auch keine künstliche Verschlechterung mehr durch das US-
amerikanische Militär. *Das US-Verteidigungsministerium behält
sich jedoch vor, die zivile Nutzbarkeit in Krisenregionen einzu-
schränken oder regional ganz auszuschließen.* Gröbere Fehler
können beim Übertragen von Positionen in die Karte bzw. beim Entnehmen von Koordinaten aus der Karte auftreten.

Außerdem dürfen die Kartengrundlagen (*map datums*) des Re-
chenprogramms des GPS-Empfängers nicht von denen der Karte differieren. Der Welt-Standard WGS 84 des GPS-Gerätes kann
auf andere »map datums« eingestellt werden, um »Überset-
zungsfehler« zu vermeiden.

Merke: Wichtig ist, dass die Antenne freien Blick zum
Himmel hat. Bei Regen oder Schneefall verschlech-
tert sich der Empfang, ebenso bei einem Betrieb
unter irgendwelchem Stoff (Zelt, Rucksack); Stein
(Häuser), Blech (Fahrzeuge), Alufolie oder andere
feste Materialien unterbrechen ihn. Daher hat man
z. B. in Häusern, unter hohen Bäumen, im dichten
Wald oder oft auch in tiefen Tälern oder Straßen-
schluchten keinen Empfang. Betreibt man das GPS
im Auto, kann eine zu steile oder spezialverglaste
Windschutzscheibe den Empfang beeinträchtigen.
Bei manchen Automodellen oder Bootstypen ist
eine Außenantenne unumgänglich.

Grundfunktionen

Mit GPS-Empfängern können Routen über bekannte oder der Karte entnommene Wegpunkte vorgeplant werden.

In weglosem Gelände ohne eindeutige Orientierungspunkte können Positionen oder zurückgelegte Strecken elektronisch gespeichert werden, so dass man anhand der Daten wieder zum Ausgangspunkt zurückfinden kann.

Es werden die geografischen Koordinaten und die (ungefähre) Höhe angezeigt; ab Fußgängertempo auch die exakte Geschwindigkeit über Grund oder wahlweise die Richtung, Abweichung oder voraussichtliche Ankunftszeit am Zielort; außerdem die exakte Zeit und je nach Gerät Sonnenauf- und Untergang, die Mondphase, die beste Jagdzeit u.a.m.

> **Merke:** Nur wenn man befähigt ist, Positionen (Koordinaten oder Gitter) in die Karte zu übertragen bzw. sie aus der Karte zu übertragen, lässt sich mit GPS richtig navigieren.

GPS- bzw. allgemeine Navigations-Begriffe

Da viele Begriffe auf Englisch sind bzw. z. T. auch noch abgekürzt werden – hier eine kleine Übersetzungshilfe:

Accuracy	Genauigkeit
Alarm Circle	Alarmkreis um einen Wegpunkt
Altitude (ALT)	Höhe
Approaching Waypoint	Annäherung an Wegpunkt
Acquiring Satellites	Satellitensuche
Average Speed (AVG SPEED)	Durchschnittsgeschwindigkeit

Battery Saver Modus	Batteriespar-Modus
Bearing (BRG)	Peilung zum Wegpunkt
Celes	Himmel
Change Data Fields	Datenfelder ändern
Check Beacon Wiring	Anschluss überprüfen
Contour	Höhenlinien
Cross Track Error (XTE)	Kursversetzung, -fehler; die Strecke, die man nach links oder rechts vom Sollkurs abgewichen ist
Course (CRS)	Kurs zum nächsten Wegpunkt
Course Deviation Indicator (CDI)	Kursabweichungsanzeiger
Course Line	Kurslinie
Course Made Good (CMG)	zurückgelegter Kurs
Course Over Ground	Kurs über Grund; die Bewegungsrichtung bezogen auf eine ebene Position
Course Up	die Karte ist sollkursorientiert, d. h. der aktuelle Sollkurs liegt oben
(to) create	erstellen
Create Waypoint (WPT)	einen neuen Wegpunkt erstellen
Database Error	Datenbankfehler; internes Geräteproblem
Data Fields	Datenfelder
Daylight Savings	Sommerzeit
(to) define	(Route, Wegpunkt) definie-ren
(to) delete	(Route, Wegpunkt) löschen
Destination Waypoint	Zielwegpunkt, aktivierter

(DEST WPT)	Wegpunkt
Deviation	Ablenkung des Magnetkompasses
Dilution of Precision (DOP)	Faktor zur Kennzeichnung der Unsicherheit einer GPS-Position, Gütezahl für die Qualität des GPS-Signals
Distance (DST, DIST)	Entfernung, Abstand
Distance to Destination (DIST TO DEST)	Entfernung zum Ziel
Distance to Next (DIST TO NEXT)	Entfernung bis zum nächsten Wegpunkt
Display	Anzeigebildschirm
Drift	Stromgeschwindigkeit
Elevation	Höhe
Estimated Time of Arrival (ETA)	voraussichtliche Ankunftszeit
fa	Faden (Maßeinheit für die Tiefe)
Foot (ft)	Fuß
Full Screen Map	bildschirmfüllende Karte
Geodetic Grid (GRID)	geodätisches Gitter
Greenwich Mean Time (GMT)	Greenwich Zeit
Ground Speed	Fahrt über Grund
Horizontal Dilution of Precision (HDOP)	Faktor zur Kennzeichnung der Genauigkeit einer 2D-Position; sollte möglichst klein sein

(to) insert	(Wegpunkte) einfügen in eine bereits vorhandene Route
(to) invert	(Route) umkehren, Wegpunkte einer Route werden in umgekehrter Reihenfolge angefahren
Knot	Knoten = Seemeile/Stunde = 1,852 km/h
Land Cover	Landmasse
Latitude (LAT)	Geografische Breite
Leg	Abschnitt
Leg Distance	Abschnittslänge; die Strecke zwischen zwei Routenwegpunkten
Leg Time	Abschnittsdauer; die Zeit, die benötigt wird, um von einem Routenwegpunkt zum nächsten zu gelangen
Location	Position
Longitude (LON)	Geografische Länge
Lost Satellite Reception	Satellitenempfang verloren oder behindert
Magnetic Bearing	missweisende Peilung
Magnetic Course	missweisender Kurs
Magnetic North	missweisend Nord
Magnetic Variation	Missweisung
Maintenance	Wartung
Map Datum	Kartendatum

Man Over Board Function (MOB)	Mann-über-Bord-Funktion
Maximum Speed	Höchstgeschwindigkeit (seit der letzten Rückstellung)
Memory	Speicher
Memory Full	Speicher voll; es können keine weiteren Daten gespeichert werden
Measure Distance	Entfernung messen
Moving Average Speed	Durchschnittsgeschwindigkeit in der Bewegung
Meter (mt)	Meter
Nautical Mile (NM)	Seemeile = 1,852 km
Near Proximity Point	naher Annäherungspunkt
New Location	neue Position
None Found	nicht gefunden; kein Treffer für die Suchanfrage
North Up	die Karte ist genordet, d. h. Norden ist oben
Odometer (ODOM)	Kilometerzähler, zählt die zurückgelegte Gesamtstrecke
Off Course	Kursabweichung
Operating Mode	Betriebsart
Position Dilution of Precision	Faktor zur Kennzeichnung der Genauigkeit einer 3D-Position; sollte möglichst klein sein
Proximity	Annäherung
Proximity Alarm	Annäherungsalarm bei

	Überschreitung des Alarm-kreises um einen Wegpunkt
Proximity Memory Full	Annäherungsliste voll, alle Annäherungswegpunkte verwendet
Reference Waypoint	Bezugswegpunkt
(to) rename	(Routen, Wegpunkte) um-benennen
(to) reverse Route	Route umkehren
Route Already Exists	Route besteht bereits; es wurde ein Routenname ein-gegeben, der schon existiert
Route Waypoint Memory Full	Routenwegpunktspeicher voll; es können keine wei-teren Routenwegpunkte eingegeben werden
Searching The Sky	Satellitensuche
Speed (SPD)	Geschwindigkeit
Set Up Page Layout	Seite einrichten
Set Up Map	Karte konfigurieren
Statute Mile	Landmeile, ca. 1,6 km
(to) store	Speichern
Track Log Full	Track-Aufzeichnung voll
Track Up	die Karte ist kursorientiert, d.h. der aktuelle Kurs liegt oben
Transportation	Verkehr
Time to	geschätzte Reisezeit; die geschätzte Dauer bis zum

	Ziel oder dem nächsten Routenpunkt
Total Average Speed (TTL AVG SPEED)	Gesamtdurchschnittsgeschwindigkeit, mittlere Geschwindigkeit in Bewegung und Stillstand seit der letzten Rückstellung
Total Trip Timer	Gesamtreisezeit (seit der letzten Rückstellung)
Track (TRK)	Kurs
Track Log	Kursaufzeichnung
Trip Odometer	Tageskilometerzähler
Universal Time Coordinated (UTC)	Weltzeit
Variation	Missweisung
Velocity	Geschwindigkeit
Velocity Made Good	gutgemachte Geschwindigkeit, Vektorgeschwindigkeit zum Ziel; die Geschwindigkeit, mit der man sich einem Ziel auf dem Sollkurs nähert
WAAS (*Wide Area Augmentation System*)	Projekt der amerikanischen Luftfahrtbehörde zur Verbesserung der Gesamtgenauigkeit und Integrität von GPS-Signalen in der Luftfahrt
Waypoint (WPT)	Wegpunkt
Waypoint Memory Full	Wegpunktspeicher voll, alle Wegpunkte benutzt

Positionsbestimmung mit dem Gradnetz der Erde

Grundvoraussetzung einer Positionsbestimmung sind Koordinaten:

- Polarkoordinaten oder
- ein geografisches Netz in Längen- und Breitengraden bzw. geodätischen Gittern.

Polarkoordinaten: Dies sind Richtung und Entfernung, d. h. es wird der Kurswinkel zwischen der Nord- und der Zielrichtung sowie die Entfernung (Zählung von Schritten oder Kilometern) ab einem bekannten Standort bestimmt. Diese Koordinaten sind jedoch nur im kleinräumigen Bereich eines Kartenblattes von Nutzen.

Längen- und Breitengrade: Damit kann jeder Punkt auf der Erde und jede Entfernung exakt bestimmt und an andere weitergegeben werden. Die Längen- und Breitengrade bilden ein weltweit in der See-, Luft- und Landnavigation übliches geografisches Koordinatensystem (Netz) der Erde. Maßeinheit sind dabei Grad, 60 Minuten, 60 Sekunden und Minuten-Dezimalen. Alle guten Karten enthalten diese Angaben.

Zählung der Längen- und Breitengrade

- Je 90 Breitengrade (-kreise) ausgehend vom Äquator (= Breitengrad 0) nach Nord (N) und Süd (S) in Richtung der Pole. Von Pol zu Pol sind es insgesamt 180 Breitengrade. Der Nordpol liegt auf dem Breitengrad 90° N, der Südpol auf 90° S.
- Je 180 Längengrade (-kreise, Meridiane) ausgehend vom Nullmeridian – der durch Greenwich bei London läuft – nach Ost (E) und West (W). Sie schneiden den Äquator und die zum Äquator parallel laufenden Breitengrade rechtwinklig. Rund

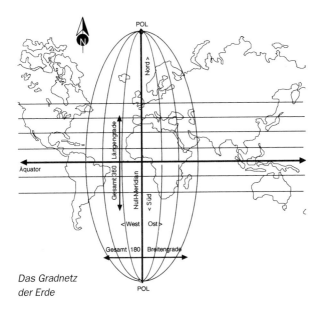

Das Gradnetz
der Erde

um die Erdkugel sind es insgesamt 360 Längengrade. Der Nullmeridian bestimmt auch die Weltzeit »UTC« (= Universal Time Coordinated).

Merkmale des geografischen Netzes

- Die Breitengrade verlaufen immer parallel.
- Jede Breitenminute ergibt eine Strecke von einer Seemeile.
- Die Längengrade schneiden nur den Äquator rechtwinklig. Zu den Polen wird der Abstand enger; am Pol treffen sie sich in einem Punkt.
- Eine Längenminute ist nur am Äquator eine Seemeile lang.

Koordinatenbestimmung aus der Karte

- Am Kartenrand sind die Breiten- und Längengrade aufgedruckt. Breitengrade sind dabei waagrecht, Längengrade senkrecht aufgedruckt. Nach der Gradzahl folgt die Minutenzahl, z.B. 9°40' steht für 9 Grad 40 Minuten.

Beispiel: Bestimmung der Koordinaten des Punktes x

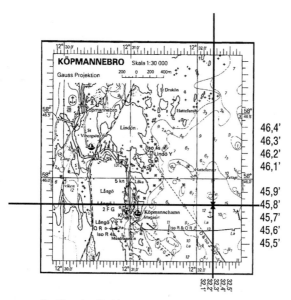

Position des Punktes x:

58° 45'48" N oder: 58° 45,8 N
12° 32'15" E oder: 12° 32,25 E

- Bei topographischen Karten sind Breite (waagrecht) und Länge (senkrecht) in die Ecken des Kartenrahmens gedruckt. Am Rand sind die Minuten- und Sekundenzahlen angegeben, z. B. 49°35'15'' steht für 49. Breiten- bzw. Längengrad 35 Minuten 15 Sekunden, angezeichnet mit Feldern oder Strichen.
- Verbindet man diese Striche mit den auf dem Kartenblatt gegenüberliegenden, so erhält man das geografische Netz und kann innerhalb des Kartenblattes jede Position bestimmen.

Geodätische Kartengitter
- Es gibt verschiedene Kartengitter, z. B. das in Deutschland übliche Gauß-Krüger-Gitter, das militärische UTM-Gitter u. a.
- Die Bezeichnungen für das jeweilige Gitter werden am Rand angezeichnet oder komplett auf die Karte gedruckt.
- Zum Übertragen oder Melden einer Position mit Gitter-Koordinaten muss das jeweilige benutzte Gitter dem Empfänger der Meldung (z. B. Rettungsdienst) genannt oder im GPS-Gerät eingestellt werden.
- Jeder Punkt auf der Karte kann mit Hilfe dieses Gittersystems genau bestimmt werden (siehe auch bei »Planzeiger«).
- Die Gitterpunkte werden grundsätzlich von links nach rechts (oder Bezeichnung y oder O für Ost oder E für East) und von unten nach oben (oder Bezeichnung x oder N für Nord) gelesen, d.h. es wird zunächst die Distanz nach Osten, dann die Distanz nach Norden angegeben (umgekehrt wie bei Angaben nach Breiten- und Längengraden!).

Beispiel für die Bestimmung der sechsstelligen Gitterzahl:

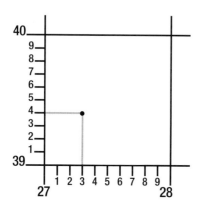

- Eigene Position auf der Karte suchen
- Die Ziffern der ersten Nord-Süd-Linie links (westlich) davon sind die beiden ersten Ziffern der Gitterzahl.
- Die dritte Zahl gibt an, auf dem wievielten Zehntel bis zur nächsten Nord-Süd-Linie der zu beschreibende Punkt liegt.
- Dann die nächste West-Ost-Gitterlinie unterhalb (südlich) des zu beschreibenden Punktes suchen. Die daneben stehenden Ziffern sind Nummer 4 und 5 der Gitterzahl.
- Die sechste Ziffer entspricht dem jeweiligen Zehntel der Entfernung zur nächsten Zahl nach oben.

Gitterzahl in der Zeichnung: 273394

HÖHENMESSER (BAROMETER)

Im alpinen Gelände kann ein Höhenmesser wichtiger sein als ein Kompass. Der Höhenmesser misst nicht die Höhe, sondern den Luftdruck. Er kann also auch zur Wetterbeobachtung eingesetzt werden (s. auch Kap. 1: Luftdruckmessung mit dem Taschenbarometer).

Da sich der Luftdruck schnell ändern kann, muss der Höhenmesser so oft wie möglich nachgestellt werden.

Dazu können dienen:
- alle Orte, an denen die Höhe ausgewiesen ist wie Passhöhe, Seilbahnstation, Berghütte
- alle mit einer Höhenangabe versehenen Punkte auf einer Karte wie Ortsnamen, Seen, Berggipfel
- Zählung der Höhenlinien an markanten Geländepunkten
- Wetterbericht (Flugwetterbericht, Auskunft an Flugplätzen).

Um eine einigermaßen genaue Höhenmessung zu erhalten, dürfen seit der letzten Einstellung nicht mehr als zwei Stunden vergangen, nicht mehr als 10 km waagrechte Strecke oder 200 Höhenmeter zurückgelegt worden und kein Wettersturz erfolgt sein.

4. Suchen

Eine Suche wird immer an der letzten bekannten Position eines Vermissten begonnen.

KETTENSUCHE

Wird eingesetzt, wenn die Route des Vermissten bekannt ist. Dabei bilden mehrere Leute eine Kette, die die Route abkämmt. Der Abstand zwischen den einzelnen Gliedern richtet sich nach der Sichtweite im Gelände.

SPIRALSUCHE

Wird eingesetzt, wenn die Route des Vermissten nicht bekannt ist. Man geht hier von der letzten bekannten Position des Vermissten aus. Diese Art der Suche kann auch von einer einzelnen Person durchgeführt werden und wird häufig von Suchflugzeugen aus der Luft verwendet. Es werden dazu ein Kompass und gegebenenfalls eine Uhr benötigt.

Vorgehen: Man geht von der letzten bekannten Position des Vermissten eine bestimmte Zeit oder Schrittzahl in eine Richtung, dreht dann rechtwinklig ab und geht die gleiche Entfernung in die nächste Richtung. Danach wieder rechtwinklig in die gleiche

Richtung abbiegen und nun die doppelte Entfernung gehen – abbiegen – doppelte Entfernung gehen – abbiegen – dreifache Entfernung gehen – abbiegen – dreifache Entfernung gehen usw.

Achtung: Es ist sinnvoll, Markierungen im Gelände anzubringen, um sich orientieren zu können, falls man eine Teilstrecke erneut gehen muss, weil man unterbrechen musste, vom Weg abgekommen ist usw.

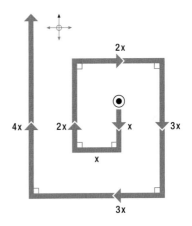

5. Wassergewinnung und -aufbereitung

WASSERGEWINNUNG IN HEISSEN GEBIETEN

- Ein Loch ausheben: wenn möglich, mit Wasser- oder Feuchtigkeits-enthaltenden Gegenständen füllen (z. B. Äste, Gras usw.)
- Eine weitere Möglichkeit: Urin oder Kühlwasser des Fahrzeugs (auch wenn es mit Frostschutz vermischt ist) in die Grube geben.
- Das Nass entweder in Behältnisse füllen oder auf Gewebe-/Bekleidungsteile gießen, um ein Versickern zu vermeiden.

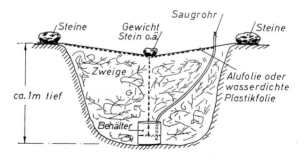

SÜSSWASSERGEWINNUNG AUS SALZWASSER

• Mit Hilfe der Sonne

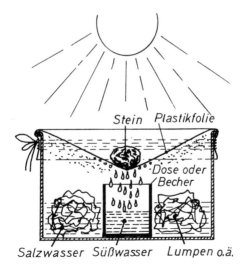

Stein Plastikfolie

Dose oder
Becher

Salzwasser Süßwasser Lumpen o.ä.

• Unter Zuhilfenahme eines Kochers

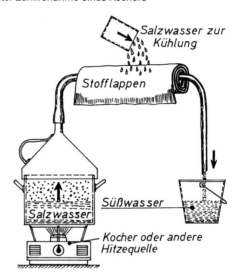

GROBFILTERUNG VON WASSER

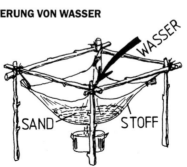

FEINFILTRIERUNG

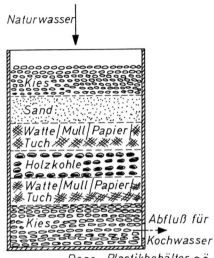

Naturwasser

Kies

Sand

Watte | Mull | Papier | Tuch

Holzkohle

Watte | Mull | Papier | Tuch

Kies

Abfluß für Kochwasser

Dose, Plastikbehälter, o.ä.

TIPPS ZUR WASSERREINIGUNG

1) Nach Grundwasser graben, vor weiterer Verwendung aber erst Schmutz absetzen lassen.

2) Grobfilterung

3) Feinfiltern mit Holzkohle vom Lagerfeuer (wirkt als sehr aktives Filterelement) oder Abkochen; Kochdauer dabei mindestens 10 Minuten.

Merke: In größeren Höhen kocht das Wasser früher; es erreicht daher nicht mehr die erforderlichen 100° Celsius beim ersten Sprudeln, da der Luftdruck geringer ist.

4) Desinfektion:
- Anwendung von Jod: 1 Tropfen Jod auf einen Liter Wasser; anschließend 1 Stunde warten oder:
- Kaliumpermanganat: gute desinfizierende Wirkung; die anschließende Blaufärbung des Wassers ist normal. Dosierung: 1 g auf einen Liter Wasser. Oder: Micropur- oder Certisil-Tabletten

WASSER IM WINTER

Bei Frost besteht die Gefahr, dass der Wasservorrat im Kanister oder Wassersack nachts einfriert. Daher abends bereits das am Morgen benötigte Wasser in einen Topf oder Kessel füllen. Das gefrorene Wasser kann man über dem Feuer auftauen. Mit dem heißen Wasser kann bei Bedarf auch das Wasser in den restlichen Wasserbehältern getaut werden.

6. Feuer

GRUNDLEGENDES

- Das Feuer nicht größer als dem Verwendungszweck entsprechend anlegen (Kochfeuer klein halten, Wärmefeuer je nach den Umständen größer anlegen).
- Den Boden rund um das Feuer im Abstand von mindestens 2 Metern von brennbaren Materialien säubern. Die Feuerstelle mit Steinen abgrenzen oder das Feuer in einer Erdgrube anlegen.
- Auf Funkenflug achten.
- Eventuellen Schnee auf Zweigen über dem Feuer vorher entfernen.
- Grasnarbe ausstechen, die Stücke beiseite legen. Nach dem Löschen des Feuers Grasboden wieder einsetzen.
- Kein Feuer unbeaufsichtigt lassen.
- Bei schlechten Witterungsbedingungen schon vorher brennbares Material (Harz, Birkenrinde, trockene Holzstückchen usw.) sammeln und auf Vorrat mittragen.
- Vor dem Anzünden eines Feuers ausreichende Mengen Holz zusammentragen, vorbereiten, spalten und je nach Gegebenheit von der Rinde befreien (bei feuchtem Holz ist die Rinde generell zu entfernen).
- Löschen des Feuers mit Wasser, Sand, Erde, Steinen oder Urin.

> **Merke:** Je nach Untergrund (Walderde, Moor, Torf) kann das Feuer unterirdisch weiterbrennen und Waldbrände verursachen!

FEUERSTARTER

Als Feuerstarter können dienen: Birkenrinde, Verbandswatte, Kerzen, Esbit, Ölofenanzünder, von der Rinde befreites Reisig, trockene Rindenstücke, Vogelnester, Harz, wachs- oder harzgetränkte Holzstückchen, Pulver von Patronen, Wachspapier, mit Brennstoff getränkte Lappen, Signalmunition, Tampons (Watte vorher auseinander zupfen) usw.

ZUBEREITUNG VON BRENNHOLZ

- Holz wird immer in Faserrichtung gespalten.
- Als Werkzeuge dienen: Axt, Machete, Messer oder Hartholzkeile.

Vorgehen beim Spalten mit einer Machete
Mit einem starken Ast auf den vorderen Teil des Schneidewerkzeuges schlagen; Holz oder Stein unterlegen, sonst federt das zu spaltende Material zu stark.

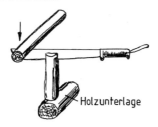
Holzunterlage

> **Merke:** Macheten sollten immer mit Handfangriemen benutzt werden, da sie grundsätzlich ein sehr gefährliches Werkzeug sind.

Spalten mit einem Hartholzkeil

Hartholzkeil

SCHÄRFEN VON MACHETEN

Grundregeln

- Je schlanker die Klinge der Machete geschliffen ist, desto größer ist die Gefahr des Ausbrechens oder des Entstehens von Scharten.
- Je stumpfer die Klinge geschliffen ist, desto mehr prellt die Machete beim Auftreffen auf Holz.
- Zwischen beiden o. g. Bedingungen muss ein Kompromiss gefunden werden: Deshalb einen balligen Grundschliff wählen, der noch genügend Schärfe zum Arbeiten am Holz zulässt.
- Der Grundschliff sollte bei Bedarf vor Antritt einer Tour von einem Profi erledigt werden, so dass während der Tour nur nachgeschliffen werden muss.
- Gute Macheten weisen beim Kauf bereits diesen Kompromiss zwischen beiden Klingenformen auf.
- Lieber häufiger nachschleifen als die Machete komplett stumpf werden zu lassen!

Nachschleifen

- Man benetzt einen Schleifstein mit Wasser, Öl oder Petroleum.
- Die Spitze der Machete wird auf ein Holzstück gelegt und mit der linken Hand am Heft gefasst.
- Dann fährt man mit dem Schleifstein parallel an der Schneidekante entlang vom Heft bis zur Spitze.
- Dabei ist wichtig, den balligen Grundschliff nicht zu ändern: Es darf daher nur im Abstand von 1–2 mm von der Schneidekante geschliffen werden.
- Nach mehrmaligen Schärfzügen wird die Klinge gewendet und die zweite Seite bearbeitet.

Merke: Beim Schleifen einer Machete müssen stabile Arbeitshandschuhe getragen werden, da die Gefahr von Verletzungen groß ist.

SCHÄRFEN DER AXT

Grundregeln

- Die Axt nie komplett stumpf werden lassen, sondern rechtzeitig nachschleifen.
- Der Grundschliff sollte vor Beginn der Tour von einem Profi angelegt werden.
- Für das Nachschärfen im Busch benötigt man einen groben Abziehstein oder eine feinzahnige Flachfeile.

Nachschärfen

- Den Abziehstein mit Wasser, Öl oder Petroleum anfeuchten.
- Mit kreisenden Bewegungen den Stein von Schneidespitze zu Schneidespitze im Bereich von ca. 2 mm an der Schneidekante entlang führen.

- Nach mehreren Schärfvorgängen die Axt wenden und die zweite Seite schleifen.
- Bei Verwendung einer Feile wird auf das Anfeuchten verzichtet. Es werden auch keine kreisenden Bewegungen ausgeführt, sondern die Feile wird parallel an der Schneidekante entlang geführt (ebenfalls nur 2 mm von der Schneidekante entfernt).
- Nach mehreren Schleifgängen die Axt wenden und die zweite Seite bearbeiten.
- Anschließend den Grad vorsichtig mit einem Schleifstein brechen.
- Beim Schleifen nie die Grundform der Schneide verändern! Ist die Schneide zu schlank, kann sie leicht Scharten bekommen oder ausbrechen; ist sie zu stumpf, so prellt sie.

Merke: Beim Schleifen robuste Arbeitshandschuhe tragen, um die Verletzungsgefahr zu verringern.

FEUER OHNE STREICHHÖLZER ANZÜNDEN
Möglichkeiten:
- Funken vom Feuerstein auf lockere Verbandswatte schlagen
- Scheint die Sonne, Vergrößerungsglas benutzen
- Signalmunition auf den Boden schießen, an der »Leuchtkugel« Zunder anstecken.
- Mittels Benzin und Batteriefunken (Plus- und Minuskabel zusammenführen) bei Auto und Boot.
- Zündkerze am Motor anschließen, auf Benzin funken lassen.

FEUERMACHEN MIT HILFE EINER FEUERINSEL

Eine »Feuerinsel« sichert sofortige Glut von unten und schützt das empfindliche Feuernest vor Feuchtigkeit.

- Ist ein kleines Feuer entstanden, weitere dünne Holzstücke nachlegen, so dass sich schnell genügend Glut bildet.
- Bei schlechten Bedingungen können weitere Harzbrocken auf die neuen Holzstückchen gelegt werden.
- Kein Reisig zusammenknüllen, sondern jedes Hölzchen einzeln auflegen!
- Einen Kompromiss finden zwischen einem lockeren, luftigen Feuer und einem Feuer, das zu ersticken droht! Wenn das Feuer brennt, immer in kleinen Schritten weiter auflegen, erst kleine Äste, später größere Holzscheite.
- Wenn schon Glut vorhanden ist und das Feuer trotzdem schlecht brennt, dem Feuer intensiv Luft zuführen (blasen, Blasebalg, mit dem Hut oder der Isomatte wedeln). Gespaltene Äste brennen besser als runde Holzstücke. Wenn das Feuer auszugehen droht, Harzbrocken von oben auf das Feuer legen oder Kerzenwachs in das Feuer tropfen lassen.
- Kleinere Feuer vor Regen, Schnee und vor evtl. von den Bäumen herabfallenden Schneebrocken schützen.
- Holzscheite am Lagerfeuerrand vortrocknen.
- Soll auf dem Feuer gekocht werden, warten bis genügend Glut vorhanden ist. Dann Holzscheite nicht mehr pyramidenförmig anordnen, sondern flach auflegen und parallel ausrichten, so dass eine gerade Fläche entsteht. Topf aber nicht direkt auf das Holz, sondern auf zwei in entsprechendem Abstand quer liegende Holzstücke stellen, um das Feuer nicht wieder zu ersticken.

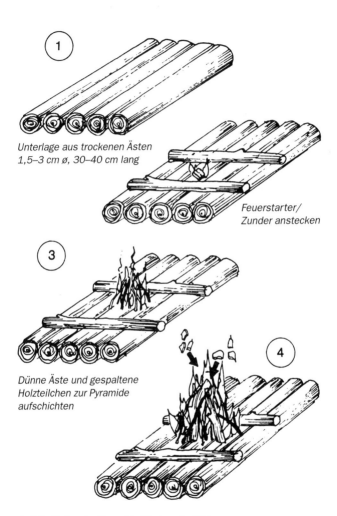

①

Unterlage aus trockenen Ästen
1,5–3 cm ø, 30–40 cm lang

Feuerstarter/
Zunder anstecken

③

Dünne Äste und gespaltene
Holzteilchen zur Pyramide
aufschichten

④

Auf die Spitze der Pyramide Wachs oder Harz
legen. Es schmilzt und tränkt das Brennmaterial

FEUERGRUBE ZUM SCHLAFEN

- Eine Grube ausheben, die der eigenen Körpergröße und -breite entspricht; Tiefe ca. 25–40 cm.
- Entfachen eines starken Feuers über der gesamten Fläche.
- Ein tiefes Glutbett (ca. 10 cm stark) schaffen.
- Glutbett mit Erde abdecken.
- Auf Windschutz achten.
- Bei Bedarf zwei zusätzliche Feuer rechts und links vom Schlafenden entfachen, aber: auf Funkenflug achten!

EINFACHER REFLEKTOR

Jeder Reflektor dient dazu, die abgegebene Wärme eines Feuers zurückzugeben, sie zu reflektieren. Alle Reflektoren können mit Ausrüstungsgegenständen wie Poncho, Zeltplane, Pferdedecke, Isomatte usw. angefertigt werden, oder man bedient sich Ästen, Bäumen, Felsen, Holzstämmen oder Ähnlichem.

U-FÖRMIGER REFLEKTOR

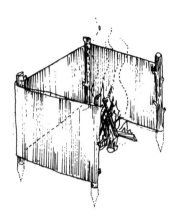

FEUERSTELLEN IN GESCHLOSSENEN UNTERKÜNFTEN

Bei allen Feuerstellen in geschlossenen (Not-)Unterkünften ist zu beachten:
- ausreichendes Glutbett schaffen
- trockenes Holz verwenden
- regelmäßig kleine, trockene Stücke nachlegen
- Holz am Feuer vortrocknen
- Rauchabzug schaffen (Zu- und Abluft)
- bei mehreren Personen: Feuerwachen einteilen
- falls notwendig, am Feuer Steine erhitzen (keine Flusssteine), um damit kalte Körperstellen zu wärmen
- sich eng aneinanderlegen, um sich gegenseitig zu wärmen
- Isolation gegen die Bodenkälte schaffen.

TROCKNEN VON KLEIDUNG

Werden Kleidung, Ausrüstung oder auch Schuhe nass, z.B. weil das Boot kentert oder man auf andere Weise ins Wasser fällt, kann je nach Witterung und örtlichen Bedingungen sofort eine lebensbedrohliche Situation eintreten. Es ist daher unter Umständen unumgänglich, sofort und möglichst schnell die nasse Ausrüstung zu trocknen.

Vorgehen:
1) Eine Plane in 1,50–2 m Höhe spannen.
2) Darunter Feuer entfachen (je nach Größe der Plane und Menge der Kleidungsstücke eines bis mehrere), so dass die Luft an der Planenunterseite erhitzt wird. Die Hitze darf dabei nur so stark werden, dass sie von der Hand als warm (nicht als heiß!) empfunden wird.
3) Ein Seil spannen und die nasse Kleidung direkt unter die Plane hängen.
4) Regelmäßig wenden, dabei immer wieder mit der Hand die Temperatur prüfen. Auf Funkenflug achten.

Mit dieser Methode wird selbst ein Schlafsack innerhalb von 4 bis 6 Stunden trocken!

Trocknen von Schuhen
1) Die (nassen) Socken anziehen und die Füße ans Feuer halten: Nicht zu dicht, da die Socken sich nur erwärmen und nicht verbrennen sollen! V. a. bei Kunstfasersocken aufpassen, da diese schmelzen, was zu schweren Verbrennungen führen kann.
2) Mit den erwärmten Socken in die Schuhe schlüpfen.
3) Vorgang mehrmals wiederholen.

Nach 1 bis 2 Stunden sind Schuhe und Socken in aller Regel trocken.

Alternative:
Kleine Steine im Feuer erhitzen und damit die Schuhe füllen.

Merke: Es bringt nichts, nur die Schuhe dicht ans Feuer zu stellen, da sie durch die große Hitze außen irreparabel geschädigt werden können, während sie innen immer noch feucht sind.

7. Unterkünfte

DIE ZWEIGHÜTTE

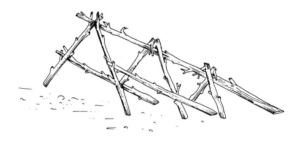

Als Hauptast kann auch ein liegender Baum, aber auch Draht
oder ein Seil verwendet werden.

»IGLU«-HÜTTE

Die Hütte wird aus dünnen, biegsamen Zweigen zusammengebunden oder geflochten (Durchmesser je nach Personenzahl
3–4 m). Die Konstruktion kann mit Fellen, Zweigen, Planen oder
Ponchos abgedeckt werden (Rauchablass im Dach nicht vergessen!)

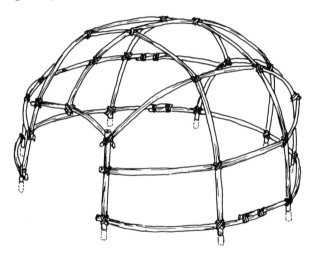

PONCHO-UNTERKUNFT

Die Plane oder der Poncho kann direkt an Bäumen oder Sträu-
chern befestigt werden, aber auch über ein Seil, einen Ast oder
liegenden, dünnen Baum gespannt werden. Beim Poncho ist die
Kapuze zu schließen (zubinden).

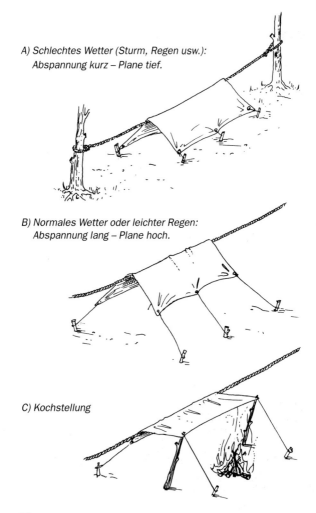

A) *Schlechtes Wetter (Sturm, Regen usw.):*
   Abspannung kurz – Plane tief.

B) *Normales Wetter oder leichter Regen:*
   Abspannung lang – Plane hoch.

C) *Kochstellung*

STANGENZELT

Die Größe eines Stangenzeltes ergibt sich:
- aus dem vorhandenen Material
- der Personenzahl.

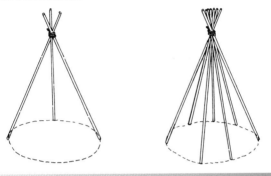

Merke: Kleines Innenvolumen = wärmer
Viel Innenvolumen = weniger Rauchentwicklung

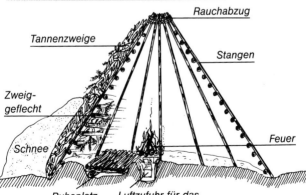

Rauchabzug

Tannenzweige

Stangen

Zweig-
geflecht

Schnee

Feuer

Ruheplatz

Luftzufuhr für das
Feuer (ca. 20 x 20 cm)

SCHNEEBEHAUSUNGEN

Die Art der Behausung ergibt sich aus:
- der Schneehöhe
- der Temperatur und
- der Schneebeschaffenheit.

Bei allen Schneehöhlen sollten die Sitz- oder Schlafplätze isoliert sein. Unbedingt eine Kälterinne anlegen! Durch kurze Erhitzung (Feuer oder Kocher) kann man die Höhle vereisen und damit stabiler machen. Später Erwärmung mit Kerze möglich. Auf Frischluftzufuhr achten!

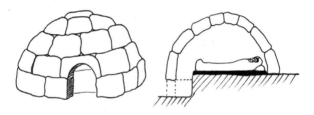

Iglu Frontansicht
- Funktioniert auf Hochflächen in Alpen, Tundra oder Arktis.
- Voraussetzung ist eine gebundene oder vom Wind gepresste Schneedecke.
- Um ein Iglu mit ca. 3 m Durchmesser (für vier Personen) zu errichten, sind ca. 50 Schneeziegel von ca. 60 x 40 x 30 cm erforderlich.

Iglu Querschnitt
- Die Oberkante des Eingangsloches sollte tiefer liegen als die Liegefläche.
- Der Eingang kann mit losen Schneeziegeln teilweise verschlossen werden.
- Unbedingt auf Frischluftzufuhr achten!

Winterbiwak unterhalb einer Schneewächte

- Vor Baubeginn unbedingt die Schneetiefe mit einer Lawinensonde oder einfach mit einem Schistock prüfen.
- Mit dem Schistock sollte später ein Luftloch offengehalten werden. Vorsicht bei Schneesturm! Darauf achten, dass das Luftloch nicht zugeweht wird.

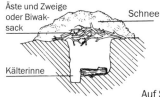

Äste und Zweige oder Biwaksack

Schnee

Kälterinne

Auf Sauerstoffzufuhr achten!

Bei großer Kälte und plötzlich einsetzendem Schneesturm (s. Chill-Faktor, Seite 29) *sofort* im Schnee verschwinden, wenn nicht in *kürzester* Zeit andere Schutzmöglichkeit vorhanden ist.

VERHALTEN IM NOTBIWAK

- Sich selbst zur Ruhe zwingen
  bzw. Ruhe und Gelassenheit in die Gruppe bringen.
- Nach Möglichkeit Liegemöglichkeit schaffen.
- Kann man nur sitzen, öfters die Stellung verändern, um die Durchblutung der Beine zu gewährleisten.
- Rechtzeitig mit »Zehenübungen« beginnen.
- Wenn keine Erfrierungsgefahr besteht, versuchen zu schlafen.
- Bei Erfrierungsgefahr auf alle Fälle wach bleiben und immer auf Körperisolation nach unten achten.
- Trockene Kleidung anziehen; ggf. die nasse Kleidung über die trockene ziehen, um sie durch die Körperwärme zu trocknen.
- Schuhe öffnen; bei größerer Kälte nur ausziehen, wenn die Möglichkeit besteht, am nächsten Morgen die ausgekühlten Schuhe zu erwärmen (Lagerfeuer, Kocher).
- Füße einwickeln, z. B. in den Rucksack stecken, gegeneinander reiben.
- Wenn möglich, heiße Getränke zubereiten und trinken.
- Beim Biwakieren im oder am Berg unter bestehender Absturzgefahr sich unbedingt sichern.
- Alle Ausrüstungsgegenstände sichern.
- Gewehre können bei großer Kälte »einfrieren« (das Öl verharzt), wenn sie aus der relativ warmen Schneehöhle wieder mit nach draußen genommen werden.
- Die kälteste Zeit in der Nacht ist kurz vor Tagesanbruch.

8. Erste Hilfe

GRUNDREGELN

Die hier aufgeführten Tipps sind nur für Situationen gedacht, in denen kein Arzt oder Tierarzt erreichbar ist. Ist ein Arzt in der Nähe: unbedingt aufsuchen. Keine Experimente!

Grundregeln

1) **Ruhe bewahren** und überlegt handeln.

2) Ausführen der Maßnahmen nach ihrer Wichtigkeit:
   • Die verletzte Person aus der unmittelbaren Gefahrenzone bergen.
   • Atmung und Kreislauf kontrollieren.
   • Lebensbedrohliche Blutungen stillen
   • Schockbekämpfung

3) Hilfe herbeiholen (Signale, Abtransport, usw.).

4) Sich intensiv um den Verletzten kümmern.

LEBENSBEDROHLICHE ZUSTÄNDE

Die Rettung Verunglückter mit dem Rautek-Griff

• Den oberen Schultergürtel des Liegenden in Höhe der Schulterblätter untergreifen. Dabei Nacken und Hinterkopf auf den Unterarmen ruhen lassen.

• Oberkörper mit Schwung aufrichten. Dabei darauf achten, dass der Kopf nicht nach vorne pendelt.

• Dicht an den Rücken des Verunglückten herantreten, um ein Wegsacken zu vermeiden.

• Einen Unterarm des Sitzenden vor dessen Bauch legen.

• Mit beiden Armen unter den Achseln hindurchgreifen und den Unterarm umfassen. Dabei sollten die Daumen <u>auf</u> dem Arm liegen, damit die Daumengelenke nicht in die Rippen des Verletzten gebohrt werden. Bei Personen mit dünnen Armen (Kindern,

104

alte Leute) beide Unterarme umfassen, da hier Bruchgefahr besteht.
- Leicht in die Knie gehen und den Sitzenden auf die Oberschenkel ziehen.
- Mit gebeugten Knien und aufrechtem Rücken rückwärts gehen und den Verletzten wegschleifen.
- Lagerung in stabiler Seitenlage.

Bergen aus dem Kraftfahrzeug

- Kontrollieren, ob die Füße des Verletzten in der Pedalerie verklemmt sind und gegebenenfalls befreien.
- Den Verletzten in Sitzflächenhöhe von hinten umgreifen.
- Mit einer Hand die Kleidung an der fernen Hüfte ergreifen (Abb. a).
- Den Verletzten mit einer kräftigen Bewegung zu sich herumziehen bzw. -schieben.

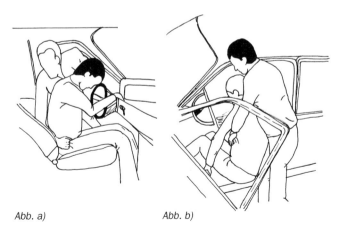

Abb. a)   *Abb. b)*

- Sich aufrichten und einen Unterarm des Verletzten vor dessen Bauch legen.
- Mit beiden Armen unter den Achselhöhlen durchgreifen und mit beiden Händen den Unterarm des Verletzten packen.
- In die Knie gehen, sich wieder aufrichten und dabei den Sitzenden aus dem Fahrzeug ziehen (Abb. b).
- Vorsichtig auf den Boden gleiten lassen.
- Nach Kontrolle der Atemwege und der Atem- und Herz-Kreislauf-Funktion den Verletzten in die stabile Seitenlage bringen (siehe dort). Ausnahme: Verdacht auf Wirbelsäulenverletzung (siehe dort).
- Falls die Bergung aus dem KFZ nicht möglich ist (z. B. weil der Verletzte eingeklemmt ist), müssen im Auto die Atmung und das Herz-Kreislauf-System kontrolliert und Erste-Hilfe-Maßnahmen eingeleitet werden.

Entfernen des Helms bei einem Verletzten

Am schonendsten geht dies, wenn zwei Personen zupacken: Die eine Person stabilisiert Kopf und Halswirbelsäule, indem sie mit beiden Händen den Kopf hinten abstützt. Die zweite Person entfernt vorsichtig mit beiden Händen den Helm (dabei jede Bewegung von Kopf und Halswirbelsäule vermeiden!). Anschließend die Atemwege und die Atem- und die Herz-Kreislauf-Funktion kontrollieren, und den Verletzten in die stabile Seitenlage bringen (Ausnahme: Verdacht auf Wirbelsäulenverletzung; siehe hinten).

Krankentransport im Gelände

Man muss sich im Klaren sein, dass es fast unmöglich ist, einen Verletzten in schwierigem Gelände über weitere Strecken zu transportieren. Ist man alleine mit dem Verletzten, kann man versuchen, ihn:

a) zu tragen oder

b) mit Hilfe einer improvisierten Trage zu ziehen. Dies kann auf Schnee etwas leichter gehen.

Beide Methoden sind unter Umständen mit großen Schmerzen für den Verletzten verbunden, während vom Helfer eine gewaltige Kraftanstrengung gefordert wird. Ein Transport über weitere Strecken ist daher nicht zu bewältigen.

Zu zweit oder viert wird der Transport etwas leichter, bleibt in schwierigem Gelände aber trotzdem fast unmöglich, zumal oft auch das Gepäck der Gruppe mitgeführt werden muss.

Ist man mit Hunden oder Pferden unterwegs, kann der Transport eventuell bewältigt werden. Für den Verletzten ist er dennoch auch hier mit großen Schmerzen verbunden.

Das einfachste für beide Seiten ist, wenn man einen Fluss oder größeren Bach mit ruhigem Wasser erreichen kann, um den Verletzten auf einem selbstgebauten Floß zu transportieren (siehe Kap. 19: »Fortbewegungsmöglichkeit Wasser«)

Zu a): »Tragemethode mit Hilfe des Rucksackes«

Alle guten Rucksäcke besitzen ein Tragegestell (außen oder in die Rückenwand integriert). An diesem kann man versuchen, den Verletzten zu fixieren. Je nach Rucksackmodell kann dies mit Gurten von außen geschehen oder der Rucksack muss seitlich aufgeschnitten werden, um den Verletzten wie ein Kind in eine Kindertrage »hineinsetzen« zu können. Ob man es jedoch schafft, sich die ca. 80 kg auf den Rücken zu wuchten, bleibt dahingestellt.

Zu b): »Transport auf der Trage«

Zwei ca. 3,50 m lange Holzstangen werden mit Zeltplane, Poncho, Decke, Jacke, Hose, Schlafsack oder ähnlichem überzogen und fixiert. Dies kann durch Einknöpfen, Festbinden mit (Rucksack-) Riemen, Gürteln, Verbandsmaterial (Mullbinden), Festklemmen mit Stöcken oder Einnähen geschehen. Anschließend wird die Liegefläche gut gepolstert (Isomatte, Kleidung, Schlafsack), der Patient darauf gelegt und festgebunden, um ein Herunterfallen zu verhindern.

Die Holme der Bahre werden nun in ein selbstgebautes Gurtsystem oder in die Rucksackriemen eingehängt. Somit ist es möglich, das Gewicht über das Tragegestell des Rucksackes einigermaßen gleichmäßig auf dem Rücken des Trägers zu verteilen.

> **Merke:** Man muss versuchen, die Last gleichmäßig auf Schultern und Hüften zu verteilen. Ein Tragen über weite Strecken nur über die Hände ist fast unmöglich.

Wiederbelebungsmaßnahmen

- Überprüfen, ob die Person ansprechbar ist
- Bei fehlender Reaktion: keine Zeit verlieren, höchste Eile ist geboten: umgehend mit Wiederbelebungsmaßnahmen beginnen
- Bei Atemstillstand besteht in der Regel auch ein Herz-Kreislauf-Stillstand!
- Lagerung auf festen Untergrund
- Mechanische Reinigung von Mund, Rachen und Nase (Zahnprothesen entfernen), dabei auf Bissgefahr achten, d.h. Keil o.ä. einschieben oder auch einfach nur mit dem Daumen die Wangenschleimhaut seitlich zwischen die Zahnreihen drücken.
- Überstreckung des Kopfes nach hinten, gleichzeitig den Unterkiefer zum Oberkiefer heranziehen: falls die Zunge nach hin-

ten gefallen sein sollte, wird sie so wieder aus dem Rachen-
raum nach vorne gezogen
- Mund-zu-Mund-Beatmung: dabei Nase zuhalten
- Alternativ Mund-zu-Nase-Beatmung: dabei Mund zuhalten
- Wenn bei zweimaligem Einblasen keine Abwehrreaktion her-
vorgerufen wird, muss zusätzlich <u>sofort</u> mit der Herz-Kreislauf-
Wiederbelebung begonnen werden
- Aufsuchen des richtigen Druckpunktes:

1. Aufsuchen des Brustbein-Endes mit einem Finger.

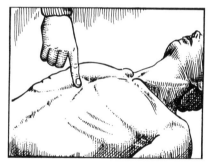

Abb. 1

2. Zwei Finger der anderen Hand in Richtung Hals daneben legen.

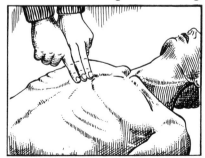

Abb. 2

109

3. Aufsetzen des Handballens direkt daneben in Richtung Hals.

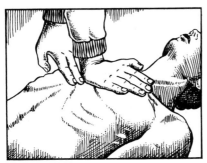

Abb. 3

4. Den zweiten Handballen auf den Handrücken der ersten Hand aufsetzen.

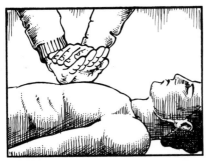

Abb. 4

5. Kraftvoll drücken, dazwischen immer wieder Atemspende geben.

Abb. 5

- Zuerst 2 Beatmungen, dann 15 Herzdruckmassagen, dann 1 Beatmung und 15 Herzdruckmassagen im Wechsel
- Sind 2 Helfer vorhanden – von denen einer beatmet und einer drückt – werden Beatmung und Herdruckmassage gleichzeitig durchgeführt
- Ungefähr 2 Herzdruckmassagen pro Sekunde
- Nach ca. 2 Minuten erste Überprüfung der Atmung und des Pulses: Brustkorb beobachten, gleichzeitig Pulskontrolle: drei Finger seitlich neben den Kehlkopf legen; die Halsschlagader verläuft 2 cm seitlich des Kehlkopfes.
- Bei fehlendem Puls oder Atmung: weitermachen

Nach erfolgreicher Hilfe Verletzten in stabile Seitenlage bringen und weiter intensiv beobachten; außerdem regelmäßig Puls und Atem kontrollieren.

Stabile Seitenlage

Die Seitenlage bewirkt durch die Überstreckung des Halses freie Atemwege. Flüssigkeiten, die sich im Mund sammeln, können abfließen, wodurch die Erstickungsgefahr abgewendet wird.

Vorgehen:
- Seitlich neben den Verletzten hinknien.
- Den diesseitigen Arm des Verletzten mit der Handfläche nach oben soweit wie möglich gestreckt unter dessen Körper schieben.
- Das diesseitige Bein des Verletzten anwinkeln.
- Schulter und Hüftgegend der abgewandten Seite fassen und den Bewusstlosen behutsam zu sich herüberziehen (mit dem Bein abstützen).
- Den unter dem Körper liegenden Arm vorsichtig am Ellenbogen etwas nach hinten hervorziehen.
- Kopf des Bewusstlosen in den Nacken überstrecken und das Gesicht etwas erdwärts wenden. Darauf achten, dass Mund und Nase nicht durch Gras, Erde oder ähnliches verlegt sind.
- Hand des oben liegenden Armes flach unter die Wange schieben.

Merke:
- Bewusstlose ohne erkennbare Verletzungen, ebenso nach Tauchunfällen, sowie Schwangere werden auf die linke Seite gelagert.
- Verletzte mit Knochenbrüchen an Armen oder Beinen auf die unverletzte Seite lagern.
- Verletzte mit Brustkorb-/Lungenverletzungen oder Schädel-/Hirnverletzungen auf die verletzte Seite lagern, damit es nicht zu Einblutungen in die intakte Seite kommt.

Ertrinkungsunfall
- Schnellstmögliche Bergung – auf eigene Sicherheit achten
- Falls Person nicht ansprechbar, sofort mit Wiederbelebungsmaßnahmen (siehe Seite 108) beginnen.
- Danach den Körper gegen Auskühlung schützen bzw. langsam aufwärmen (siehe Unterkühlung Seite 157).

WUNDEN

Achtung: Bei Versorgung fremder Personen auf eigenen Schutz achten: Handschuhe anziehen!

Stark blutende Wunden
- Das blutende Körperteil hochhalten.
- Zuführende große Adern abdrücken (z. B. Innenseite des Oberarms; Leistenbeuge: beide Daumen auf die Mitte drücken).
- Wundränder zusammendrücken.
- Anlegen eines Druckverbandes direkt auf der Wunde.
  Gut zur Blutstillung geeignet sind auch kalte Kompressen (Eis, Schnee oder auch nur kaltes Wasser verwenden). Die Kompresse kann bei größeren Verletzungen auch über dem eigentlichen Verband aufgebracht werden.

Merke: Mit jedem Pulsschlag geht Blut verloren.

Verbinden:
- Wundränder so gut wie möglich aneinanderfügen.
- Eine Wundauflage herstellen: Sie sollte möglichst sauber sein. Zur Not können ein sauberes Handtuch, Taschentuch

oder andere Textilien verwendet werden.
- Die Auflage mit einer Binde fixieren.
- Ein Druckpolster (Verbandspäckchen oder zusammengefalteter Stoff) darauf legen und fest anwickeln.
- Bei eventuellem Durchbluten ein zweites Polster anwickeln.

Abdrückstellen:

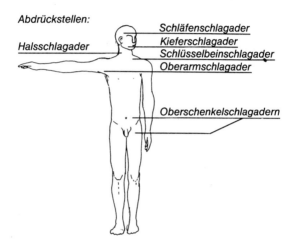

Schläfenschlagader
Kieferschlagader
Schlüsselbeinschlagader
Oberarmschlagader

Halsschlagader

Oberschenkelschlagadern

Abbinden:
- Nur bei extrem starker Blutung, wenn Druckverband nicht möglich oder ausreichend.
- Abgebunden wird generell nur am Oberarm oder Oberschenkel, nie direkt auf Gelenken!
- Breites Material verwenden.
- Das verwendete Material (Band, Gürtel, Binde) mit einem Knebel anziehen, bis die Blutung zum Stillstand gekommen ist.

• Verletzten Körperteil hoch lagern.

Merke: Alle 10–15 Minuten Knebel lockern, sonst droht das Absterben und somit die Amputation der Gliedmaße!

Schock

Schock kann aus den verschiedensten Erkrankungen resultieren. Durch die Minderung der zellulären Sauerstoffversorgung kommt es zu einer zunehmenden Beeinträchtigung des Kreislaufsystems, im Endstadium zum Kreislaufzusammenbruch.

Ursachen:
• Blutmangel (innere oder äußere Blutungen).
• Die Blutzusammensetzung hat sich verändert (z. B. bei Durchfall oder Erbrechen – Salzverlust! –, ist aber auch durch Eiweißverlust nach Verbrennungen möglich).
• Die Herzleistung ist nicht ausreichend (Infarkt).
• Bakteriengifte (z. B. Eiterherd).
• Überempfindlichkeit (allergische Reaktionen).
• Seelische Reaktion (Angst, Schreck).

Anzeichen:
• Unruhe, Angst, Verwirrtheit.
• Schneller Puls (100 Schläge in der Minute und mehr).
• Bleiche Haut, kalter Schweiß an den Händen und auf der Stirn.
• Kühle Glieder.

Behandlung:
• Betreuung und Beruhigung des Patienten.
• Schmerzlinderung: starkes Schmerzmittel.

- Den Kreislauf stabilisieren: Beine hoch lagern (ca. 30 cm) oder gesamten Körper in Schräglage bringen (z. B. auf Brett legen); nicht jedoch bei Schädel-/Hirnverletzungen, Atemnot oder plötzlichen Schmerzen in Brust und/oder Bauchraum!
- Bei Schock durch Blutvergiftung: zusätzlich zu den anderen Maßnahmen Antibiotikum geben (z. B. Ciprofloxacin, Amoxicillin).
- Schutz vor Auskühlung des Verletzten; für Isolierung von unten sorgen; mit einer Rettungsdecke zudecken.
- Puls kontrollieren und Patienten beobachten.
- Ist der Kranke voll ansprechbar, warme Getränke in kleinen Portionen verabreichen. Keinen Alkohol einflößen!
- Bei allergischem Schock (z. B. Bienen- oder Wespenstiche): Salbutamol-Spray bei Atemnot, Prednisolon 500 Ampullen zur Injektion (siehe S. 172 Injektion von Medikamenten).
- Für Allergiker gibt es fertige Injektionssets in der Apotheke, die <u>vor</u> der Reise besorgt werden sollten.

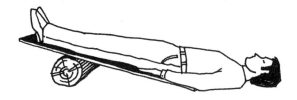

Offene Wunden

- Vor jeder Behandlung einer Wunde die Hände waschen.
- Inspektion der Wunde.
- Bei starker Verunreinigung die Wunde mit abgekochter Salzlösung (1 Teelöffel Salz auf 1 Liter Wasser) ausspülen. Schmutzteile mit einer Spritze herausspülen.
- Um die Wunde herum die Haut desinfizieren, dabei kein Desinfektionsmittel in die Wunde bringen.
- Ist die Wunde nicht älter als 4 bis max. 6 Stunden und einigermaßen „sauber" (d.h. es dürfen keine größeren Verunreinigungen vorhanden sein)

  a) die Wundränder säubern; zerstörtes oder gequetschtes Gewebe entfernen

  b) Wundränder aneinanderfügen und befestigen:
    - bei kleineren Wunden ohne viele Spannung mit Klammerpflaster,

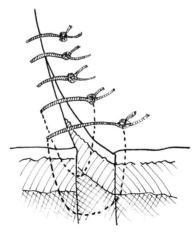

- bei größeren Wunden mit einem Wundklammerer (nicht direkt auf Knochen, Gelenken, Gefäßen oder Nerven!)
- oder mit Nahtmaterial. Die Wundränder sollten mit Einzelheften adaptiert werden. Eine rückläufige (U-) Naht, wie sie beim Tier verwendet wird (siehe S. 280), macht hässliche Narben. Die Fadenenden mit zweifachen Knoten verknüpfen, wobei die erste Schlinge doppelt gelegt wird.

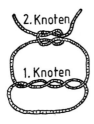

- Ältere oder verunreinigte Wunden nach bestmöglicher Reinigung (siehe oben) mit einem desinfizierenden Salbenverband (Betaisodona o. ä.) behandeln.
- Ruhigstellen des verletzten Körperteils
- Regelmäßiger Verbandswechsel (alle 2–3 Tage) und Wundkontrolle.
- Wenn sich von der Wunde ein roter Streifen oder eine flächige Rötung ausdehnt: Antibiotikum einnehmen (z.B. Amoxicillin), Wunde erneut säubern; falls bereits geschlossen: neu eröffnen.

Brandwunden

Brandwunden sind in Verbrennungen ersten, zweiten und dritten Grades einzuteilen:

1. Grad: Schmerzhafte Hautrötung
2. Grad: Blasenbildung der Haut; bei geplatzten Blasen tritt Sekretabsonderung auf; der Verletzte hat Schmerzen.
3. Grad: Alle Haut- und ebenso tiefere Gewebeschichten sind zerstört.

Ab etwa 15 % verbrannter Körperfläche besteht Schock- und daher Lebensgefahr (zum Vergleich: Die menschliche Handfläche macht etwa 1 % der Körperfläche aus).

Behandlung:
- Vorsichtiges Entfernen der Kleidung.
- Verklebte Teile belassen.
- Die wichtigste Maßnahme: Verbrannte Hautbezirke <u>mindestens</u> 10 bis 15 Minuten in kaltes, möglichst fließendes Wasser halten. Aber beachte: Bei größeren Wunden nicht zu lange oder nur mit lauwarmem Wasser kühlen! Es kann sonst zur Unterkühlung kommen.
- Offene Brandwunden weder berühren, noch den Mund in die Nähe der Wunde bringen und dabei sprechen (durch den Atem besteht Infektionsgefahr!).
- Niemals Salben, Öle, Puder oder Sonstiges auf Brandwunden bringen.
- Die Wunde steril halten. Saubere Tücher, möglichst Metalline o. ä. auf die Wunde geben (s. »Medikamente«). Bei Verschmutzung (hiermit ist nicht die verbrannte eigene Haut gemeint!) vorher Spülung mit Polyvidon-Jodkomplex-Lösung (z. B. Betaisodona-Lösung).
- Keine Blasen öffnen.

- Vorsichtige Lagerung und Transport des Verletzten.
- Gegebenenfalls Schmerz- und Beruhigungsmittel verabreichen.
- Dem Verletzten Flüssigkeit zuführen (alle 15 Minuten etwa eine Tasse); hierbei empfiehlt sich die Mischung aus: 1 TL Salz, 1 TL Zucker, 1 TL Natron auf einen Liter Wasser.
- Eine Infektion von Brandwunden erkennt man am schlechten Geruch der Wunde, Ausfließen von Eiter, der Verletzte hat Fieber. Dreimal täglich Tücher mit lauwarmem Salzwasser (1 TL Salz auf 1 Liter Wasser) auflegen. Wasser und Tücher vorher abkochen, totes Gewebe steril entfernen, Antibiotika einnehmen.
- Bei großen Brandwunden generell Antibiotika zur Verhinderung einer Infektion eingeben.

Verätzungen
Behandlung:
Haut:
- Kleidungsstücke entfernen.
- Gründlich mit Wasser spülen; falls nicht vorhanden, den ätzenden Stoff abtupfen.
- Brandwunden-Verbandmaterial auflegen.

Verdauungstrakt:
- Mund ausspülen.
- Kleine Schlucke Wasser trinken.
- Nicht zum Erbrechen bringen!
- Regelmäßig Vitalfunktionen kontrollieren.

Augen:
- Wasserspülungen:
1. Den Kopf des Verletzten zur Seite des betroffenen Auges drehen.

2. Lider mit zwei Fingern spreizen.
3. Sichtbare Schadstoffteilchen abtupfen.
4. Aus ca. 10 cm Höhe Wasser in den inneren Augenwinkel gießen. Dabei sollte der Verletzte seine Augen in alle Richtungen bewegen.
5. Mindestens 20 min lang spülen.
6. Anschließend *beide Augen* mit Binde und Mullkompressen ruhigstellen.

Wunde Stellen (»Wolf«)
- Vorsorgen: Faltenbildung vermeiden, gefährdete Stellen vor Belastung mit Hirschtalg oder Ballistol einreiben.
- Die wunde Stelle, wenn möglich, nicht mehr belasten oder zumindest polstern.
- Steril abdecken, Wundsalbe (z. B. Bepanthen).
- Bei Infektionen Wundsalbe mit Antibiotika (z. B. Nebacetin-Salbe).

Bisswunden
Bei Bisswunden entstehen Weichteil- oder Knochenverletzungen. Gleichzeitig besteht die Gefahr von Verunreinigungen, Eindringen von Giften oder Krankheitserregern. Selbst kleine Wunden können innerhalb weniger Tage zu schweren Eiterungen führen. Daher wenn möglich auch bei kleinen Wunden Arzt aufsuchen!

Behandlung:
- Die Wunde ausgiebig reinigen (Wasser & Seife/Detergentien).
- Desinfektion (z. B. Wasserstoffperoxid 3%, Salzwasser, Betaisodona-Lösung)
- Salbenverband mit Betaisodona o.ä.. Bisswunden sollten, im Gegensatz zu anderen Verletzungen, wenn möglich nicht

genäht werden, damit das Wundsekret abfließen kann. Bei großen Wunden die Wundränder <u>locker</u> mit einer Naht zusammenfügen, um auch hier den Abfluss des Wundsekretes zu gewährleisten.

- Ruhigstellung des Patienten und regelmäßige Kontrolle.
- Bei nachfolgender Infektion: siehe S. 120.

Eine Wundstarrkrampf- (Tetanus-) Impfung kann – auch nach der Verletzung – lebensrettend sein.

Bei ausreichender Grundimmunisierung hält eine vorbeugende Impfung ca. 10 Jahre.

> **Merke:** Der beste Schutz ist die vorbeugende Impfung.

Tollwut

Jedes Jahr sterben ca. 50.000 Menschen an Tollwut, 30.000 allein davon in Indien. In Europa und Asien zählen beliebte Jagdreiseländer wie Rumänien, die Türkei oder die Gebiete der ehemaligen Sowjetunion zu den Tollwut-gefährdeten Gebieten. Weltweit sind Afrika, Asien sowie Mittel- und Südamerika am meisten betroffen.

Hauptüberträger der Wildtiertollwut sind in Europa der Rotfuchs, in den Polargebieten der arktische Fuchs, in Nordamerika Waschbär, Stinktier, Kojote, Wolf und in Afrika Schakale. Hauptüberträger <u>weltweit</u> sind jedoch <u>Fledermäuse!</u> Nicht zu unterschätzen ist auch die Übertragung durch wilde, streunende Hunde und Katzen, die z. B. gerne Fahrrad- und Motorradfahrer oder auch Touristen anfallen, die Streichelversuche unternehmen.

Merke: Bei <u>jeder</u> Bissverletzung durch ein Tier muss an Tollwut gedacht werden, da eine nicht rechtzeitig behandelte Infektion zum Tod führt!

Behandlung:

Die Verletzung sofort mit Wasser und Seife oder Detergentien gründlich reinigen. Die fetthaltige Hülle des Tollwutvirus und dadurch auch das gesamte Virus werden somit zerstört. Anschließend die Wunde ausgiebig mit Wasser spülen, um Seife oder Detergentien zu entfernen. Danach erneute gründliche Säuberung mit Desinfektionsmitteln (jodhaltige Präparate wie z.B. Betaisodona®-Lösung).

Anschließend in jedem Fall einen Arzt aufsuchen, der klärt, ob ein Antiserum verabreicht werden muss oder ob eine aktive Impfung ausreicht.

In zivilisierten Ländern ist die nachträgliche Tollwutimpfung kein Problem, da Impfstoff im Allgemeinen jederzeit über Ärzte und Apotheken erhältlich ist. In abgelegenen, wenig zivilisierten Gegenden kann das ganz anders sein. Daher gilt für Tollwut- wie auch Tetanus-Infektionen:

Merke: Der beste Schutz ist die vorbeugende Impfung.

BRÜCHE, VERRENKUNGEN, VERSTAUCHUNGEN

Offene Brüche

Die Haut und das Gewebe im Bruchbereich sind verletzt. Es besteht die Gefahr einer Infektion durch die Verbindung der Knochenbruchstelle mit der äußeren Umgebung. Immer sofort möglichst steril abdecken!

Falls der Knochen vorsteht, beide Bruchenden etwas auseinanderziehen (siehe unter »Geschlossene Brüche«), um den Knochen wieder unter seinen Weichteilmantel zu bringen.

Weitere Behandlung wie bei geschlossenen Brüchen.

Geschlossene Brüche

Diese sind mit Schmerzen und Bewegungseinschränkungen verbunden. Eine abnorme Lage und/oder Bewegung des entsprechenden Gliedes gehen einher mit Schwellungen und Prellmarken.

Behandlung:

- Ruhigstellen des Bruches.
- Puls und Gefühl im Bereich des körperfernen Gliedabschnittes prüfen.
- Anschließend nach guter Polsterung schienen.
- Schmerzmittel und eventuell z. B. Valium eingeben.
- Möglichst umgehender Transport in ein Krankenhaus, da nur eine Röntgenaufnahme eine exakte Behandlung ermöglicht.

Ist keine Hilfe (Arzt) vorhanden, kann der Versuch gemacht werden, den Bruch einzurichten. Ist die Schockgefahr beseitigt, wird unter Zug und Gegenzug – langsam und schonend – der Bruch eingerichtet; je früher, desto besser:

1) Den Verletzten festhalten (auch das jeweilige Körperteil), so dass dieser bei Belastung (Zug) nicht nachgibt.

2) Dem zu Behandelnden die Situation erklären, beruhigend zureden und die nächsten Schritte deutlich machen.

3) Das gebrochene Körperteil unter langsamen, stetigen Zug bringen, d. h. die gebrochenen Knochenteile auseinander ziehen.

4) Das gebrochene Glied wird unter stetigem Zug und großer Vorsicht in die Normalstellung gebracht. Erst dann darf der Zug langsam nachgelassen werden.

5) Gute Polsterung des verletzten Teils; das Glied schienen und mit einem Verband oder Tüchern ruhig stellen.

6) Nach dem Ruhigstellen der benachbarten Gelenke wird überprüft, ob die Gliedmaße gefühllos oder weiß wird; Pulsschlag überprüfen, gegebenenfalls den Verband öffnen und/oder lockern.

7) Immer eine mögliche Schockgefahr beachten, da bei Brüchen ein großer innerer Blutverlust möglich ist.

8) Schonender Transport und entsprechende Lagerung des Verletzten ist wichtig.

Merke: Beim Einrenken von Brüchen äußerst behutsam vorgehen, da sonst Nervenschädigungen drohen.

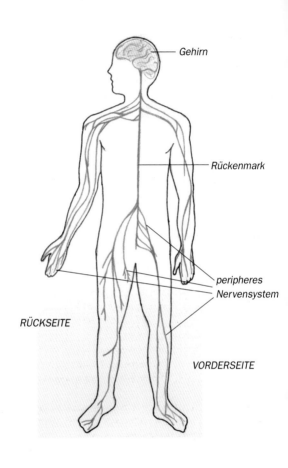

Gehirn

Rückenmark

peripheres
Nervensystem

RÜCKSEITE

VORDERSEITE

Die Nervenbahnen des Körpers

Erkennen und Behandeln von:

Schlüsselbeinbruch
Dieser ist meist von außen sichtbar (man vergleiche mit der gesunden Seite); bei Druck auf die gebrochene Stelle tritt das sog. »Klaviertastenphänomen« auf.

Behandlung:
- »Rucksackverband« (Schlinge um beide Schultern stramm und gut gepolstert unter den Achselhöhlen durchführen; anschließend zwischen den Schulterblättern verknoten).
- Ein regelmäßiges Nachziehen zum Erhalt der Spannung ist notwendig.

Wirbelsäulenverletzung
Ist erkennbar an:
- Schmerzen im entsprechenden Wirbelbereich
- Bewegungen sind schwierig und/oder schmerzhaft
- Gefühlsstörungen in Armen und Beinen
- Stuhl oder Urin geht ohne Kontrolle ab.

Behandlung: (schon bei Verdacht!)
- Die Lage des Verletzten möglichst nicht verändern.
- Den Transport (in Rückenlagerung) nur mit mehreren Helfern durchführen, um die Wirbelsäule so wenig wie möglich zu bewegen.
- Lagerung des Verletzten in Rückenlage auf fester Unterlage; eine Seitenlage *nur* bei Blutungen im Nasen-/Rachen- und Mundbereich sowie bei starkem Erbrechen.
- Dem Verunglückten keine Kissen unter den Kopf legen und nicht aufsitzen lassen.

Rippenbrüche

Gekennzeichnet von lokalem Schmerz und Prellmarke; flache Atmung durch meist starke atemabhängige Schmerzen.

Behandlung:
- Schonhaltung und entsprechende Lagerung.
- Örtliche, schmerzlindernde Maßnahmen (kalte Umschläge, Salben).
- Auch bei Schmerzen versuchen, tief durchzuatmen (Gefahr von Lungenentzündung: Behandlung siehe dort).
- Eventuell Schmerzmittel (Valoron, Tramal) verabreichen, evtl. Valium.

Achtung: Durch Verletzungen von Lunge oder Brustwand kann es zum Eindringen von Fremdluft oder Einblutungen in den Brustraum kommen. Dies kann zu lebensbedrohlichen Funktionsstörungen der Lunge führen.

Beckenbruch

Erkennbar an Druckschmerz, Prellmarken oder Bluterguss; die Bewegung ist schmerzhaft eingeschränkt. Auf blutigen Urin achten. Möglichkeit eines Harnröhren- oder Blasenrisses – dann überhaupt kein Urin.

Behandlung:
- Schonende Lagerung des Verletzten.
- Beide Beine – mit einer ausreichenden Polsterung dazwischen – zusammenbinden.
- Knie unterpolstern, damit Bauchmuskulatur entspannt ist.

Achtung: Es kann eine starke innere Blutung vorhanden sein, die Schock- bzw. sogar Lebensgefahr bedeutet.

Auskugelung (Luxation, »Verrenkung«)

Entstehen durch Krafteinwirkung auf ein Gelenk mit Trennung des Gelenks, einer Dehnung oder einem Riss der Kapsel bzw. der Gelenkbänder.

Erkennbar an:

- der unnormalen Lage des Körperteils
- einer sehr starken, schmerzbedingten Bewegungseinschränkung oder -unfähigkeit
- Schwellung und Druckschmerz.

Behandlung:

- Den Verunglückten beruhigen; evtl. Eingabe von Schmerzmitteln.
- Einrenken unter den gleichen Bedingungen wie bei Brüchen (meist sehr schwierig).
- Manche Gelenke (z.B. Hüftgelenk) können ohne umfassende medizinische Hilfe überhaupt nicht eingerenkt werden. Es bleibt nur der Transport unter Schmerzmitteln.

Einrenken der Schulter:

- Den Verletzten auf den Rücken legen.
- Sich selbst an die verletzte Seite des zu Behandelnden legen und den Fuß in die Achselhöhle des Verletzten drücken.
- Handgelenk mit beiden Händen fassen und unter langsamem Zug sowie gleichzeitiger Innendrehung des Arms ziehen, bis das Schultergelenk fühlbar einschnappt.

Merke: Eingerenkte Körperteile sind ebenso wie Brüche ruhig zu stellen. Die Ruhigstellung erfolgt hier aber nur bis zur baldigen Einrenkung (z.B. während eines Transportes), da sonst die Gefahr einer Einsteifung droht.

Verstauchungen

Verstauchungen (Distorsionen) entstehen durch Krafteinwirkungen auf ein Gelenk oder auf Gelenkteile.

Erkennbar an:

- Schwellungen
- Druckschmerzhafter Bewegungseinschränkung
- Bluterguss

Behandlung:

- Anlegen einer festen Binde
- Ruhigstellung des betroffenen Gliedes
- Hochlagerung
- Kühlen der Verstauchung, um ein Abschwellen zu erreichen

AKUTE SCHMERZZUSTÄNDE

a) Herzinfarkt:

Anzeichen:

- Rasch einsetzende stärkste Schmerzen zumeist in der lin-ken Brustseite, die in Arme, Schulterblätter, Hals, Kiefer, Oberbauch ausstrahlen können
- Atemnot
- Druck im Brustkorb, Enge- und/oder Angstgefühl
- schneller, schwacher Puls
- kalter Schweiß
- blasse, fahle Gesichtsfarbe
- manchmal Übelkeit, Erbrechen
- manchmal nur Schwächeanfall (auch ohne Schmerz), evtl. Bewusstlosigkeit.

Behandlung:

Es besteht höchste Lebensgefahr, d. h. in der Zivilisation sofort Notarzt anrufen oder im Busch den Erkrankten so schnell wie möglich zum Arzt oder noch besser in ein Krankenhaus schaffen! Keine Zeit mit Warten auf Besserung vergeuden!

Bis dahin:
- Erkrankten mit leicht erhöhtem Oberkörper hinsetzen.
- Für freie Atmung sorgen (Kleidung öffnen).
- Kreislauf häufig kontrollieren.
- Falls vorhanden Nitro-Kapsel zerbeißen oder Nitro Lingual Spray in den Mund sprühen, Schmerzmittel, gegebenenfalls Diazepam (Valium 5-10 mg) einnehmen.
- Bei Ohnmacht: Hinlegen, bei Herzstillstand sofort mit Wiederbelebungsmaßnahmen beginnen.

Lungenentzündung

Anzeichen:
- Stechende Schmerzen bei der Atmung
- Schüttelfrost
- Gefühl des Krankseins
- Oberflächliche Atmung
- Schneller und manchmal kaum spürbarer Puls
- Häufig Fieber

Behandlung:
- Bettruhe
- Antibiotikum verabreichen (z. B. Ciprofloxacin oder Clarithromycin)
- Inhalation mit heißer Kochsalzlösung (1 Teelöffel pro Liter Wasser)
- Ergreifen von fiebersenkenden Maßnahmen (Wadenwickel, Verabreichung von Aspirin)
- Viel Flüssigkeit zu sich nehmen.

Bauchschmerzen (Oberbauch)

Anzeichen:
- dumpfe Krämpfe, bis kolikartige Schmerzen unterhalb des Brustbeins
- Übelkeit und Erbrechen (evtl. dunkles Blut, kaffeesatzartig).

Der Bauch ist dabei nicht hart, sondern weich. Wichtige Hinweise kann auch die frühere Krankengeschichte geben (z. B. schon länger bestehende Magenbeschwerden). Bei diesen Anzeichen ist mit einer *Magenschleimhautentzündung* oder einem *Zwölffingerdarmgeschwür* zu rechnen.

Behandlung:
- Im Anfangsstadium nichts zu Essen geben, später nur leichte Kost verabreichen.
- keinen Alkohol oder Nikotin
- Verabreichung von Buscopan o. ä. als Zäpfchen
- Den Patienten ruhen lassen und weiter beobachten.

Rechter Oberbauch

- heftige, wellenförmige, krampfartige Schmerzen
- Ausstrahlung bis in den Schulterbereich
- Übelkeit, Brechreiz
- Fett kann weder gerochen, noch gegessen werden.

Anzeichen für eine *Gallenkolik*.

Behandlung:
- wie starke Magenbeschwerden
- Feuchtwarme Umschläge anlegen.

Rechter Unterbauch
- Starker Druckschmerz
- Übelkeit und Erbrechen
- gespannte Bauchdecke
- Bewegung im rechten Hüftgelenk manchmal schmerzhaft
- meistens Fieber

Spricht für eine *Blinddarmentzündung.*

Behandlung:
- Kalte Umschläge, Eis auf den rechten Unterbauch legen.
- Dem Kranken nichts zu Essen geben.
- Antibiotikum einnehmen.
- Bei einem längeren Transport zur Klinik evtl. Schmerzmittel verabreichen.
- Operation so schnell wie möglich, da Gefahr des Durchbrechens.

Rechte und/oder linke Bauchseite (Flanke)
- Wellenförmige, krampfartige Schmerzen im Bereich der seitlichen Bauchwand; in den Unterbauch ausstrahlend.
- Sehr plötzliches Einsetzen o. g. Symptome
- Unruhe bis zum Erbrechen
- häufiges Wasserlassen mit Brennen
- unter Umständen rötlicher Urin

Deuten auf eine *Nieren-* oder *Harnleiterkolik* hin.

Behandlung:
- Verabreichung von Buscopan o. ä.
- Viel lauwarme Flüssigkeit zuführen.
- Feuchtwarme Umschläge machen.
- bei Koliken: Bewegung.

Unterbauch Mitte (Blasenbereich)
- Schmerzen
- häufiges Wasserlassen, dabei Brennen in der Harnröhre
- relativ kleine Urinmengen

sprechen für eine *Harnwegs-* oder *Blasenentzündung.*

Behandlung:
- Abgabe von Buscopan o. ä.
- Verabreichung von Antibiotikum (z. B. Bactrim)
- Den Unterbauch wärmen.

Gesamtbauchbereich
- Der gesamte Bauch oder Teile davon sind stark druck-schmerzhaft
- Die Bauchdecke ist bretthart gespannt
- Stuhl- und Windverhalten
- Erbrechen
- Die Zunge ist trocken und borkig, das Gesicht grau
- Der Patient wirkt stark krank, evtl. Schock

Diese Anzeichen deuten auf eine *Komplikation eines der vorher genannten Organe oder des Darmes (z. B. Magendurchbruch, Blinddarmdurchbruch, Darmverschluss, usw.)* hin.
Es besteht höchste Lebensgefahr! Daher umgehend Klinik aufsuchen!
Bis dahin:
- Ess- und Trinkverbot

- feuchtwarme Umschläge
- krampflösende Schmerzmittel verabreichen, z. B. Buscopan.
- Antibiotikum hochdosiert (z. B. Ciprofloxacin).
- gegebenenfalls Schockbekämpfung.

VERLETZUNGEN UND ERKRANKUNGEN IM KOPFBEREICH

Schlaganfall

Aus verschiedenen Gründen (verstopfte oder geplatzte Gefäße) kann die Blutversorgung eines Gehirnteiles unterbrochen werden. Durch den Sauerstoffmangel kommt es zu Funktionsausfällen wie:
- Plötzliche Lähmungen von Armen und Beinen auf einer Seite (Halbseitenlähmung)
- Halbseitige Gesichtslähmung (herabhängender Mundwinkel, einseitig geschlossenes Augenlid)
- Sprachstörungen
- Schluckbeschwerden (Erstickungsgefahr!)
- Bewusstlosigkeit
- Atem- und Kreislaufstörungen

Behandlung:
Es besteht Lebensgefahr. Jede Minute erhöht das Risiko bleibender Schäden, daher **bei geringstem Verdacht sofort den Notarzt rufen!**
- Ist die Person ansprechbar, bequem mit erhöhtem Oberkörper lagern
- Gelähmte Körperteile abpolstern
- Bei Bewusstlosigkeit, aber vorhandener Atmung: stabile Seitenlage auf die gelähmte Seite (s. Seite 112)
- Bei Atem- bzw. Herzstillstand: Wiederbelebung (s. Seite 108)

Gehirnerschütterung und Schädelbruch

- Symptome treten sofort nach dem Unfall, manchmal auch erst später auf
- Äußere Verletzungsanzeichen, z. B. Nasenbluten
- Erinnerungslücken, Benommenheit, evtl. Bewusstlosigkeit (unter 15 Minuten)
- Erbrechen
- Schwindel
- Kopfschmerzen

Diese Symptome sprechen für eine *Gehirnerschütterung*.

Behandlung:

- Seitenlage bei Bewusstlosigkeit, ansonsten Oberkörper erhöht lagern. Ruhe!
- bei vorhandenen Wunden: sterile Abdeckung
- ständige Atem- und Pulskontrolle
- evtl. Beruhigungsmittel (z. B. Valium 5-10), Schmerzmittel oder z. B. Paspertin gegen Erbrechen.

Kommt es zu einer Verschlechterung des Zustandes (oft nach anfänglicher Besserung) oder kommen folgende Symptome hinzu, besteht die Gefahr eines *Schädel-* oder *Schädelbasisbruches* und/oder *Hirnblutung*. Es besteht Lebensgefahr!

Anzeichen:

- dauerhaftes Erbrechen
- anhaltende (über 15 Minuten) oder wieder eintretende Bewusstlosigkeit
- zunehmende Kopfschmerzen
- zunehmende Verwirrtheit und Unruhe
- dauerhafte Pupilleneng- oder -weitstellung oder verschieden große Pupillen

- Blutung aus Nase (evtl. nur wasserhelle Flüssigkeit), Mund, Ohr oder offene, tiefe Kopfwunde
- Lähmungen oder Krämpfe
- Pulsverlangsamung, extreme -beschleunigung oder Unregelmäßigkeiten

Behandlung:
Erstversorgung wie bei der Gehirnerschütterung, aber:
- So schnell wie möglich in ärztliche Behandlung begeben; wenn möglich, Abtransport im Rettungswagen.

Augen
- rotes, schmerzendes Auge
- Fremdkörpergefühl
- Vorgeschichte: Sand-, Metall- oder Holzspäne oder Schnee (Schneeblindheit) deuten auf *Bindehautentzündung, Schneeblindheit* oder *Fremdkörper im Auge.*

Behandlung:
- Inspektion mit sauberen Fingern
- Fremdkörpersuche und Entfernung
- Verabreichung von Augensalbe (ohne Cortison)
- Augenklappe oder Tuch zum Schutz vor weiteren schädlichen Einwirkungen (z. B. Schneebrille oder selbstgebauter Schutz).

Nase
Nasenbluten.

Behandlung:
- Sitzende Position einnehmen
- Kalte Kompressen auf Stirn und Nacken legen
- Nasenflügel andrücken

- Nasenlöcher mit Gaze ausstopfen (keine blutstillende Gaze verwenden!)

Ohr
- ein- oder beidseitige Ohrenschmerzen
- Schwerhörigkeit
- oft Allgemeininfektion

Anzeichen für eine *akute Mittelohrentzündung*

Behandlung:
- warme Umschläge
- Verabreichung von Nasentropfen (z. B. Otriven); *keine* Ohrentropfen geben!
- Je nach Zustand: Antibiotikum und/oder Schmerzmittel (Aspirin) geben
- Inhalieren mit heißer Kochsalzlösung (1 Teelöffel pro Liter Wasser).

Stirn und/oder Nase
- Schmerzen oder Druckgefühl
- Bei schnellem Schütteln oder Beugen des Kopfes Druckgefühl

Anzeichen für *Kiefer- oder Stirnhöhlenentzündung*.

Behandlung:
- viel trinken
- inhalieren (Kamille) oder Kochsalzlösung
- Antibiotikum.

Hals
- Plötzlich auftretende Beschwerden mit Fieber und Halsweh
- Schluckbeschwerden
- geröteter Hals

- Krankheitsgefühl
- Gliederschmerzen

zeigen eine *eiterige Angina* an, die mit
- Antibiotika und Aspirin sowie
- Bettruhe und heißen Halswickeln

behandelt wird.

Akute Kehlkopfentzündung beginnt mit:
- Schluckbeschwerden
- Heiserkeit bis Atemnot
- Gerötetem Hals, meist Allgemeininfekt.

Behandlung:
- Stimmruhe
- Rauchverbot
- Einnahme von Antibiotika
- Inhalation mit Heilölen
- Gurgeln mit Salzwasser (1 Teelöffel pro Liter Wasser)

»Verschlucken« von Fremdkörpern, Ersticken

Das sogenannte »Verschlucken« ist eigentlich ein Einatmen, da der Fremdkörper versehentlich statt in die Speiseröhre in die Luftröhre gerät.
- Hustenreiz
- Eventuell ziehendes, pfeifendes Atemgeräusch
- Schluckbeschwerden oder Schmerzen in Hals-/Brustbereich
- Blauverfärbung der Haut
- Panik.

Behandlung:
- Erkrankten knien und auf den Unterarmen abstützen lassen. Stirn auf den Boden legen, so dass Oberkörper schräg nach

unten gelagert ist. Falls Sitzgelegenheit vorhanden, hinsetzen und Oberkörper weit nach unten vorne beugen lassen

- Bei Kleinkindern Oberkörper nach unten hängen lassen.
- Mit der flachen Hand mehrfach zwischen die Schulterblätter schlagen, um Hustenstöße auszulösen.
- Wichtig ist auch die Beruhigung, da Panik die Verkrampfung in Luft- oder Speiseröhre verschlimmert.

BISSE UND STICHE GIFTIGER TIERE

Giftschlangen

Mit Ausnahme der Polarregionen, Madagaskars und einiger Inseln der Karibik und des Pazifiks sind Giftschlangen über die ganze Erde verbreitet. Eine Begegnung mit ihnen geschieht meist überraschend, selten zeigen sie ihre Gegenwart etwa durch Zischen oder Rasseln (Klapperschlangen) an. Einige wichtige Vorsichtsmaßnahmen sind daher in Gebieten, in denen Giftschlangen häufig sind, unbedingt zu beachten:

1) Sich informieren, mit welchen Schlangen, auch ungiftigen, zu rechnen ist; sich deren wichtigste Merkmale (Zeichnung etc.) einprägen.
2) Schützende Kleidung tragen (feste Schuhe, lange Hosen).
3) Stets darauf achten, wo man hingreift, hintritt, worauf man sich setzt.
4) Nicht in Erdhöhlen und unter Steine greifen.
5) Feuerholz nicht nach Eintritt der Dunkelheit sammeln.
6) Nicht in der Nähe von Holz- oder Steinhaufen, in Höhleneingängen oder Sumpfgelände schlafen, möglichst in überschaubarem Gelände kampieren.
7) Tiere nicht reizen, Abstand halten.

8) Auch scheinbar tote Schlangen mit Vorsicht behandeln, wenn überhaupt, dann nur mit langem Stock hantieren.

Jeder Schlangenbiss ist ein ernster Notfall! Der Betroffene ist auf dem schnellsten Wege in ärztliche Behandlung zu bringen.

Die Giftwirkung hängt im Wesentlichen ab:
1) von der Art der Giftschlange und deren Gifteigenschaften
2) von der Menge des eingebrachten Giftes.

Anzeichen nach einem Biss durch Kobras, Mambas, Kraits, manchen Klapperschlangen und den meisten australischen Giftschlangen (neurotoxische Wirkung):
• leichte, selten schmerzhafte Schwellung um die Bissstelle
• Erbrechen
• Blässe
• Schweißausbruch
• Lähmung der Gesichts- und Augenmuskeln (starrer Blick)
• Schluckbeschwerden
• Atembeschwerden
• Bewusstseinseintrübung und Bewusstlosigkeit
• Krämpfe
• Atemlähmung

Anzeichen nach einem Biss durch Vipern, Klapperschlangen, Grubenottern (Wirkung auf Blutgefäße und Blutgerinnung):
• rasche, massive, schmerzhafte Schwellung um die Bissstelle, die sich weiter über den ganzen Körperteil ausbreitet
• rötlich-bläuliche Verfärbung um die Bissstelle
• Erbrechen
• Blässe
• Schweißausbruch
• Schock

- Zahnfleisch-, Nasenbluten, Sickerblutung aus der Bisswunde sind Anzeichen einer gestörten Blutgerinnung, Gefahr des Verblutens
- Bewusstseinseintrübung und Bewusstlosigkeit
- Kreislaufversagen

Diese Anzeichen einer Vergiftung variieren stark in ihrer Ausprägung und sind keineswegs, was vor allem die Reihenfolge angeht, für jedes Gift dieser zwei Schlangengruppen typisch. Es können z. B. bei einem Kobrabiss Lähmungserscheinungen fehlen, dafür Hautveränderungen um die Bissstelle auftreten; bei einem Vipernbiss kann es z. B. auch nur zu starken Gewebeschäden um die Bissstelle kommen, ohne dass die Blutgerinnung beeinträchtigt wird und umgekehrt. Nicht selten treten überhaupt keine Symptome auf, wenn die Schlange zwar zugebissen, nicht jedoch Gift injiziert hat.

Erste Hilfe:
- Gebissene Person beruhigen, Panik vermeiden.
- Betroffenes Körperteil ruhigstellen, u. U. schienen, mit elastischer Binde fest umwickeln, Abbinden selten empfehlenswert, da nur kurzzeitig möglich (nicht länger als 10–15 Minuten), wenn rasche ärztliche Hilfe erreichbar.
- Versuchen, die Schlange zu erkennen und zu beschreiben.
- Gebissene Person auf schnellstem Wege ärztlicher Hilfe zuführen.
- Schockreaktionen möglich (s. Schockbehandlung).
- Mund-zu-Mund-Beatmung, wenn Atemlähmung eintritt.

Antiseren (Gegengifte), spezifisch für die betreffende Schlangenart, dürfen nur durch einen Arzt (ausschließlich intravenös) angewandt werden, wobei alle Vorkehrungen für eine Schockreaktion getroffen sein müssen. Das Mitführen von Antiseren ist in der Regel nicht empfehlenswert, da deren fachgerechte Lagerung und Transport (kühl) oft nicht gewährleistet sind.

Hilfe bei der Beschaffung des richtigen Serums bzw. bei der Behandlung von Giftschlangenbissen leistet die Medizinische Klinik Rechts der Isar der Technischen Hochschule München, Toxikologische Abteilung, Ismaninger Str. 22, D-81675 München, Tel.: 089-19240.

Was auf jeden Fall beachtet werden muss:

1) Betroffenen Körperteil (Arm oder Bein) nicht abbinden, keine Staubinde anlegen, denn diese wäre nach maximal 10–15 min zu lösen, da sonst schwere Gewebeschäden eintreten und u. U. die Amputation die Folge wäre! Abbinden ist außerdem bereits nach wenigen Minuten sehr schmerzhaft.

2) Nicht in die Bissstelle einschneiden oder diese gar ausschneiden (bei manchen Viperngiften besteht die Gefahr des Verblutens, da durch das Gift die Blutgerinnung aufgehoben sein kann. Dieser Zustand kann bis zu 14 Tagen anhalten). Aussaugen oder Auspressen hilft nicht viel.

3) Keine »Mittelchen« einreiben oder injizieren.

4) Bisswunde nicht intensiv waschen.

5) Bissstelle nicht mit Eis kühlen.

6) Bissstelle nicht erwärmen.

7) Keinen Alkohol oder starken Kaffee trinken, nichts essen.

8) Cortisonpräparate oder Antibiotika sind überflüssig.

Skorpione

Skorpionstiche sind oft schmerzhaft. Allergische Reaktionen sind möglich. Es sind jedoch nur wenige Skorpione (z. B. in Nordafrika und Mexiko) wirklich gefährlich. Einen groben Hinweis auf die Giftigkeit eines Skorpions gibt die Form der Scheren: Skorpione mit schlanken Scheren sind in der Regel mit einem starken

Gift bewehrt, Skorpione mit großen, plumpen Scheren sind in der Regel harmlos.

Vergiftungen, die über eine lokale Reaktion (Schmerz, Schwellung, Rötung) an der Bissstelle hinausgehen, sind nur bei Arten aus den genannten Regionen zu erwarten. Hier kann es zu folgenden Symptomen kommen:

- Herz-Kreislauf-Beschwerden
- plötzliche Blässe
- Schweißausbruch
- Atembeschwerden
- In schweren Fällen (besonders bei Kindern) fällt der Patient nach einigen Stunden in ein Koma mit tiefer Bewusstlosigkeit.

Behandlung:
- Bei den meisten Arten keine besonderen Maßnahmen notwendig.
- Bei Auftreten von Allgemeinsymptomen (in der Regel innerhalb von sechs Stunden nach dem Stich) nicht wertvolle Zeit verstreichen lassen, sondern sofort versuchen, in ärztliche Behandlung zu gelangen, da es zu lebensbedrohlichen Zuständen kommen kann (überwiegend bei Kindern und alten Menschen)! Eigene Hilfsmaßnahmen wie Eingabe von Schmerzmitteln oder Schockbekämpfung sind in diesem Fall erfolglos!

Vorbeugen:
- Lagerplatz säubern: Skorpione leben meist unter Steinen und Holz.
- Kleider und Schuhe vor dem Anziehen ausschütteln.
- Festes Schuhwerk tragen.
- Skorpione sind nachtaktiv, daher nachts nie barfuß laufen. Die Wegstrecke mit der Taschenlampe ausleuchten.

Erste Hilfe:
• Stichstelle in heißes Wasser eintauchen oder heißes Wachs aufträufeln zur Inaktivierung des Giftes. Behandlung mehrfach
wiederholen. Bei Kreislaufproblemen Arzt aufsuchen.

Spinnen

Spinnen werden oft überschätzt. Große Vogelspinnen sind z. B.
durchweg harmlos. Die einzige, weltweit vorkommende Spinne,
deren Biss sehr schmerzhafte Folgen hat, ist die Schwarze Witwe, doch ist dieser Biss keineswegs lebensgefährlich.
Achtung: Die meisten Spinnen, die z. B. in Südamerika Vergiftungen verursachen, werden im häuslichen Bereich angetroffen!
Die Schwarze Witwe sitzt gerne unter den Toilettendeckeln von
sanitären Anlagen im Freien.

Vorbeugen: wie bei Skorpionen.

Behandlung: In der Regel keine Maßnahmen notwendig. Bei
Schmerzen evtl. Schmerzmittel einnehmen, betroffene Stelle
kühlen.

Schutz vor Gifttieren

Das Risiko eines Gifttierunfalls wird vielfach überschätzt, ande-
re Risiken (wie z. B. Malaria, Bilharziose usw.) eher unterschätzt.
Einige Regeln sollten jedoch in den Tropen und Subtropen auf
alle Fälle beherzigt werden:
• Vor der Reise sich informieren, mit welchen Gifttieren man im
jeweiligen Land zu rechnen hat.
• Beim Wandern in unübersichtlichem Gelände schützende
Kleidung und festes Schuhwerk tragen.
• Stets darauf achten, wohin man tritt und worauf man sich setzt.

Nicht alle Giftschlangen fliehen, sondern vertrauen ihrer Tarnung.

- Nicht in Erdhöhlen und unter Steine greifen (Schlangen oder Skorpione!).
- Nicht in der Nähe von Holz- und Steinhaufen, in Höhleneingängen oder im Sumpfgelände das Lager aufschlagen.
- Feuerholz nicht nach Eintritt der Dunkelheit sammeln. Vorsicht beim Aufheben größerer Äste (Schlangen, Spinnen, Skorpione!).
- Viele Gifttiere sind nachtaktiv. Daher das Lager nachts nie barfuss verlassen. Den Weg mit der Taschenlampe ausleuchten.
- In Skorpiongebieten Moskitonetz verwenden.
- Kleider und Schuhe vor dem Anziehen ausschütteln und inspizieren.
- Trifft man auf ein Gifttier, Abstand halten, Tier nicht reizen.
- Auch vermeintlich tote Schlangen mit Vorsicht behandeln, wenn überhaupt, dann nur mit langem Stock berühren.
- Gifttiere nicht zu fangen versuchen.

Merke: Nichts anfassen was man nicht kennt. Dies gilt auch für Pflanzen!

Umfassende Information zum Thema bietet das Buch »Gifttiere« von Prof. Dr. Dietrich Mebs.

Insektenstiche (Wespen, Bienen)
- Meist sehr schmerzhaft, lebensgefährlich bei Personen, die allergisch auf derartige Stiche (Bienen-/Wespengift-Allergie) reagieren. In diesem Fall sollten entsprechende Medikamente mitgeführt werden (Antihistaminika, Calcium-Tabletten, Cortisonpräparate). Ansonsten kühle Umschläge.

- Bei vielen Stichen (mehr als 100!) besteht durch die große Giftmenge auch bei nicht allergischen Menschen Lebensgefahr; daher keine wertvolle Zeit verstreichen lassen, sondern versuchen, so schnell wie möglich ärztliche Hilfe zu finden.
- Wenn es zu Allgemeinsymptomen kommt und kein Arzt erreichbar ist, symptomatische Behandlung: je nach Schwere der Allergie Calcium-Trinkampullen 10 %, Antihistaminikum (Clemastil, z.B. Tavegil-Tabletten) oder Cortison in hoher Dosierung (Decortin-Tabletten, Prednisolon 500 Ampullen zur Injektion; Schockbehandlung; siehe auch Seite 115, 169f).

Verletzungen durch Giftfische oder andere Meerestiere

Es gibt mehr als 1000 Meerestiere, die Träger von Giftstoffen sind, die jedoch zum größten Teil noch nicht chemisch identifiziert wurden. Da maritime Gifte jedoch meistens Eiweißkörper sind, empfiehlt es sich auf jeden Fall, die Kontaktstelle in möglichst heißes Wasser zu tauchen, um das Gift zu zerstören. Körperteile, die nicht eingetaucht werden können, sollte man mit heißen Umschlägen (bis zu 90 min lang) versorgen.

Reizungen durch Feuerquallen dürfen nicht mit Wasser behandelt werden, da es hier zu einer Verschlimmerung der Symptome kommt. Besser die Stelle mit Puder, Mehl oder trockenem Sand bestreuen und nach kurzer Einwirkung abschaben. Anschließend eine entzündungshemmende Salbe auftragen (Corticoid-Gel).

Vorbeugen:
- Beim Waten im Wasser oder Laufen über Riffe knöchelhohe Schuhe tragen.
- Hinweise von Einheimischen beachten; Vorsicht beim Baden an menschenleeren Stränden (Quallen sind im Wasser oft unsichtbar).

- Nicht nachts baden: vermehrtes Auftreten von Seeigeln!

Vorbeugung für Taucher und Schnorchler:
- Nicht direkt über dem Sandboden schwimmen: eingegrabene Stechrochen!
- Beim Eintauchen in Höhlen, Tieren Fluchtmöglichkeit offen lassen.
- Nicht in Löcher oder Höhlen hineingreifen.
- Keine Streichelversuche, Tiere nicht reizen.
- Keine Anfütterungen.
- Bei Nachttauchgängen Bodenkontakt vermeiden.
- Nichts anfassen, was man nicht kennt.

Zeckenbisserkrankungen

Um es erst gar nicht zu Zeckenbissen und daraus resultierenden Erkrankungen kommen zu lassen, sollten beim Aufenthalt im Freien folgende Vorsichtsmaßnahmen getroffen werden:
- Die »Lieblingsorte« der Zecken meiden (niedrige Büsche, hohe Gräser und Kräuter, v. a. an Lichtungen und Weg- und Waldrändern, aber auch in Laub- und Mischwäldern ohne Unterbewuchs). Zecken leben bis in Höhen von 1,20–1,50 m und werden bei Berührung abgestreift (sie lassen sich nicht fallen!).
- Geeignete Kleidung tragen:
  - Geschlossene Schuhe.
  - Lange, unten geschlossene Hosen (evtl. Hosenbeine in die Socken stecken!).
  - Lange Ärmel.
  - Kopfbedeckung (v. a. bei Kindern wichtig, da sie kleiner sind).
  - Die Kleidung sollte möglichst eng anliegen und keine Falten werfen, damit die Zecken nicht zwischen Kleidung und Haut herumkrabbeln können.

- Möglichst helle Kleidung tragen, damit die Zecken besser gesehen werden können.
- Hose und Strümpfe mit Zeckenschutzmittel besprühen.
- Nach dem Aufenthalt gründliche Inspektion des Körpers. Zecken setzen sich gerne an geschützten Stellen (Hautfalten) fest bzw. dort, wo die Haut dünner ist (Leistengegend, Intimbereich, Bauchnabel, Achselhöhlen, Hals; auch Haaransatz – gerade bei Kindern –, Ohren und Zwischenzehenbereich nicht vergessen zu untersuchen).
- Zecken sind nur bei bestimmten Temperaturen und Luftfeuchtigkeit aktiv. Die optimale Temperatur beträgt 17–20° C, die optimale relative Luftfeuchtigkeit 80–95 %, d. h. Zecken sind in Mitteleuropa v. a. im Frühsommer und Herbst aktiv. Zu diesen Jahreszeiten ist also besondere Vorsicht geboten.

Hat sich die Zecke bereits festgebissen, sofort heraus ziehen. Innerhalb der ersten 12 Stunden ist die Gefahr wesentlich geringer, dass man infiziert wird (dies gilt für Borreliose; bei FSME findet die Infektion bereits beim ersten Blutsaugen statt).

Zecke mit einer Pinzette oder speziellen Zeckenzange am Kopf fassen und möglichst schonend gerade herausziehen. Auf keinen Fall Öl oder Ähnliches aufträufeln, da die Zecke im Todeskampf die Erreger an die Blutbahn des Menschen abgibt.

Zecken-Borreliose

Vorkommen: Mittel-, Ost-, Nordeuropa, Nordamerika, Australien

Krankheitssymptome treten nach Tagen bis Monaten auf.

4 Krankheitsstadien:

1) rötliche Hautveränderung, die wandert. Gleichzeitig häufig Mattigkeit, Fieber, Schüttelfröste, Kopfschmerzen, Nackensteifigkeit
2) neurologische Störungen

3) rheumatische Beschwerden, v. a. im Knie- und Sprunggelenk
4) entzündliche Veränderungen der Haut (Pergamenthaut) und fortschreitende neurologische Störungen

Behandlung:
- Doxycyclin oder Amoxicillin über 14 Tage als Erstbehandlung.
- Je nach Stadium muss anschließend eine intravenöse Behandlung erfolgen.
- Nicht nur wegen der Spätfolgen so bald wie möglich einen Arzt aufsuchen.

Frühsommer-Meningo-Enzephalitis (FSME)

Vorkommen:
Bayern, Baden-Württemberg, Teilgebiete von Hessen, Rheinland-Pfalz, Thüringen, Saarland, Sachsen, Brandenburg; zum Teil ausgedehnte Gebiete im mittleren und östlichen Europa. Landkarten zu dem sich ständig vergrößernden Ausbreitungsgebiet gibt es bei Ärzten, Apotheken oder im Internet (z.B. www.zecke.de)

Symptome:
Ca. 1 Woche nach dem Biss Fieber mit grippalen Erscheinungen. Nach 1–2 Wochen nach kurzer Pause erneuter Fieberanstieg und Störungen des Zentralen Nervensystems.

Behandlung:
Es gibt keine ursächliche Behandlung, daher sollte man sich vor dem Aufenthalt in betroffenen Gebieten prophylaktisch impfen lassen. Außerdem unbedingt die Vorsichtsmaßnahmen auf Seite 148f. beachten!

TROPENERKRANKUNGEN

Eine Besprechung der zahlreichen Tropenerkrankungen würde den Rahmen dieses Buches sprengen.

Äußerst wichtig ist jedoch eine gute Reisevorbereitung. Man sollte sich *rechtzeitig* (ca. 8 Wochen vor Reiseantritt!) bei einem reise- und tropenmedizinisch erfahrenen Arzt über vorbeugende Impfungen bzw. die richtige Malariaprophylaxe beraten lassen oder eines der reise- oder tropenmedizinischen Beratungszentren in Deutschland kontaktieren, z. B.:

- Deutsches Grünes Kreuz   0 64 21-29 30
- Centrum für Reisemedizin   01 90-88 38 83
- Klinik St. Georg – Zentrum für Reisemedizin   03 41-909 26 19

Diese oder ähnliche Beratungszentren erstellen gegen ein relativ geringes Entgelt einen individuellen Vorsorgeplan.

Außerdem gibt die Firma GlaxoSmithKline über den Springer-Verlag einen ausführlichen und immer wieder aktualisierten »Ärztlichen Ratgeber für Auslandsaufenthalte« von Dr. Eckhard Müller-Sacks heraus, der im Buchhandel bestellt werden kann.

Bei Last-Minute-Reisen kann man sich an die reisemedizinischen Beratungszentren der Flughäfen wenden, um wenigstens eine Minimalvorsorge zu treffen.

Während der Reise sollte man bestimmte *Vorsichtsmaßnahmen* einhalten:

- Nur sauberes Wasser trinken (Desinfektion mit Wasserdesinfektions-Tabletten), Vorsicht bei Leitungswasser! (Zähneputzen, Eiswürfel)
- Körperhygiene
- ausreichende Kleidung zum Schutz gegen Insekten- und sonstige Tierbisse und -stiche.

- In den Tropen nie in flachen, stehenden Gewässern baden.
- Vorsicht bei der Auswahl von Nahrungsmitteln.

Treten nach der Reise Krankheitserscheinungen auf, den Arzt auch auf weiter zurückliegende Fernreisen hinweisen. Im Zweifelsfall zusätzlich eines der Beratungszentren oder eine tropenmedizinische Abteilung eines (Universitäts-) Krankenhauses kontaktieren, wie z. B.:

- Berhard-Nocht-Institut für
  Tropenmedizin in Hamburg   040-428180
- Abteilung für Infektions- und Tropenmedizin der
  Ludwig-Maximilians-Universität München   089-21803517
- Institut für Tropenmedizin Berlin   030-301166

HITZSCHLAG

Es besteht *akute Lebensgefahr*, da die körpereigene Temperaturregelung ausfällt; die Hitze kann nicht abgegeben werden. Erkennbar an:

- Kopfschmerz, Schwindel, Übelkeit
- Bewusstseinsstörung
- nach anfänglicher Hautrötung fahlgraues Aussehen
- flache Atmung
- Puls und Temperatur steigen an.

Behandlung:
- Beruhigung des Kranken
- Kleidung entfernen
- Den Betroffenen in den Schatten transportieren
- Anfeuchten der Haut
- Kalte Umschläge machen
- Luft zufächern
- Flüssigkeit zuführen.

SONNENSTICH

Durch intensive Sonneneinstrahlung auf den Kopf entsteht eine Reizung der Hirnhäute und eine Hirnschwellung.
Erkennbar an:
- Kopfschmerzen; Nackenschmerzen bis Nackensteife
- Übelkeit
- heißem, hochrotem Kopf
- Bewusstseinsstörung bis zur Bewusstlosigkeit
- kein Fieber (!)

Behandlung:
- Anfeuchten der Haut
- Ist der Patient bei Bewusstsein, Verabreichung von kalten Getränken
- ansonsten Vorgehen wie bei »Hitzschlag«.

STROMSCHLAG

Anzeichen:
- Muskelverkrampfung während der Stromeinwirkung
- Verbrennungen und Brandwunden an den Ein- und Austrittsstellen des Stromes: sog. „Strommarken"
- Eventuell Bewusstlosigkeit und Herz-Kreislauf-Stillstand

Behandlung:
Auf eigene Sicherheit achten!
- Gerät oder Sicherung ausschalten, Stecker ziehen
- Bei Verletzung durch stromführenden Draht sich auf eine isolierte Unterlage stellen (Bretter, Tisch, Glasplatte, Kleiderhaufen), mit einer Holzstange den Kontakt zwischen Draht und

Verletztem lösen. Nur bei Schwachstrom möglich, bei Hochspannung Rettung nur durch Fachpersonal.
- Atmung und Herz-Kreislauffunktion kontrollieren, gegebenenfalls Atemspende bzw. Wiederbelebung (siehe Seite 108).
- Brandwunden versorgen: siehe Seite 119.

> **Merke:** Bei Hochspannungsunfällen Rettung nur durch Fachpersonal! Lebensgefahr auch für den Retter.

FLÜSSIGKEITSMANGEL (DURSTGEFÜHL)

Im Normalzustand ist die Flüssigkeitsaufnahme und -abgabe durch Regulierung im Durstzentrum des Gehirns im Gleichgewicht. Als Faustregel kann eine Flüssigkeitsaufnahme von ca. 2,5 l über Getränke und/oder Nahrung angenommen werden (unter normalen Temperaturen und bei nur leichter Betätigung).
Die Flüssigkeitsabgabe erfolgt durch Schwitzen, Kot- und Urinausscheidung sowie über die Atmung. In Extremsituationen kann der Verlust bis zu 15 l pro Tag betragen.
Verhalten in heißen Ländern:
Für ausreichende Flüssigkeitszufuhr sorgen; Wasserverlust vermeiden durch:
- Aufenthalt im Schatten
- Kühlung
- Anfeuchten der Bekleidung
- Vermeiden von starkem Schwitzen
- Kopfbedeckung.

Zum Ausgleich des Salzverlustes durch Schwitzen Fleischbrühe aus Brühwürfeln o. ä. trinken.
Falls das Wasser nicht schmeckt, mit Früchten, Fruchtsäften oder Brausepulver »verbessern«. So trinkt man mehr (»Selbst-

überlistung«). Während der heißen Tagestemperaturen sollte man ruhen, in der Nacht arbeiten oder marschieren.

Die ausgeschiedene Urinmenge sollte etwa 1 Liter pro Tag betragen; die Farbe hellgelb sein.

Anzeichen von Flüssigkeitsmangel

- Durst
- Dunkler, trüber Urin
- Müdigkeit, Apathie, Schwäche, Schwindel
- Kopfschmerz
- Übelkeit
- Beschleunigter Puls, Kollapsneigung
- Temperaturanstieg
- Halluzinationen, Verwirrung, Orientierungsverlust, Wahnvorstellungen
- Krampfanfälle
- Juckreiz
- Faltige Hautbereiche

Im schlimmsten Fall kann ein Volumenmangel-Schock mit Bewusstseinstrübung, Bewusstlosigkeit und Kreislaufversagen eintreten (Behandlung siehe bei »Schock«).

Im Notfall auch schmutziges, evtl. kontaminiertes Wasser reinigen, um es trinkbar zu machen (s. »Wasseraufbereitung«).

DURCHFALL

Behandlung:

- Mindestens 24 Stunden nichts essen.
- Viel trinken: Salz- und Zuckerzufuhr (Maggiwürfelbrühe, gezuckerte Lösungen, z. B. Elotrans).
- Bei sehr starkem Flüssigkeitsverlust 1 Teelöffel Salz, 10 Teelöffel (Trauben-)Zucker, 1/2 Teelöffel Natron (wenn vorhanden) in 1 l abgekochtem Wasser auflösen und trinken.

Oder: Tee mit 2 Teelöffeln Traubenzucker und 1 Prise Salz pro Tasse.

Wichtig: Bei großen Flüssigkeitsverlusten müssen mindestens 2,5 l Flüssigkeit pro Tag getrunken werden!

- Ab dem 2. Tag Schonkost: Hafer- oder Reisschleim.
- Ab dem 4. Tag langsame Umstellung auf normales Essen.
- Medikamente, die den Darm ruhig stellen, nur einnehmen, wenn unbedingt nötig (z. B. Imodium), da die Ausscheidung von Keimen oder Giften verzögert wird.
- Falls nach o. g. Maßnahmen kein Erfolg eintritt, Antibiotikum einnehmen (Ciprofloxacin, Cotrimoxazol).

UNTERZUCKERUNG

Betroffen sind in der Regel Menschen mit einer Zuckerkrankheit (Diabetes mellitus), die Tabletten oder Insulin zur Kontrolle ihres Zuckerstoffwechsels benötigen. Eine Unterzuckerung tritt ein, wenn eine zu starke Medikamenteneinwirkung im Ungleichgewicht mit der Kohlenhydrataufnahme steht. Dies kann z.B. bei starker körperlicher Anstrengung der Fall sein.

Symptome:
- Plötzlicher Schweißausbruch
- Herzklopfen
- Zittrigkeit
- Müdigkeit
- Konzentrationsschwäche
- Bei Nichtbehandlung Bewusstlosigkeit

Behandlung:
- Pause machen, hinlegen
- Stark zuckerhaltige Getränke, Süßigkeiten oder Traubenzucker pur zu sich nehmen, anschließend Brot oder Obst essen

Vorbeugung:
Bei körperlicher Anstrengung auf eine regelmäßige und häufige (alle 1-2 Stunden) sowie ausreichende Aufnahme von Kohlenhydraten (Brot, Obst) achten.

UNTERKÜHLUNG

Bei Unterkühlung kommt es zu einem Abfall der Körpertemperatur bis weit unter 35° C. Es gibt drei Stadien:
- 1. Grad = *Erregungsstadium* (37–34° C): Frieren und Muskelzittern, Kräfteschwund in Armen und Beinen, Koordinations-, Erinnerungs- und Sprechstörungen, Desorientierung und leichte Verwirrtheit, starke Unruhe und Schmerzen am ganzen Körper.
- 2. Grad = *Erschöpfungsstadium* (34–24° C): Krämpfe, Gefühllosigkeit und zunehmende Muskelstarre, Apathie, Schläfrigkeit und Bewusstseinsstörungen, Verlangsamung von Puls und Atmung.
- 3. Grad = *Lähmungsstadium* (unter 24° C): kaum noch Puls und Atmung, Bewusstlosigkeit, erloschene Reflexe, Scheintod.

Behandlung:
- Jede unnötige Bewegung vermeiden: Beim Warten auf Hilfe Embryohaltung einnehmen.
- Falls man nach einem Kentern, Schiffbruch oder Ähnlichem im Wasser auf Hilfe warten muss, ebenfalls Bewegungen vermeiden; wenn möglich Embryohaltung einnehmen.
- Beim Abtransport einer unterkühlten Person äußerst schonend vorgehen, um die Restwärme im Körperkern zu erhalten. Beine und Arme nicht unnötig bewegen. Nur Liegendtransport!
- Die Person weder massieren noch mit Schnee abreiben.
- *Langsames* Erwärmen: Kleider zunächst nicht ausziehen sondern – wenn vorhanden – warmes (nicht heißes!) Wasser

über den Rumpf (nicht über Arme und Beine, sonst kann es zum Aufwärmschock kommen!) gießen. Evtl. zusätzlich warme, feuchte Tücher auf Brustkorb, um den Nacken sowie in Leistengegend und Achselhöhle legen. Warmen Wasserdampf einatmen lassen.

- Besteht keine Möglichkeit der Warmwasserzubereitung wird der Unterkühlte zwischen zwei Menschen gelegt und von diesen langsam erwärmt. Den Kopf zusätzlich mit Pudelmütze, Decke o. ä. warm halten.
- Bei Ohnmacht ständige Pulskontrolle, damit bei Kreislaufzusammenbruch sofort mit der Wiederbelebung begonnen werden kann.
- Ab 34° C Körpertemperatur den Unterkühlten im gut beheizten Raum (Zelt z. B. mit Hilfe des Kochers aufwärmen) ausziehen und, wenn er voll ansprechbar ist, reichlich warme, gesüßte Getränke verabreichen. Keine alkoholischen Getränke oder Schmerzmittel eingeben!
- Der Unterkühlte ist außer Gefahr, wenn das Muskelzittern wieder einsetzt.

ERFRIERUNGEN

Als Erfrierung wird die örtliche Kälteeinwirkung auf verschiedene Körperteile bezeichnet. Besondere Gefahr besteht für:

- Nase
- Ohren
- Finger
- Zehen.

Erfrierungen 1. Grades: Blässe, Schwellung
Erfrierungen 2. Grades: blaurote Haut, Blasenbildung
Erfrierungen 3. Grades: Gewebezerstörung
Erfrierungen 4. Grades: Vereisung

Im Frühstadium einer Erfrierung stellt man zunehmende Blässe, Bewegungshemmungen, starke Schmerzen und Gefühlsstörungen fest.

Im Spätstadium lassen die Schmerzen nach bis hin zur Schmerzfreiheit.

Behandlung:
- Anlegen eines keimfreien Verbandes mit viel Polsterung, um den gestörten Blutkreislauf nicht zusätzlich zu behindern.
- Keine Blasen öffnen!
- Erfrorene Körperteile niemals massieren oder passiv bewegen.
- Einzelne erfrorene Körperteile (z. B. Zehen) versuchen, aktiv zu bewegen.
- Den Unterkühlten nicht mit Eis oder Schnee abreiben.
- Die Person langsam erwärmen.

VERGIFTUNGEN

Vergiftungen des Organismus erfolgen entweder
- innerlich (durch Aufnahme verdorbenen Essens, Medikamente, giftiger Flüssigkeiten, Pflanzen oder Früchte)
- äußerlich (Berührung, Wunden, Kontakt mit giftigen Flüssigkeiten)
- durch die Inhalation giftiger Gase oder ätzender Dämpfe
- durch den Kontakt mit Tieren (Bisse, Berührungen, Verspeisen).

Symptome einer Vergiftung können sein:
- Übelkeit, Erbrechen, Durchfall, Magen- und Darmschmerzen
- stark beschleunigter oder verlangsamter Pulsschlag
- Halluzinationen, Erregungs- oder Angstzustände, Euphorie, Aggressivität

- Schweißausbrüche, Blauwerden, Blutungen, Schwellungen oder Rötung der Haut
- Bewusstseinstrübungen, Schwindelgefühle bis zur Ohnmacht
- starke Kopfschmerzen
- Atemstörungen bis hin zum Atemstillstand
- Krämpfe und Lähmungen

Behandlung:
- Etwaige weitere Giftzufuhr sofort stoppen; verschmutzte, evtl. vergiftete Kleidung sofort ausziehen und betroffene Körperteile mit Wasser und Seife reinigen.
- Den Vergifteten aus der Gefahrenzone bergen, Giftart feststellen.
- Keine »Hausmittelchen« wie Milch oder Schnaps eingeben, da diese die Giftwirkung u. U. verstärken können.
- Wenn sicher ist, dass keine schäumenden Substanzen eingenommen wurden, reichlich Flüssigkeit zuführen (z. B. abgekochtes Wasser, Tee).
- Erbrechen nur herbeiführen, wenn der Betroffene voll ansprechbar ist, keine Schluckstörungen hat und sicher ist, dass es sich nicht um ein reizendes, ätzendes oder schaumbildendes Gift handelt, da die Schäden sonst verstärkt werden können! Erbrechen ist überhaupt nur in Ausnahmefällen sinnvoll, und zwar dann, wenn die Giftaufnahme unmittelbar zuvor stattgefunden hat!
- Erbrechen kann durch das Trinken lauwarmen Salzwassers (ca. 3–5 Esslöffel Salz auf 0,5 l Wasser) herbeigeführt werden.
- Kohletabletten können u. U. das Gift binden.
- Bei Atemnot den Patienten in eine halbsitzende Lage bringen (nur, wenn er bei Bewusstsein ist!), bei Atemstillstand Atemspende (Vorsicht: Giftrückstände können im oder am Mund des Vergifteten vorhanden sein!).

- Vergifteten ständig beobachten, nicht ohne Aufsicht lassen.
- Über den Notruf 112 möglichst schnell einen Arzt hinzuziehen, da viele Gifte erst nach Minuten, Stunden oder sogar Tagen ihre volle Wirkung entfalten. Ansonsten gibt es über Deutschland verstreut die Giftnotrufzentralen. Man ist derzeit daran, diesen Zentralen eine einheitliche Telefonnummer zu geben.

Merke: *Giftnotruf* = Vorwahl-19240
Diese Telefonnummer ist bereits gültig für München, Berlin, Mainz, Freiburg, Göttingen, Homburg. Ausnahme sind die neuen Bundesländer Mecklenburg-Vorpommern, Sachsen, Sachsen-Anhalt und Thüringen. Hier gilt die Nummer 0361 (Erfurt) – 730730.
Bei Auslandsreisen sollte man immer mehrere Giftnotrufnummern bei sich führen, um notfalls selbst dort anrufen zu können!

HÖHENKRANKHEIT

Die Höhenkrankheit (Bergkrankheit) entsteht durch mangelnde Anpassung des Körpers an die jeweilige Meereshöhe. Ebenso wirkt sich der verminderte Sauerstoff-Druck auf den Betroffenen aus, was deutlich ab etwa 3000 Meter Höhe zu spüren ist. Meist kommt eine zu schnelle Überwindung von Höhenunterschieden hinzu.
Krankheitsmechanismus: Durch den Sauerstoffmangel kommt es zu einer Erhöhung der Atemgeschwindigkeit, was wiederum eine vermehrte Abatmung von Kohlendioxyd zur Folge hat. Um dem daraus entstehenden Säureverlust im Blut entgegenzuwirken, werden die Hirngefäße eng gestellt; es kommt zur Höhenkrankheit.

Erkennbar ist die Höhenkrankheit an:
- innerer Unruhe
- Müdigkeit
- Herzklopfen
- Schwindelgefühl
- Ohrensausen
- herabgesetzter Leistungsfähigkeit
- blasser, grauer Gesichtsfarbe
- kurzen, tiefen Atemzügen
- bläulicher Verfärbung von Lippen und Haut

Behandlung:
- rasten
- den Kranken beruhigen
- möglichst bald den Abstieg beginnen, dabei auf den Kranken achten, da dessen Leistungsfähigkeit zum Teil sehr eingeschränkt sein kann.

Merke: Medikamente helfen nicht!

Akklimatisationszeiten (Durchschnittswerte):
5000 Meter: 1 Woche
6000 Meter: 2 Wochen
7000 Meter: 3 Wochen
8000 Meter: 4 Wochen
Gute körperliche Fitness ist Voraussetzung!
Weiterhin ist in großen Höhen zu beachten:
- ausreichender Lichtschutz (hoher UV-Anteil der Sonnenstrahlen) für Augen und unbedeckte Körperstellen
- Flüssigkeitshaushalt des Körpers bedenken, da über die Atmung ein großer Wasserverlust (bis zu 6 Liter pro Tag) entstehen kann.

Vorbeugende Maßnahmen:
- Obere Luftwege (Nase, Mund und Rachen) wärmen und befeuchten; vor Flüssigkeitsverlust schützen durch Einfetten der Nasenschleimhäute und Nasenlöcher.
- Wassermangelzeichen beachten:
  a) Urinfarbe (dunkelgelb/braun)
  b) Menge des täglich abgegebenen Urins schätzen lernen (ca. 3/4 bis 1 Liter)
- Nahrungsmittel: viel Kohlehydrate, wenig Fett und Eiweiß
- Viel Trinken, wenn möglich Mineralstoffe hinzusetzen
- Keinen Schnee essen
- Unbedeckte Körperpartien mit Sonnenschutzmittel einreiben (Lichtschutzfaktor beachten) oder diese Stellen bedecken.
- Eine Brille tragen oder – falls nicht vorhanden – selbst anfertigen (s. Seite **362**).
- Lippen schützen.

ZAHNERKRANKUNGEN

Während längerer Reisen sollte die bestmögliche Mundhygiene durchgeführt werden, v. a. wenn häufig süße Energieriegel oder Nahrungskonzentrate verzehrt werden. Diese sind stark zuckerhaltig und begünstigen bakterielles Wachstum in der Mundhöhle, was relativ schnell zu Karies und schmerzhaften Zahnfleischentzündungen führen kann.

Vorbeugen: Wenn Zähneputzen nicht möglich ist, Mundhöhle nach dem Verzehr stark zuckerhaltiger Nahrung mit Wasser oder ungesüßtem Tee spülen.

Behandlung: Gründliche Entfernung der Zahnbeläge durch Putzen sowie Mundspülungen mit warmem Salzwasser.

Entzündungen

Entzündung der Zahnnerven:

- Erkennbar an klopfenden, bohrenden Schmerzen im Bereich eines oder mehrerer Zähne.
- Schmerz bei Kältekontakt (Eis, kaltes Wasser).

Behandlung:
- äußerlich kühle, feuchte Umschläge
- Zerkauen von Gewürznelken im Bereich des Zahnes

Abszesse
a) kleiner Abszess

- Zahn ist klopfempfindlich, reagiert nicht mehr auf Kälte, starker Schmerz

Behandlung: mindestens 5 Tage Antibiotikum

b) großer Abszess

- starke Schwellung im Wurzelbereich eine Zahnes
- deutliches Nachlassen der Schmerzen

Behandlung: Öffnen für Eiterabfluss mit steriler, grober Kanüle (nie am Gaumen!).

Defekte Füllungen

- Das Loch mit einer Holz- oder Metallspitze reinigen.
- Desinfizieren.
- Auffüllen des Loches mit Cavit.
- Aushärten lassen.

Professioneller kann man mit dem Dental-Notfall-Set von DENTANURSE arbeiten, das Mundspiegel, Anmischspachtel, je eine Tube »Basis«- und »Aktivator-Paste«, ein Mehrzweckinstrument sowie eine Dentalkanüle enthält.

Durch Schlag abgebrochener Zahn
- Lose Zahnteile entfernen.
- Abdecken mit Cavit, Wachs oder mit dem DENTANURSE-Notfall-Set.

Achtung: Ist ein Zahnarzt erreichbar, ihn mit dem abgebrochenen Teilstück bzw. dem ausgeschlagenen Zahn so schnell wie möglich aufsuchen. Bruchstücke können angeklebt sowie bleibende Zähne wieder eingesetzt werden. Entscheidend für den Erfolg ist allerdings die Aufbewahrung des Zahn(bruchstück)es. Ausgeschlagene Zähne, die sich außerhalb des Mundes befinden, trocknen innerhalb von 30 min aus und sind dann nicht wieder einsetzbar. Die Überlebenszeit des Zahnes kann durch verschiedene Aufbewahrungsmedien verlängert werden:

Aufbewahrung in:	Überlebenszeit:
Alufolie, Plastikbox	60 min
Wasser	60 min
Mundhöhle (wegen Bakterien nicht empfohlen)	90 min
Sterile isotone Kochsalzlösung	3 Std.
Kalte H-Milch	4-5 Std.
Zahnrettungsbox	24-30 Std.

Die *Zahnrettungsbox »Dentosafe«* enthält eine spezielle Nährlösung, die die Überlebenszeit eines ausgeschlagenen Zahnes wesentlich verlängert.

Behandlung des ausgeschlagenen Zahn(bruchstück)es:
- Wurzelfläche nicht berühren
- Zahn nur an der Zahnkrone anfassen
- Bei starker Verschmutzung kurz unter Wasser abspülen
- Nicht weiter säubern
- Am Zahn haftende Schmutzpartikel nicht entfernen

- Zahn nicht desinfizieren
- Feucht halten, am besten in der Zahnrettungsbox bei Zimmertemperatur.

Befestigung loser Kronen oder Brücken
• DENTANURSE-Notfall-Set nutzen.

Zähne ziehen
Zähne werden:
• nur im äußersten Notfall und
• nie im akuten Schmerz- oder Entzündungsstadium gezogen!

Instrumentenminimalausstattung:
1 Molarenzange (Molar = Mahlzahn)
1 Praemolarenzange (Praemolar = kl. Backenzahn); damit können auch Eck- und Schneidezähne gezogen werden.

Behandlung:
• Zahnzange unter Kontakt der Zangenbranchen am Zahn entlang so weit wie möglich unters Zahnfleisch schieben.
• Mehrmals zu beiden Seiten (d. h. nach außen und innen) hebeln, bis Zahnlockerung deutlich spürbar.
• Herausziehen.

Nachbehandlung:
• Wunde nicht spülen!
• 1/2 Std. mit Druck auf ein fest zusammengerolltes sauberes Papiertaschentuch beißen.
• Bei Nachblutungen o. g. Maßnahme solange wiederholen, bis die Blutung steht.
• keine körperliche Anstrengung mindestens 1 Tag lang

> **Merke:** Rechtzeitiger Zahnarztbesuch vor der Reise, dabei den Zahnarzt über das Reisevorhaben informieren.

WILDNISAPOTHEKE

Die nachfolgend aufgeführte Wildnisapotheke erhebt keinen Anspruch auf Vollständigkeit, sondern stellt lediglich eine von zahlreichen Möglichkeiten dar. Selbstverständlich kann sie je nach Unternehmen, Art, Dauer und Umfang der Tour ergänzt bzw. verkleinert werden.

> Die Medikamente sollten am besten in einer gut schließenden Leichtmetalldose aufbewahrt werden: schützt vor Bruch, Feuchtigkeit und Insekten.

Verbandsmaterial

❑ Klebepflaster, braun	1 Rolle (5 x 2,5)
❑ Chirurgisches Wundpflaster (Steri-Strip/Butterfly)	nach Bedarf
❑ Industrieklebeband (Schutz und Verstärkung von Verbänden)	1 Rolle
❑ sterile Verbandspäckchen	2 Stück
❑ sterile Brandwundenverbandspäckchen	2 Stück
❑ sterile Kompressen	2 Stück (8 x 10)
❑ Mullbinden	2 Stück (4 x 8)
❑ Elastische Binden	1 Stück (5 x 8)
❑ Peha-Haftbinde	1 Stück (4 x 8)

☐ Wundauflagen (Fucidine o. ä.)	nach Bedarf
☐ Brandwunden-Verband (Metalline)	1 Stück (60 x 80)
☐ Dreieckstuch	1 Stück
☐ Wasserfestes Heftpflaster	nach Bedarf
☐ Augenklappe	1 Stück
☐ Desinfektionsmittel	1 Tupfampulle

Instrumente

☐ Splitterpinzette	1 Stück (6,5 cm)
☐ Chirurgische Pinzette	1 Stück
☐ Schere	1 Stück
☐ Einweg-Spritzen (2/5/10 ml)	nach Bedarf
☐ Injektionsnadeln (versch. Dicke)	10 Stück
☐ Infusionsbesteck	2 Stück
☐ Sicherheitsnadeln	1 Sortiment
☐ Skalpell-Klingen (verschiedene)	3 Stück
☐ lange, sterile Punktionskanülen	1 Stück
☐ Fieberthermometer	1 Stück (stabile Ausführung)

Bei Reisen in sehr kalte Gebiete:

| ☐ Neugeborenen-Thermometer | 1 Stück |

Es sind hier nur Beispiele für gängige Hilfsmittel aufgeführt, die auch gegen gleich wirkende Produkte anderer Firmen getauscht werden können. Einmalspritzen und Infusionsbesteck sollten auch zum Arztbesuch in fernen Ländern mitgebracht werden, um sicher zu gehen, mit sterilen Instrumenten behandelt zu werden.

> **Merke:** Zum eigenen Schutz bei Erste-Hilfe-Maßnahmen Einmalhandschuhe und Masken für Mund-zu-Mund-Beatmung mitführen und verwenden. Ganz Vorsichtige tragen sogar eine Schutzbrille!

Medikamente

Es werden hier die Wirkstoffe angegeben, damit bei Bedarf weltweit die entsprechenden Medikamente in Apotheken oder bei Ärzten erstanden werden können. Beispiele für Deutschland finden sich in den Klammern.

☐ Allergie:
- Clemastin-Gel (Tavegil®-Gel)
- Corticoid-Gel, z. B. mit Prednisolon (Corticoid-Gel-ratiopharm®)
- Generalisierte allergische Reaktionen:
  leicht: Calcium-Trinkampullen 10 %
  mittel: Anthistaminikum (Clemastin, z. B. Tavegil®-Tabletten)
  schwer: Prednisolon 50-mg-Tabletten (Decortin®)

☐ Allergischer Schock:
- Prednisolon 500, Ampullen zur Injektion

☐ Asthmaanfall:
- Salbutamol-Spray, auch bei allergischer Reaktion der Atemwege, z. B. durch Bienen- oder Wespengift

☐ Augenerkrankungen:
- antibiotische Augensalbe mit Gentamycin (Refobacin®)
- Schmerzlindernde Augentropfen (Yxin®)

☐ Bauchschmerzen und Kolik:
- Krampflösend: Butylscopolamin (Buscopan®)
  Schmerzmittel: Novaminsulfonsäure (Novalgin®)

❑ Durchfall:	• Kohletabletten, Loperamid (Imodium®)
❑ Fieber:	• Acetylsalicylsäure (Aspirin®), nicht bei Kindern!
	• Novaminsulfonsäure (Novalgin®)
	• Paracetamol, vor allem für Kinder (ben-u-ron®)
❑ Flüssigkeitsverlust:	• fertig gemischte Elektrolytlösung (Elotrans®, Oralpädon®), alternativ 1 Teelöffel Salz und 2 Teelöffel Zucker auf 1 l abgekochtes Wasser
❑ Grippaler Infekt:	• Acetylsalicylsäure (Aspirin®), nicht bei Kindern!
❑ Hautpilz:	• Clotrimazol Salbe (Canesten®)
❑ Bakterielle Infektion:	• Antibiotika (Amoxicillin, Ciprofloxacin, Cotrimoxazol)
	• Atemwege: Ciprofloxacin (Ciprobay®)
	• Durchfallerkrankung, länger an dauernd: Ciprofloxacin (Ciprobay®)
	• Galle: Ciprofloxacin (Ciprobay®)
	• Harnwege: Cotrimoxazol (Cotrim®, Bactrim®)
	• Weichteil-/Wundinfektion: Ciprofloxacin (Ciprobay®), Amoxicillin (Amoxypen®), desinfizierende Lösung wie Polyvidon-Jodkomplex-Lösung

	(Betaisodona®)
	• Zähne: Amoxicillin (Amoxypen®)
☐ Insektenschutzmittel:	• Autan®
☐ Insektenstiche:	• siehe *Allergie*
☐ Magenbeschwerden:	• Magaldrat-Kautabletten (Maalox®)
☐ Ohrenschmerzen:	• bei stärkeren Entzündungen Antibiotikum (Amoxicillin, Ciprofloxacin), Ohrentropfen helfen kaum
☐ Prellungen, Verstauchungen, Blutergüsse:	• Diclofenac-Salbe (Voltaren®)
☐ Schmerzen, allgemein:	• *leicht:* Acetylsalicylsäure (Aspirin®; nicht bei Kindern!), Paracetamol (ben-u-ron®)
	• *mittel:* Novaminsulfonsäure (Novalgin®)
	• *stark:* Tramadol (Tramal®)
	• Kolikschmerz: Butylscopolamin (Buscopan®)
☐ Seekrankheit:	• Scopolamin-Pflaster (Scopoderm®)
☐ Sonnenbrand:	• siehe *Allergie*
☐ Übelkeit, Erbrechen	• Metoclopramid (MCP-Tropfen®, Paspertin®)
☐ Wunden:	• desinfizierende Lösung/ Salbe mit Polyvidon-Jod-Komplex (Betaisodona®)
☐ Zahndefekte, herausgefallene Plomben:	• Cavit, DENTANURSE®-Dental-Notfall-Set

Die Medikamente sollten mit dem Arzt ausgesucht werden, zumal einige davon verschreibungspflichtig sind. Besprechen Sie die möglichen Dosierungen und vermerken Sie diese auf dem Beipackzettel. Wenn bestehende Erkrankungen (wie z. B. Bienen- oder Wespenallergie, Diabetes usw.) bekannt sind, sollte man sich über die Behandlungsmöglichkeiten besonders gründlich informieren und sich dafür ein entsprechendes Behandlungsset zurechtmachen.

> **Merke:** Je stärker ein Medikament wirkt, desto höher sind im Allgemeinen auch seine Nebenwirkungen. Nutzen und Risiko sollten bei der Auswahl und vor der Einnahme daher genau abgewogen werden (insbesondere bei Antibiotika und Cortisonen).

INJEKTION VON MEDIKAMENTEN

Einzelne Medikamente müssen für einen raschen oder sicheren Wirkungseintritt direkt dem Blutkreislauf unter Umgehung des Magen-Darm-Systems zugänglich gemacht werden. Eine Injektion ist dann erforderlich, wenn das Medikament eine rasche Wirkung erbringen muss (z. B. allergischer Schock) oder ein Erbrechen die Medikamenteneinnahme nicht ermöglicht. Abhängig vom Medikament und der Erkrankung gibt es drei wesentliche Injektionstechniken: *intravenös, intramuskulär* und *subcutan*. Die intravenöse Injektion wirkt sofort, intramuskulär mit einiger Verzögerung und subcutan eher verzögert. Nebenwirkungen (Fehlinjektionen) sind bei der intravenösen und auch der intramuskulären Injektion am ehesten zu erwarten.

Ein Laie sollte generell nur zur Spritze greifen, wenn die Injektion lebensnotwendig ist!

Es ist bei jeder Injektion auf peinliche Sauberkeit und steriles Arbeiten zu achten. Die gebrauchte Kanüle sollte so entsorgt werden, dass sich damit niemand verletzen kann.

Vorbereitung des Medikaments
- Ampulle vorsichtig am Ampullenhals aufbrechen.
- Mit einer Kanüle das Medikament aus der Ampulle in die Spritze aufziehen.
- Luftblasen aus der Spritze vorsichtig herausdrücken; die Spritze muss luftfrei sein.
- Neue Kanüle auf die Spritze aufsetzen.

Intravenöse Injektionstechnik
- Lockeres Abbinden des Oberarms mit einem (Stau-) Band, beobachten wie die Venen anschwellen.
- Durch Tasten eine ausreichend kräftige Vene in der Ellenbeuge auswählen. Pulsiert das Gefäß, dann ist es eine Schlagader; hier nicht injizieren! (Venen liegen sehr oberflächlich und sind sichtbar. Schlagadern liegen in der Tiefe und sind in der Regel nur tastbar.
- Mit Desinfektionsmittel (z. B. hochprozentiger Alkohol, ggf. Polyvidon-Jod-Lösung) die Haut an der Injektionsstelle für 2 Minuten säubern. Ausgewählte Injektionsstelle nicht erneut berühren.
- Einstechen der Spritze/Kanüle in die Vene, Winkel zur Hautoberfläche ca. 30–45°. Die Vene liegt zumeist in einer Tiefe von ca. 5–8 mm.
- Lässt sich leicht Blut ansaugen? Dann liegt die Kanüle richtig. Ansonsten Lage verbessern.
- Kanüle mit linker Hand fest in der Position halten.
- Stauband lösen.
- Medikament langsam einspritzen.

- Kanüle herausziehen. Sofort einen kleinen Verbandstupfer auf die Einstichstelle legen und 3 Minuten drücken.

Subcutane Injektionstechnik
- Die Injektionsstelle ist das Fettgewebe der Bauchwand.
- Desinfektion der Bauchhaut an der Injektionsstelle.
- Zwischen 2 Finger wird eine Falte gefasst.
- Einstich der Kanüle ca. 1–2 cm tief in die festgehaltene Falte des Bauchfetts hinein.
- »Aspirieren«, d. h. Spritzenstempel leicht zurückziehen, um zu sehen, ob man ein Gefäß getroffen hat. Falls Blut kommt, neue Stelle aufsuchen.

Auf die intramuskuläre Injektionstechnik wurde verzichtet, da man im »Busch« mit den beiden beschriebenen Techniken auskommt.

IMPFUNGEN

Rechtzeitig vor Reiseantritt vornehmen lassen (8 Wochen). Bei Reisen in tropische Länder evtl. vorher einen Facharzt für Tropenmedizin befragen, welche Impfungen Pflicht bzw. empfehlenswert für das entsprechende Land sind. Kontaktadressen siehe im Kapitel »Tropenerkrankungen«.
Eine Impfung gegen Tetanus und Hepatitis empfiehlt sich in jedem Fall!

BUNDESWEITE NOTRUFNUMMERN

- Polizei: 110
- Feuerwehr: 112
- Ärztlicher Notdienst: 19292
- Rettungsdienst: 19222
- Giftnotruf: Vorwahl – 19420
  (z.B. München 089-19420, Berlin 030-19420, Mainz 06131-19240, Freiburg 0761-19420, Bonn 0228-19420, Göttingen 0551-19420, Homburg/Saar 06841-19420)
  Neue Bundesländer (Mecklenburg-Vorpommern, Sachsen, Sachsen-Anhalt, Thüringen): 0361 (Erfurt) - 730730
- Apothekennotdienst: über Auskunft 11833 oder per SMS: 82872 anwählen, als Text »APO« eingeben: das Handy wird lokalisiert und über SMS 2 Notdienstapotheken in der Nähe mit Adresse und Telefonnummer auf dem Display angezeigt.

EU-NOTRUFNUMMER

In allen EU-Ländern sowie Norwegen, Island und Leichtenstein ist mittlerweile die 112 gültig.

HANDY-ORTUNG

Ein Service der deutschen Autoversicherer für Hilfsbedürftige, die den eigenen Standort nicht genau kennen: die gebührenfreie Notrufnummer 0800/6683663 (0800 NOTFON D) wählen und Art der Panne oder des Unfalls sowie die benötigte Hilfe durchgeben. Nach Ortung des Handys erhält man eine Ortungsbestätigung per SMS. Die Koordinaten werden je nach Bedarf an Abschleppdienste, Polizei oder Rettungskräfte übermittelt. *Achtung:* Die Nummer NOTFON D sollte im Handy gespeichert sein, da im Schock häufig das Gedächtnis aussetzt!

9. Fallenbau

ALLGEMEINES

Gleich vorneweg: Schlingenstellen ist verboten und wird streng bestraft. Fallen dürfen nur von ausgebildeten Jägern mit Begehungsrecht für das entsprechende Gebiet gestellt werden. **Die nachfolgend gezeigten Beispiele dürfen nur bei akuter Lebensgefahr angewendet werden!**

Fallen und Schlingen müssen täglich kontrolliert werden; jede Tierquälerei über das der Situation zuträgliche Maß hinaus muss vermieden werden.

Die Fallen werden dort gestellt, wo sich Wild aufhält, wo es Nahrung sucht und zur Tränke zieht. Bei Schnee und weichem Boden kann man die Gewohnheiten und Wechsel der Tiere erkennen.

Voraussetzung zum Fangen von Wildtieren ist, dass man Gelände und Eigenheiten des Wildes im entsprechenden Gebiet beobachtet und aufgrund der gesammelten Erkenntnisse die geeignetste Methode wählt.

Ideal sind Stellen, wo das Wild durch eine natürliche Engstelle zieht. Man kann solche »Zwangswechsel« auch selbst bauen (mit Holz, Stämmen, Büschen, Ästen, Steinen, usw.).

Tipp: Wild kann man anfüttern!

EICHHÖRNCHENFALLE (AUS DRAHTSCHLINGEN)

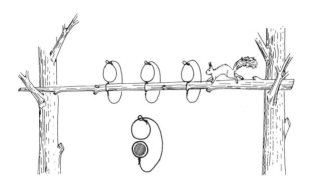

VERSCHIEDENE SCHLINGENFALLEN

Bei der Auslösung der Schlingenfalle wird das gefangene Tier in die Höhe gerissen.

Vorteile:
- schnellerer Eintritt des Todes
- geringere Möglichkeit des Entkommens
- größere Sicherheit vor Raubtieren

Nachteile:
- Man muss das ungefähre Gewicht des zu erwartenden Tieres und die Schnellkraft des Baumes abschätzen können.
- Im Winter kann der gespannte Baum festfrieren.

Schlinge aus Draht

Buschwerk

Kaninchenfalle

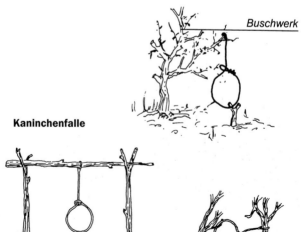

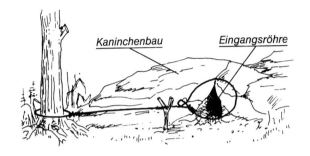

Kaninchenbau Eingangsröhre

FALLENKASTEN (FÜR VÖGEL)

Die Größe des Fallenkastens richtet sich nach der zu erwartenden Vogelart. Die abgebildete Falle ist auch gut für eine »Fernbedienung« per Seil- oder Drahtzug geeignet.

SCHLAGFALLE

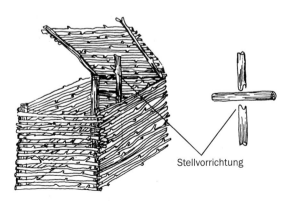

Stellvorrichtung

Diese Fallen sind mit entsprechendem Köder für Raubwild (Säugetier- oder Fischteile, Eier u. ä.) oder aber auch für friedliche Kleintiere wie Geflügel oder kleines Haarwild (Anfütterung mit arteigenem Futter wie Maiskolben, Äpfel usw.) geeignet.

Der Köder wird dabei auf dem Tretholz befestigt.

Um friedliche Kleintiere zu fangen, kann die Falle auch per Fernbedienung (Draht, Schnur) ausgelöst werden.

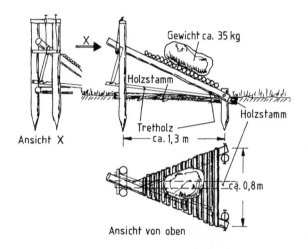

Ansicht X

Gewicht ca. 35 kg

Holzstamm

Holzstamm

Tretholz
ca. 1,3 m

ca. 0,8 m

Ansicht von oben

Merke: Wild (v. a. Raubwild) reagiert sehr empfindlich auf menschliche Gerüche, daher beim Aufbau und Beschicken der Falle versuchen, keine Duftmarken zu hinterlassen.

FISCHFALLE

Die Fischfalle wird in Stromrichtung angelegt; wichtig ist, die Stamm- oder Steinlücken abzudichten. Wasser muss jedoch noch durchfließen können, da sonst der Wasserdruck zu hoch wird. Um den Fang zu beschleunigen, kann man in Strömungs-richtung auf die Falle zulaufen und so die Fische hineintreiben.

Strömung

10. Verarbeitung der erbeuteten Tiere

FISCHE

Siehe Kapitel 12: »Versorgung mit Fisch«.

HASE, KANINCHEN

Das Tier an den Hinterläufen hochnehmen und mit der Handkante oder einem Knüppel kräftig ins Genick schlagen.

GEFLÜGEL

Je nach Größe des erbeuteten Tieres entweder den Hals umdrehen, mit Beil oder Machete den Kopf abschlagen oder mit einem Knüppel, Spaten o. ä. auf den Kopf schlagen.
Je nach Größe des Tieres und der Bodenbeschaffenheit kann es vorteilhaft sein, den Kopf des Tieres auf eine feste Unterlage zu legen.

GRÖSSERES HAARWILD (ROTWILD, REHWILD USW.)

Bei Fluchtunfähigkeit:
• Wenn eine Schusswaffe vorhanden ist, unbedingt Fangschuss zum Töten bevorzugen. Dabei:

- entweder von hinten auf die Halswirbelsäule am Übergang Wirbelsäule-Kopfbereich zielen (siehe Abbildung)

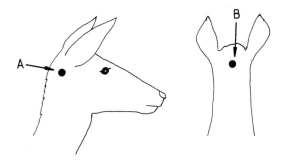

- oder seitlich am Brustkorb hinter den Vorderläufen in den Herz-Lungen-Bereich schießen. (Diese zweite Möglichkeit sollte unbedingt bevorzugt werden, da der Schuss in den Nacken unsicher und – aufgrund der Abwehrbewegungen des Wildes – auch gefährlich ist.)
- Sehr fester Schlag mit starkem Knüppel, Eisenstange, Wagenheber o. ä. hinter die Ohren.
- Abfangen (Erstechen) mit dem Messer. Sehr gefährlich wegen Verletzungsgefahr durch Geweih oder Läufe.
  Vorgehen:
  - Das *stabile* Messer wird hinter der Schulter von schräg oben in den Brustkorb in Richtung Herz gestoßen.
  - Durch mehrmaliges schnelles Zurückziehen und Vorstoßen bei *gleichzeitigem* leichten Drehen des Messers tritt der Tod durch die Verletzung des Herzens sowie durch das Eindringen von Luft in den Brustraum (Lunge kollabiert) sofort ein.
- Man sollte schnell und beherzt zur Sache gehen, um dem Tier unnötige Leiden zu ersparen.

- Je größer das zu tötende Tier ist, desto größer ist die Verletzungsgefahr für den Menschen durch Geweih und schlagende Läufe. Daher versuchen beim Abfangen den Kopf mit einer Hand oder dem Fuß vom Rücken her auf den Boden zu drücken. Dies ist allerdings nur bei kleinerem Wild möglich!

FLEISCHFRESSENDES HAARWILD

Fleischfressendes Haarwild ist nur bedingt genießbar. Vorsicht auch bei Fleisch- und Allesfressern, z. B. Sau oder Bär wegen Trichinengefahr.

Dieses Fleisch darf nur gut gekocht, *niemals* roh verzehrt werden!

AUSNEHMEN UND ABBALGEN

Geflügel

Rupfen der Federn (falls möglich, das Tier vor dem Rupfen kurz in heißes Wasser tauchen – die Federn lösen sich dann leichter). Federreste brennt man am Feuer ab. Ist der Kopf des Tieres noch vorhanden, schneidet man ihn ebenso wie die Ständer (Beine) ab. Zum Ausnehmen legt man das Tier auf den Rücken. Mit dem Messer schneidet man das Tier vom After bis zum Brustbein auf (Vorsicht walten lassen, um die Därme nicht zu verletzen).

Anschließend werden die Innereien herausgelöst; an der Leber sitzt die Galle (Ausnahme Taube), die vorsichtig entfernt werden muss. Alle Innereien vom Geflügel mit Ausnahme des Darmes sind essbar.

Das Tier kann nun langsam über dem Feuer unter ständigem Drehen gegrillt werden. Der Nachteil dabei ist: meist ist das Tier außen schwarz während es innen noch roh ist.

Eine weitaus bessere Methode, Geflügel zuzubereiten ist daher die folgende:

Das Tier wird ohne vorheriges Rupfen komplett abgebalgt. Dazu einen Schnitt längs über das Brustbein machen und die befiederte Haut nach beiden Seiten von der Muskulatur abziehen. Beide Bruststücke herauslösen sowie beide Schenkel abtrennen. Die Teile je nach Größe des Tieres filetieren und in der Pfanne braten. Das Tier wie oben ausnehmen, die Innereien ebenfalls braten. Aus den »Resten« kann eine Suppe hergestellt werden.

Haarwild

Das tote Tier auf den Rücken drehen. Mit dem Messer vom Waidloch (After) mit einem durchlaufenden Schnitt über den Bauchbereich, Brustkorb, Hals bis zum Kopfansatz tief auf-

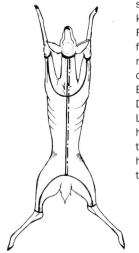

schneiden. Dabei ist die Messerklinge zwischen den gespreizten Fingern der anderen Hand zu führen, um ein Verletzen der Innereien zu vermeiden (die beiden Finger liegen unter der Bauchwand).

Die nun freiliegende Speise- und Luftröhre wird am Kopf unterhalb der Kinnladen abgeschnitten. Dann das Zwerchfell ringsherum anschneiden und vorsichtig den Magen und den Darm

Schnitte zum Ausnehmen
———— = *Abbalgen*
–·–·–·– = *Ausnehmen*

aus dem Tier nehmen. Drossel und Schlund (Luft- und Speiseröhre) dann herausziehen. Herz und Lunge hängen mit daran. Der Magen kann gereinigt verwendet werden; Leber, Lunge, Herz und Nieren sind gekocht oder gebraten zu verwerten. Das Zwerchfell – die Haut zwischen dem Magen-Darm- und dem Herz-Lungenbereich – wird entfernt.

Das Schloss – die Verbindung der Beckenknochen – wird mit dem Messer aufgeschnitten. Bei größeren Tieren benötigt man Beil, Machete oder Säge. Wenn Wasser vorhanden ist, wird der Wildkörper zur Reinigung innen ausgespült. Zur Not kann er auch mit Moos, Gras oder Ähnlichem ausgewischt werden.

Den Wildkörper am Träger (Hals) aufhängen und ausbluten lassen. Ein zwischen die gespreizten Hinterläufe geklemmter Stock sorgt für eine gute Durchlüftung des Tierkörpers. Bei großen Tieren ist es vorteilhaft, zur besseren Auslüftung zusätzlich die beiden Schulterblätter vom Brustkorb zu lösen und auch hier beiderseits je einen kleinen Stock dazwischen zu klemmen.

Ist der Körper innen verunreinigt, mit Wasser ausspülen.

Vorsicht:
Säugetiere und Vögel (außer Tauben, Pferden und Cerviden = Reh-/Rotwild) haben an der Leber die Gallenblase, die vorsichtig entfernt werden muss, da sie – einmal ausgelaufen – das Fleisch geschmacklich nahezu ungenießbar macht.

Wild sollte sofort nach dem Tod ausgenommen und an einem kühlen, schattigen Ort fliegensicher aufbewahrt werden. In problematischen Klimagebieten kann man, um die Fliegen abzuhalten, das Tier auch in den Rauch eines kleinen Feuers hängen. Beim Abbalgen schneidet man Kopf und Läufe ab. Die Decke (Fell) wird von Fleisch- und Fettresten gesäubert und danach entweder gut eingesalzen kühl aufbewahrt oder auf einen Rahmen gespannt und getrocknet.

MESSER SCHLEIFEN

Beim Messerschleifen wird die Schneide des Messers fest mit dem vorhandenen, konstruktionsbedingten Schleifwinkel (ca. 20–30°) auf den nassen Schleifstein gedrückt (je nach Ausführung Spezialöl, Petroleum oder Wasser benutzen). Unter Beibehaltung dieses Winkels zieht man das Messer schräg gegen die Schneide auf sich zu; jeweils zwei Züge mit nach links und zwei Züge mit nach rechts geneigtem Klingenrücken ausführen.

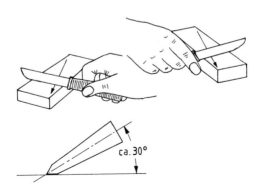

11. Nahrungskonservierung

HALTBARMACHEN VON FISCH

Siehe Kapitel 12: »Versorgung mit Fisch«.

MÖGLICHKEITEN DER FLEISCHKONSERVIERUNG

- In dünne Scheiben schneiden und stark salzen; anschließend das Fleisch kühl aufbewahren.
- Das Fleisch in schmale Streifen (ca. 1 cm) schneiden und in der Nähe von Feuer trocknen; in geeigneten Gebieten ist auch eine reine Lufttrocknung möglich.
- Räuchern.

HERSTELLUNG VON »PEMMIKAN«

Getrocknete Fleischstreifen zerstampfen, mit Fett und – falls vorhanden – mit Gemüseteilen ergänzen; sehr nahrhaft und kalorienreich. Pemmikan ist wochenlang haltbar.

12. Versorgung mit Fisch

ALLGEMEINES

Fisch ist ein ideales Nahrungsmittel für das Leben »draußen«. Er ist in fast allen Gegenden der Welt zu fangen. Er sichert die körpereigene Versorgung mit wertvollem Eiweiß, Mineralien und den lebenswichtigen Vitaminen.

AUSRÜSTUNG

Minimalausrüstung für den Rucksack:
- Haken: rostfreie Öhrhaken in verschiedenen Größen mitnehmen (Größe 1, 4, 8 und 12).
- Schnur: 0,30 mm und 0,50 mm
- Angelblei: in den Gewichten 10, 50 und 80 g.
- Angelrute: Muss nicht mitgenommen werden, sondern kann aus Bambusrohr, Holz oder vergleichbarem, leichten Material vor Ort gefertigt werden.

Wer im Rucksack mehr Platz hat, kann sich eine *Allround-Ausrüstung* zulegen:
- Teleskoprute mit kurzer Teilung in 3 m Länge mit einem Wurfgewicht zwischen 40 und 100 g.
- Stationärrolle für 200 m 0,40 mm starker Schnur, kugelgelagert, salzwasserfest, aus robustem, aber leichten Karbon

- 500 m Ersatzschnur
- Korkschwimmer
- Stahlvorfächer

Notfallangel

1) Aus einer Sicherheitsnadel mit Zange über heißer Flamme einen Haken biegen, Spitze nachschärfen
2) Wenn keine ausreichend lange Schnur vorhanden ist aus einzelnen Fäden eines Kunststoffseiles eine Angelschnur zusammenknoten (mit Hilfe eines »Blutknoten«, siehe Abbildung).

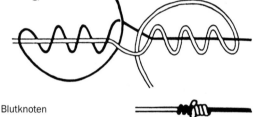

Blutknoten

3) Angelrute aus leichtem Material (Bambus, Schilfrohr) herstellen.
4) Lochsteine als Beschwerung auf die Schnur ziehen oder zerklüftete Steinchen (z. B. Lava) einbinden (z. B. mit einem Gummiband).
5) Schwimmer aus Federkiel schnitzen.

Köder

Z. B. Würmer, Schnecken, Muscheln, kleine Fische, Brot, Beine von Taschenkrebsen, Fischfetzen (möglichst frisch), Insekten.

Beispiel einer Notfall-Angel

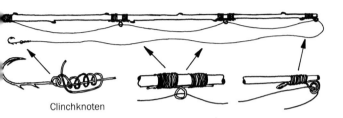

Clinchknoten

REVIERE

Salzwasser

- Felsküsten mit tiefem Wasser sind besser als flache Sandstrände.
- Nicht direkt an den Felsen fischen: kleine, unverwertbare Riff-Fische sammeln sich hier.
- Auflaufendes Wasser (Flut) bringt die besten Erfolge.
- Anfüttern: Zerstampfte fetthaltige Fische (Heringe, Sardinen, Makrelen) mit Sand vermischen. Hin und wieder eine Handvoll dieser Masse an den Angelplatz werfen.

Merke: Viele Meeresfische (auch kleine) haben sehr scharfe Zähne. Daher den Haken besser an ein Stahlvorfach (= Draht) binden.

Süßwasser

- In Flüssen und Bächen tiefe, langsam strömende Stellen hinter Wasserfällen, Kurven und Stromschnellen beangeln.
- Wasseroberfläche beobachten: Wo kommen Fische zur Nahrungsaufnahme hoch. Eventuell Insekten an gefetteter, schwimmender Schnur über diese Plätze treiben lassen.
- Versunkene Bäume oder Sträucher sowie Felsen sind beliebte Fischstandplätze.

Merke: Beim Watangeln auf die Strömungsstärke achten!

Beachte: Vor dem Angeln Erkundigungen zu den gesetzlichen Bestimmungen einholen (z.B. Erfordernis eines Angelscheins, kauf einer Angelerlaubnis).

ANGELTECHNIKEN

Grundangel

Grundangeln ist die einfachste, aber eine sehr effektive Technik, um weltweit in allen Gewässern Fische zu erbeuten.

Vorgehen:

1) Haken mittels eines Clinchknotens (siehe Abb.) an ein 50 cm langes Vorfach (= Draht) binden.
2) Ans andere Ende des Vorfaches einen Schlaufenknoten binden (siehe Abb.) und die Schlaufe in einen Karabinerwirbel einhängen.
3) Auf die Hauptschnur ein Durchlaufblei ziehen und sie mit einem Clinchknoten an das andere Ende des Wirbels binden.
4) Fertig ist die Montage der Grundangel! (siehe Abb.)

Clinchknoten: Zur Verbindung der Angelschnur mit Haken oder Wirbel

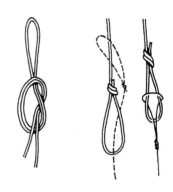

Schlaufenknoten zur Verbindung von Schnur und Vorfach

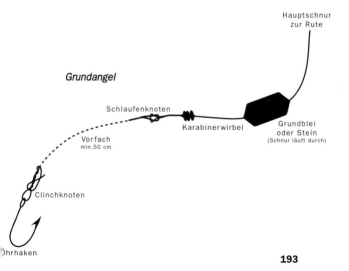

Hauptschnur
zur Rute

Grundangel

Schlaufenknoten

Vorfach
min.50 cm

Karabinerwirbel

Grundblei
oder Stein
(Schnur läuft durch)

Clinchknoten

Öhrhaken

193

Baumangel

1) Einen Karabinerwirbel an eine starke Schnur (mindestens 0,50 mm Durchmesser) knoten.
2) Ein Stahlvorfach mit dem daran befestigten Haken in den Karabiner einhängen.
3) Einen Köderfisch an den Haken stecken.
4) Die Schnur an einen übers Wasser hängenden Baum knoten. Nur soviel Schnur freigeben, dass der Köderfisch nicht mehr als 1 m unter der Wasseroberfläche hängt.
5) Wenn der Ast stark wippt, hat ein Fisch gebissen und die Schnur kann eingeholt werden.

Schleppangel

Wer mit Kanu, Schlauchboot oder Kajak unterwegs ist, kann eine einfache Schleppangel verwenden.

Vorgehen:

1) Hauptschnur (0,50 mm), Karabinerwirbel und Stahlvorfach wie oben montieren.
2) Am Vorfach einen Kunstköder befestigen (Blinker oder Wobbler).
3) Die Schnur hinten am Boot sicher befestigen und den Köder in ca. 30 m Entfernung hinterher schleppen.

Ist nur bei größeren Wassertiefen (z. B. in Seen) zu verwenden, sonst hängt der Köder am Grund fest und geht verloren.
Von Zeit zu Zeit die Schnur kontrollieren, ob schon ein Fisch gebissen hat. Auch den Köder ab und zu kontrollieren, da sich Kraut an ihm verfangen kann.

VERSORGUNG DES FANGES

Waidgerechtes Töten

- Den Fisch durch einen kräftigen Knüppelschlag auf den Kopf betäuben (siehe Abb.).
- Diesen dann durch einen Herzstich mit dem Messer töten (siehe Abb.).
- Hat der Fisch größere, harte Schuppen, mit dem Messerrücken entschuppen.
- Anschließend die Bauchhöhle vom Kopf her bis zum After mit einem scharfen Messer auftrennen. Dabei die Klinge möglichst flach führen, damit die Eingeweide nicht verletzt werden.
- Innereien vorsichtig ohne Verletzung entfernen.

Schlagbereich zum Betäuben des Fisches: zwischen dem hinteren Augenrand und Ende des Kiemendeckels

Herz: Hier muss mit einem spitzen Messer der Herzstich gesetzt werden (am Ende der Kiemen und zwischen den Brustflossen)

Filetieren von Fisch

Bei größeren Fischen ist die Filetierung vor der Zubereitung sinnvoll.

Vorgehen:
- Fisch seitlich auf eine Platte legen.
- Mit einer dünnen, scharfen Messerklinge hinter dem Kopf von der Mitte zur Seite durch stechen, sodass die Klinge waagrecht auf der Mittelgräte aufliegt.
- Langsam schneidend die Klinge bis zum Schwanz ziehen (siehe Abb.).
- Den Fisch umdrehen und in gleicher Weise – nur dieses Mal vom Schwanz zum Kopf hin – die andere Seite filetieren (siehe Abb.).
- Die Filets von den Bauchgräten mit kräftigem, gleichmäßigen Zug abtrennen.

Für diese Vorgehensweise muss der Fisch bei ein wenig Übung nicht einmal ausgenommen werden.

Filetieren von Fischstücken:
- Beiderseits der Rückengräte einschneiden.
- Mit dem Messer an der Gräte entlang fahren: das Fleisch wird so von den Bauchgräten gelöst (siehe Abb.).

Enthäuten von Filets oder Filetstücken:
- Die ausgelösten Filets oder Filetstücke mit der Haut nach unten auf eine gerade Unterlage legen.
- Die Haut mit einem scharfen Messer (kein Wellenschliff!) leicht schräg vorsichtig sägend-schiebend entfernen (siehe Abb.).

*Filetieren von
Rundfisch: a)*

*Filetieren von
Rundfisch: b)*

*Herstellen von
Fischstücken*

*Enthäuten von Filets
oder Filetstücken*

Während des Filetierens oder Ausnehmens Bauchlappen der Fische auf Parasiten wie Nematoden (Fadenwürmer) untersuchen und befallene Partien herausschneiden. Nur starkes Erhitzen tötet Nematoden – die Konservierung in Salz überleben sie!

HALTBARMACHUNG

Stockfisch
Kann wochenlang trocken aufbewahrt und transportiert werden.

Herstellung:
- Filets in einen engmaschigen Trockenkäfig aus Drahtgeflecht hängen und gänzlich austrocknen lassen.
- Oder ganze Filets mehrere Stunden wässern und anschließend grillen oder braten.

Stockfisch ist sehr nahrhaft und sättigend. Als Notration einzelne Stücke abbrechen und langsam weich kauen. Getrockneter Fisch soll eine hellgelbe bis weißliche Färbung haben. Getrocknete Filets mit rötlichen Flecken auf keinen Fall verzehren.

Beizen
1) Größere Filets mit einer Mischung aus 40 % Salz und 60 % Zucker sehr dick bestreuen.
2) Beide Hälften aufeinanderpressen und mit Tüchern oder Folie fest umwickeln.
3) In einen undurchlässigen Sack (Tüte) geben.
4) Ein ca. 50 cm tiefes Erdloch graben, Tüte waagrecht hineinlegen und zuschaufeln.
5) Einen schweren Stein als Schutz vor wilden Tieren und als Markierung darauf legen.

6) Nach 2–3 Tagen (je nach Filetdicke) Tüte entnehmen, Filets auswickeln und überschüssige Beize abwischen (nicht abwaschen!).

Ein köstlicher Brotbelag, der mehr als eine Woche haltbar ist!

Würze

Kleine Fische werden im Ganzen getrocknet und anschließend fein zermahlen. Es entsteht eine nahrhafte Würze für Suppen, die trocken gelagert über mehrere Monate haltbar ist.

GIFTIGE FISCHE

- V. a. bei Meeresfischen auf gefährliche Rücken-, After- und Kiemendornen achten. Beim Anlanden Handschuhe tragen oder dickes Tuch verwenden.
- Niemals barfuß durch Korallenriffs gehen, sondern immer knöchelhohe Schuhe tragen.
- Grelle Fischfarben (hauptsächlich in tropischen Gewässern) können Warnsignale für Körpergifte der Fische sein (meistens Nervengifte!).
- Innereien wie Rogen oder Milch von unbekannten Fischen auf jeden Fall meiden.
- Aalblut ist für den Menschen giftig und muss daher auf mindestens 70° C erhitzt werden.

VERLETZUNGEN DURCH ANGELHAKEN

Die Entfernung des Angelhakens aus dem eigenen Finger ist aufgrund des Widerhakens nicht ganz einfach. Der Haken darf nicht zurückgezogen werden (sehr schmerzhaft, außerdem würde der glatte Stichkanal aufreißen), sondern muss weiter durch das Gewebe gedrückt werden bis der Widerhaken aus der Haut ragt. Anschließend den Widerhaken abknipsen und den Rest zurückziehen.

Achtung: Darauf achten, dass kein Knochen verletzt wird!

Es empfiehlt sich, den Finger oder die Hand vor dem Entfernen 10 Minuten in möglichst kaltes Wasser zu tauchen, um den Schmerz beim Durchbohren zu lindern.

13. Brot selbst gemacht

VON DEN ZUTATEN BIS ZUR TEIGHERSTELLUNG

Zutaten:
Mehl, Trockenhefe oder Backpulver, Holzmehl zum Strecken des Mehls, Wasser.
Zur Geschmacksverbesserung und falls vorhanden:
Wahlweise Salz, Zucker, Zwiebeln, Speck, Mohn, Kümmel, Rosinen, Reis, Haferflocken, Schokolade, alle Arten von Beeren, Fleischstückchen, Wurst usw.

Teigherstellung:
Mehl mit Wasser mischen; Hefe oder Backpulver hinzugeben (10–20 g pro 500 g Teig). Holzmehl oder andere Zutaten nach Wunsch gut kneten. Der Teig muss gut formbar sein, soll aber nicht mehr kleben. Kleine, flache Wecken formen.

Herstellung von Holzmehl:
Will man Holzmehl herstellen, durchsticht man eine Blechdose oder ein flaches Stück Blech mehrmals mit einem Nagel oder Dorn und benützt es als Reibe-Ersatz. Trockenes Holz verwenden.
Mit einem länger brennenden Feuer ein gutes Glutbett schaffen; möglichst nicht auf offener Flamme, sondern auf dem Glutbett backen.

BACKEN IN DER ALUFOLIE

Die Wecken in Alufolie wickeln, in die Glut legen und zusätzlich mit Glut bedecken.

DIE »STEIN«-METHODE

Steinplatten in das Feuer legen und erhitzen; das Restmehl auf die herausgenommenen Steine streuen (es darf nicht verbrennen). Die Wecken auf die heißen Platten legen und mit einem Topf abdecken. Glut über den Topf geben. Backzeit 30 bis 50 Minuten.

DAS GANZE IM TOPF...

Die Wecken in einen geschlossenen Topf oder ins Essgeschirr legen (das Behältnis vorher mit Mehl ausstreuen); die Wecken dürfen den Topfrand oder -deckel nicht berühren. Die Glut wegräumen und den Topf auf die Erde stellen, wo sich vorher das Feuer befand. Glut um den Topf schichten und auf den Deckel geben. Backzeit etwa 30 bis 50 Minuten.

...UND IN DER PFANNE

Den Pfannenboden mit Mehl bestreuen, die Wecken darauf geben. Wieder darauf achten, dass der Pfannenrand nicht berührt wird; die Pfanne in die Glut stellen. Der Vorgang muss immer beaufsichtigt werden. Sobald das Mehl leicht zu rauchen beginnt, die Wecken wenden. Das Wenden ersetzt die Oberhitze bei den anderen genannten Methoden. Ein Brot ist fertig, wenn es eine braune Kruste hat, beim Beklopfen hohl klingt und beim Einstechen kein Teig mehr am Messer oder Holzspieß hängen bleibt.

14. Aufbewahren von Nahrung

SCHUTZ DER LEBENSMITTEL

Die Lebensmittel je nach Gebiet vor Fliegen, Mäusen, Eichhörnchen, Ameisen, Affen und Vögeln, aber auch vor Raubwild (z. B. Bären) schützen.

Möglichkeiten:
- Mückennetze
- Töpfe oder andere Behältnisse
- in den Rauch hängen
- bei Bärengefahr mindestens 3,50 Meter hoch frei zwischen zwei Bäume hängen.

ABFALLBESEITIGUNG

In raubtiergefährdeten Gegenden die Zubereitung von geschlachteten Tieren weit weg vom eigentlichen Lager vornehmen. Ebenso Speisereste und Abfälle weiter weg deponieren bzw. verbrennen oder vergraben.

15. Wildwachsende Pflanzen

Eine Ernährung auf der Basis wildwachsender Pflanzen (Früchte, Pilze etc.) ist nur dann ratsam, wenn profunde botanische Kenntnisse gegeben sind und eine Verwechslung mit ungenießbaren oder giftigen Pflanzen sicher ausscheidet. Geschmacksproben (bitter, süß, salzig oder sauer) sind meist wenig hilfreich, selten sind Giftpflanzen – Giftpilze oft gar nicht – im Geschmack auffällig. Vor allem in tropischen Gebieten wechseln Früchte mitunter ihre Geschmacksqualitäten, sind mitunter wohlschmeckend, in einer anderen Region dagegen ungenießbar. Bestenfalls holt man sich einen verdorbenen Magen.

16. Kochstellen- und Ofenbau

EINIGE BEISPIELE

Falls man kein Metallgefäß zur Verfügung hat, lässt sich aus Birkenrinde, Alu-Folie oder wasserdichtem Stoff ein Behältnis anfertigen. Erhitzte kleine Steine in das mit Wasser gefüllte Gefäß geben; schon nach kurzer Zeit hat man heißes Wasser.

Baut man ein Dreibein, hat man den Vorteil, dass der Topf mit Hilfe der beweglichen Querstange nach Bedarf in das Feuer hinein bzw. an dessen Rand geschwenkt werden kann.

Bewegliche Querstange

Das Flächenkochfeuer

Beim Flächenkochfeuer muss der Topf nicht aufgehängt werden, da es eine gerade Stellfläche bietet.

Einfachöfen

Einfachöfen lassen sich aus Konservendosen, einem Essgeschirr, Blecheimern oder kleineren Ölfässern fertigen. Ihr Vorteil:

- Bedingt auch im Zelt oder in der Notunterkunft einsetzbar
- Es werden wesentlich geringere Holzmengen als bei einem Lagerfeuer benötigt
- Gut zum Transport von Feuer oder Glut zu verwenden.

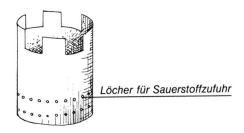

Löcher für Sauerstoffzufuhr

Ein Backofen aus Steinplatten

Seitenansicht im Schnitt

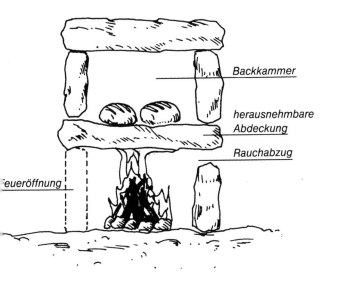

Backkammer

herausnehmbare
Abdeckung

Rauchabzug

Feueröffnung

Der Räucherofen

Zu fertigen aus Steinplatten, Lehm, aber auch aus Blechteilen.

Seitenansicht im Schnitt

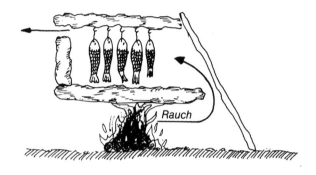

Räucher- oder Trockengestell

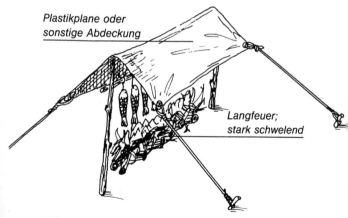

Plastikplane oder
sonstige Abdeckung

Langfeuer;
stark schwelend

17. Seile und Knoten

MASTWURF

Der Mastwurf wird verwendet, um ein Seil, auf das anschließend Zug ausgeübt werden soll, an freistehenden Gegenständen wie Bäumen, Stangen, Felsen o. ä. zu befestigen.

SEILVERBINDUNG ODER KREUZKNOTEN

Der Kreuzknoten dient zum Verbinden zweier gleich dicker Seile.

Merke: Die beiden kurzen Enden müssen auf einer Seite liegen!

ACHTERKNOTEN

Der Achterknoten eignet sich gut für Steigschlingen, als Seilschlaufe oder als Seilverbindung. Der Knoten ist auch nach Belastung wieder zu lösen.

KLEMMKNOTEN

Mit dem Klemmknoten ist es möglich, an einem vorhandenen straffen Seil eine Seilverbindung zu schaffen. Er ist ein idealer Knoten für die Selbstbergung, den Flaschenzugbau oder zur Sicherung am Fixseil. Je nach Seilart, -stärke und Seilstärkenverhältnis verwendet man 2–4 Umschlingungen. Der Klemmknoten funktioniert auch an Drahtseilen und Metallstangen.
Bestes Seilstärkenverhältnis: 2:1 bis 5:4.
Beispiel: Fixseil: ø 10 mm; Hilfsseil: ø 4–8 mm

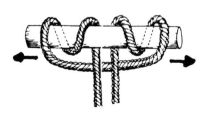

PALSTEK

Der Palstek ist ein Knoten zur Herstellung einer sich nicht zu-sammenziehenden Seilschlinge. Er ist nach Entlastung wieder gut lösbar.

18. Hindernis Fluss

GESICHERTE FLUSSÜBERQUERUNG

- Immer die Schuhe anlassen (Verletzungsgefahr!).
- Falls Rucksack auf dem Rücken, alle Gurte lockern; Hüftgurt offen lassen, Rucksack im Gefahrenfall abwerfen.
- Den Rucksack gesondert sichern (Verbindungsseil zum Ufer).
- Blickrichtung immer zur Strömung (geringster Wasserwiderstand).
- Bei sehr kaltem Wasser, falls vorhanden, eine schnelltrocknende Regenhose und -jacke auf der nackten Haut tragen.
- Ein Stock als »drittes Bein« ist sehr hilfreich.
- Bei schwierigen Überquerungen angeseilt gehen (auf Wasserdruck achten)
- Fluss bei niedrigstem Wasserstand überqueren.
- Meist ist das Wasser bei Gebirgsbächen am Morgen niedriger, da die Sonne im Laufe des Tages den Schnee schmilzt.
- Zum Sichern möglichst dünne Seile benutzen, da der Wasserwiderstand eines Seiles beachtlich ist.

Merke: Bei reißenden Flüssen ab einer gewissen Breite kann das Sicherungsseil unter Umständen nicht mehr gehalten werden, da der Wasserdruck auf das Seil zu groß wird.

Vorgehensweise bei einer Flussüberquerung mit drei Personen

1. Stufe: A überquert den Fluss. B und C sichern

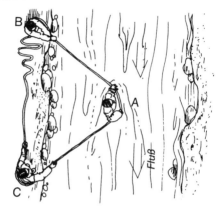

2. Stufe: C überquert den Fluss. A und B sichern von beiden Ufern aus.

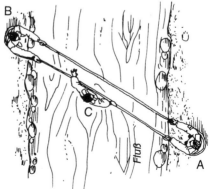

3. Stufe: B überquert als letzter den Fluss.
   A und C sichern.

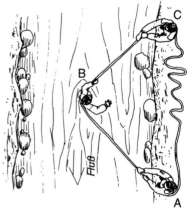

Einzelüberquerung mit Selbstsicherung an festem Gegenstand im Gelände

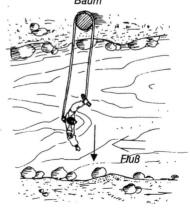

BERECHNUNG DER SEILKRÄFTE

Um einen sicheren Transport von Material oder Personen über Flüsse, Schluchten o. ä. zu gewährleisten, muss man sich vorher im Groben über die auftretenden Seilkräfte im Klaren sein.

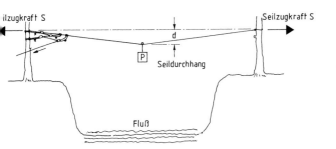

Berechnung der Seilkräfte

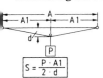

$$S = \frac{P \cdot A1}{2 \cdot d}$$

Es bedeuten:
S = Seilzugkraft in N (Newton)
A = Abstand Seilbefestigung in m
A1 = A/2 in m
d = Seildurchhang in m (schätzen)
P = Gewicht in N (Newton)
    (Mensch oder Gepäck)

Beispiele

1. Abstand A = 30 m,
   Durchhang d = 1 m,
   Gewicht P = 1000 N,
   A1 = A/2 = 30/2 = 15 m

   Seilzugkraft:

   $$S = \frac{1000 \times 15}{2 \times 1} = 7500 \text{ N}$$

2. Abstand A = 50 m,
   Durchhang d = 1,5 m,
   Gewicht P = 1000 N,
   A1 = A/2 = 50/2 = 25 m

   Seilzugkraft:

   $$S = \frac{1000 \times 25}{2 \times 1,5} = 8340 \text{ N}$$

Bei diesen Berechnungen ist noch keine Seilsicherheit einge-
rechnet. Man sollte mindestens eine 3-fache Sicherheit einkalkulieren! Knoten reduzieren die Seilsicherheit um bis zu 50 %.

Merke: Je größer der Durchhang, desto geringer die Seilzugkraft.

BAU EINES FLASCHENZUGES

Benutzbar zum Überqueren von Flüssen, Schluchten usw. am
Hängeseil oder zur Bergung von Gegenständen und Personen.
*Hilfsseil zum späteren Abziehen des Hauptseiles z. B. bei ei-
ner Flussüberquerung.*

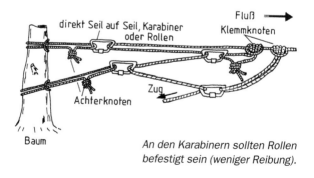

*An den Karabinern sollten Rollen
befestigt sein (weniger Reibung).*

Hilfsseil zum späteren Ab-
ziehen des Hauptseiles z. B.
bei einer Flussüberquerung.

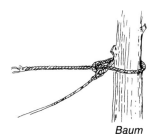

Baum

FLUSSÜBERQUERUNG AM HÄNGESEIL

Das Seil wird mit einem Flaschenzug gespannt (Festigkeit des Seils beachten!). Wichtig für den Transport von Personen:
- Immer mit Brust-/Sitzgurt am Hängeseil sichern
- Wenn möglich, zusätzlich Verbindungsleine zu beiden Ufern (bei Schwierigkeiten kann die transportierte Person an eines der beiden Ufer gezogen werden).

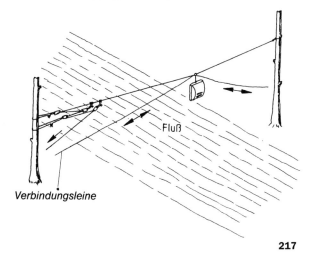

Fluß

Verbindungsleine

Bei dieser Hilfsseilbahn sollten, wenn möglich, zum »Abfahren« immer zwei Seilrollen benutzt werden, um eine Rotation zu verhindern.

Es sollte auch nie zu schnell »abgefahren« werden, da durch die Reibung die Gefahr bleibender Schäden an Seil und Rollen besteht.

Sollte nur eine Rolle zur Hand sein, kann man ein Reepschnurstück oder eine Bandschlinge einsetzen, um die nicht zu vermeidende Rotation von der Rolle fernzuhalten.

Torsions-
element

Nach Benutzung einer derartigen Seilkonstruktion (Seilbahn), sollte das System entlastet werden, da vor einer neuerlichen Benutzung sowieso nachgespannt werden muss. Durch das wiederholte Nachspannen erhöht sich allmählich die Belastung auf die Fixierpunkte und auch auf das gesamte System.

Um nach einer Flussüberquerung die Seilkonstruktion nicht zurück lassen zu müssen, empfiehlt es sich, ein Hilfsseil am Hauptseil zu befestigen, um dieses anschließend vom Baum abziehen zu können.

SEILSPANNUNG OHNE FLASCHENZUG

Falls man keine Möglichkeit hat, einen Flaschenzug zur Reduzierung der Kräfte zu bauen, kann man über ein Hebelsystem das Hauptseil spannen. Es sind allerdings mindestens zwei Personen dazu nötig.

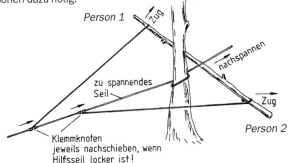

Person 1 · Zug

nachspannen

zu spannendes Seil

Zug

Person 2

Klemmknoten jeweils nachschieben, wenn Hilfsseil locker ist!

DIE »EINFACH-SEILSPANN-METHODE«

Man spannt über einen im Seil geknüpften Achterknoten und erhält somit auf einfache Art einen »Miniflaschenzug«. Dieses System lässt sich zur Sicherung, zum Verpacken, zum Spannen und beim Verladen benutzen.

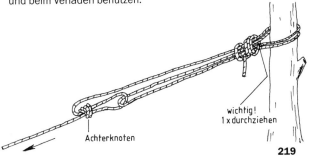

wichtig! 1 x durchziehen

Achterknoten

BRÜCKENBAU

2 bis 4 gegabelte, vom Gewicht her noch bewegbare Stämme werden über einen selbst gebauten Dreibock oder einen nahe am Ufer stehenden Baum geschoben (s. Abb.). Die Gabeln dürfen dabei nicht das Übergewicht bekommen (Sturzgefahr in den Fluss). Je nach Flussbreite und Stammgewicht muss man die einzelnen Stämme mit Seilen fixieren. Liegen die Gabeln fest und stabil, wird ein weiterer ungegabelter Stamm an das andere Ufer geschoben; dieser Stamm darf das Übergewicht erst dann bekommen, wenn dessen Spitze das andere Ufer erreicht hat. Sollten die Stämme von der Länge her zu schwer werden, kann es vorteilhafter sein, dünnere Stämme aneinander zu binden; man bekommt somit die erforderliche Länge, muss aber nicht das hohe Gewicht eines gewachsenen, langen Stammes bewegen – ein System, das nur mit mehreren Personen anzuwenden ist.

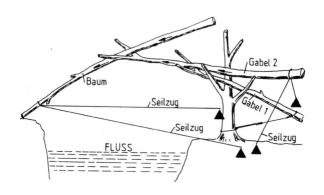

Wahlweise kann man auch einen Dreibock anstelle eines Baumes verwenden.

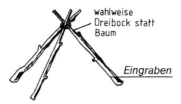

wahlweise Dreibock statt Baum

Eingraben

DAS RICHTIGE FÄLLEN VON BÄUMEN

- Gestrüpp und Äste im Arbeitsbereich rund um den zu fällenden Baum entfernen.
- Im Durchmesser der doppelten Baumlänge dürfen sich keine Menschen, Tiere oder zerstörbare Ausrüstung befinden.
- Um den geringsten Weg zur Verarbeitungsstätte einzuhalten, wird die Fallrichtung bestimmt (auf Bäume achten, die in Fallrichtung stehen).
- Beim Fällen mehrerer Bäume muss ein Übereinanderfallen verhindert werden.
- Den natürlichen Überhang eines Baumes bei der Wahl der Fallrichtung einkalkulieren.
- In schwierigen Fällen die Fallrichtung unter Zuhilfenahme eines Flaschenzuges beeinflussen (s. S. 216, 219).
- Am zu fällenden Baum ist zuerst die Fallkerbe – 1/5 bis 1/3 des Baumdurchmessers – anzubringen. Es wird zuerst das Dach, also der schräge Schnitt ausgeführt; darauf folgt der untere, gerade Schnitt. Die beiden Schnitte sollen sich genau treffen. Das so entstandene Dreieck wird entfernt. Die beiden Ecken dieses Schnittes – verlängert auf der Mittelpunktlinie des Baumes – ergeben die ungefähre Fallrichtung.
- Der Fällschnitt wird 3–5 cm höher als die Sohle der Fallkerbe gesetzt. Man verhindert durch diese Treppe im Stamm, dass der Baum nach hinten wegrutscht.

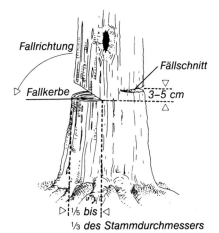

Fallrichtung

Fällschnitt

Fallkerbe

3–5 cm

▷ ⅕ bis ◁

⅓ des Stammdurchmessers

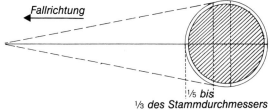

Fallrichtung

Schnitt

⅕ bis
⅓ des Stammdurchmessers

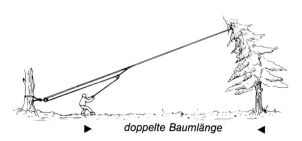

► doppelte Baumlänge ◄

- Es gehört allerdings eine gewisse Erfahrung dazu, zu verhindern, dass die Säge eingeklemmt wird. Sollte die Säge klemmen, Keile hinter der Säge in den Schnitt treiben: Der Schnitt wird erweitert und die Säge kommt frei. Sollte die Säge klemmen, Keile hinter der Säge in den Schnitt treiben: Der Schnitt wird erweitert und die Säge kommt frei.
- Zeigt der Baum die ersten Anzeichen des Fallens, die Säge entfernen und sich seitlich vom fallenden Baum halten; während des Fallens sofort laut und deutlich eventuelle Partner/Kameraden warnen.
- Den Baum beim Fallen beobachten, um aus der Gefahrenzone zu bleiben.
- Auf Äste achten, die während des Falles abbrechen könnten.

Sollte der Baum schräg an einem anderen Baum hängen bleiben, dann:
a) zuerst an der Oberseite eine Fallkerbe anbringen,
b) anschließend von unten her einen Fällschnitt machen.

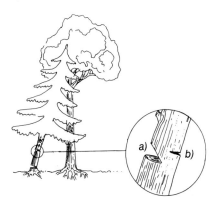

Durch diese Maßnahme wird an dem festgeklemmten Baum ein Stück Stamm herausgetrennt; der obere Teil des Baumes fällt zunächst senkrecht auf den Boden und kommt anschließend wieder zum Kippen. Gelegentlich muss diese Maßnahme mehrmals wiederholt werden, bis der Baum genügend Freiheit zum kompletten Umfallen hat.

> **Merke:** Äußerste Vorsicht walten lassen! Ein hängen gebliebener Baum steht unter Spannung und kann sich auch völlig unkontrolliert verhalten.
> Baumfällen ist generell sehr gefährlich und sollte mit Ausnahme von Notsituationen Fachleuten vorbehalten bleiben.

DAS ÜBERQUEREN VON EISFLÄCHEN

Grundlagen:
- Es sollten mindestens drei Tage lang konstant Minustemperaturen (auch tagsüber) geherrscht haben.
- Das Eis sollte auf der Wasseroberfläche aufliegen. Es sollten sich keine Hohlräume unter dem Eis befinden. Vorsicht beim Übergang vom Ufer zur Wasserfläche! Dort kann sich Hohleis gebildet haben.
- Klares Eis besitzt die größte Tragfähigkeit.
- Messen, wie viel Schnee auf der Eisfläche liegt. Je nach Dicke der Schneeschicht wird das Eis mehr oder weniger unter die Wasseroberfläche gedrückt. Das aufsteigende Wasser vermischt sich dabei mit dem Schnee und gefriert wieder. Dieses poröse Eis ist weniger tragfähig als klares Eis.

- Liegt Schnee auf dem Eis, gefriert das darunter liegende Wasser meist schlechter, da der Schnee isolierend wirkt.
- Unter Windverwehungen kann das Eis daher auch weniger tragfähig sein. Aufpassen, wenn man an klaren Stellen gemessen hat und aber auch schneebedeckte Stellen überqueren will!
- Bei einsetzendem Tauwetter nimmt die Tragfähigkeit der Eisdecke durch Aufweichung drastisch ab, selbst wenn die Dicke noch vorhanden ist.
- Beim Überqueren von Flüssen und Seen Engstellen und Einmündungen meiden, da hier die Eisdecke dünner sein kann.
- An den Außenseiten von Flusskurven ist das Eis ebenfalls häufig dünner, da hier die Strömung stärker ist.
- Warme Strömungen, Quellen oder Strudel können das Eis schwächen oder sogar offene Stellen entstehen lassen.
- Scholleneis entsteht durch Brechen der Eisoberfläche durch Spannungen und wiederholtes Anfrieren. Zwischen den Blöcken kann sich offenes Wasser befinden.
- Ab vier bis fünf cm geschlossenem Blankeis bei konstanten Minustemperaturen (auch tagsüber) ist das Eis in aller Regel für einen Fußgänger tragfähig.

Überqueren der Eisfläche zu Fuß:
- Prüfen der Eisdicke durch Schlagen eines Loches mit Axt, Messer, Motorsäge usw..
- Im Zweifelsfall durch Vergrößerung der Aufstandsfläche zusätzliche Sicherheit schaffen (Schneeschuhe, Ski, starke Zweige). Zur Not die Fläche liegend überqueren; Gepäck hinter sich her ziehen.
- Sind mehrere Personen unterwegs, große Abstände halten (ca.10 m).

- Ruhig und gleichmäßig gehen. Bei Gruppen nicht im Gleichschritt gehen. Punktbelastung (Stürze) vermeiden.
- Bei großen Eisflächen vorher mit dem Kompass die Marschrichtung festlegen für den Fall aufkommender Dunkelheit, Nebel oder Schneetreiben.
- In kritischen Bereichen Seilverbindung zwischen den Personen herstellen ähnlich wie beim Überqueren von Gletschern. Bei kurzen Strecken kann vom Ufer aus gesichert werden.
- In ganz heiklen Fällen Mitführen eines Schwimmkörpers (Autoschlauch, Rucksack mit aufgeblasenen Plastiktüten, aufblasbare Matten, Schaummatten usw.).
- Handschuhe tragen; Messer, Schraubenzieher, Eisbeil, Pickel oder Ähnliches griffbereit halten, um sich im Falle eines Einbruchs vielleicht aus dem Loch ziehen zu können.

Überqueren einer Eisfläche mit Fahrzeugen:
- Erforderliche Mindestdicke bei Blankeisflächen:
- 3 –Tonnen-Fahrzeug: 0°C – ca. 30 cm; -5°C – ca. 27 cm; -10°C – ca. 25 cm
- 6-Tonnen-Fahrzeug: 0°C – ca. 39 cm; -5°C – ca. 34 cm; -10°C – ca. 31 cm
- Probelöcher ins Eis schlagen (idealer Weise mit der Motorsäge ausschneiden), um im gesamten Streckenverlauf die Eisdicke zu überprüfen.
- Strecke falls möglich vorher ablaufen, um offene Stellen zu entdecken und abzuklären, wo genau das Fahrzeug die Eisfläche wieder verlassen kann (Eisblöcke oder Hohleis können das Ans-Ufer-Fahren erschweren oder sogar unmöglich machen.
- Beim Auffahren auf das Eis flache Stellen suchen. Beim steilen Auffahren wird die Punktbelastung zu groß und es besteht Bruchgefahr. Auf Hohleis achten.

- Langsam und zügig fahren, nicht bremsen, nicht halten. Es darf keine Wellenbewegung unter dem Eis entstehen.
- Ein Riss in der Eisdecke muss noch kein Einbrechen nach sich ziehen.
- Bei Seen oder großen Flüssen große Abstände zwischen den Fahrzeugen einhalten (ca. 50 m).
- Bei Überqueren von kleineren Flächen einzeln fahren.
- Sind die zu überquerenden Flächen nicht zu groß, kann man durch Auflegen von Ast- oder Knüppel – „Straßen" die Tragfähigkeit erhöhen. Allerdings ist Vorsicht geboten, damit das Fahrzeug nicht herunterrutscht und die Punktbelastung so plötzlich stark erhöht wird.
- Man kann schwache Stellen des Eises mit Wasser, Schneematsch, Äste, Gras oder Ähnlichem „auffüllen" und abwarten, bis es fest verfroren ist. Um das Zerfließen der Füllmasse zu verhindern, kann man vorher kleine Wälle um die zu befestigende Stelle errichten. Allerdings sehr aufwändig für kleine Gruppen.
- Wenn eine Motorsäge zur Verfügung steht, kann man Eisblöcke aussägen und auf die zu befahrende Fläche aufsetze, dann mit Wasser begießen und festfrieren lassen. Dies bewirkt eine wesentliche Verstärkung der Fahrfläche.
- Insassen nicht anschnallen, damit das Auto im Notfall sofort verlassen werden kann.

Einbrechen ins Eis:

Eisüberschreitungen sind vor allem unter Grenzbedingungen immer eine gefährliche Sache. Die Wassertemperatur unter dem Eis beträgt zwischen 0 °C und 4 °C, d.h. der Körper erleidet beim Einbrechen sofort einen Kälteschock. Je nach Verfassung, Kondition und Kleidung kann der Tod bereits nach 30 Sekunden eintreten. Schon beim Einbrechen taucht der Körper unter und durch Angst und Hektik besteht die Gefahr des Einatmens von Wasser mit nachfolgenden Erstickungsanfällen, was die Panik steigert. Es ist daher das höchste Gebot, Ruhe zu bewahren. Andererseits hat man wenig Zeit und muss daher alle Kraft in den ersten Rettungsversuch legen, da durch die Kälte die Kraft meist für einen zweiten Versuch nicht mehr ausreicht.

Vorgehen:
- Beim Brechen des Eises sich sofort mit ausgebreiteten Armen auf den Bauch legen, um die Aufstandsfläche zu vergrößern.
- Eventuelles Gepäck abstreifen und von sich schieben, um das Gewicht zu reduzieren.
- Mit ruhigen Bewegungen langsam in Richtung Ufer robben.
- Falls andere Personen in der Nähe sind, <u>sofort</u> um Hilfe rufen.
- Bei einem Einbruch versuchen, sich auf keinen Fall unter die Eisfläche ziehen lassen (Gefahr vor allem in strömenden Gewässern!).
- Mit einer starken Schwimmbewegung der Beine versuchen, sich aus dem Wasser zu stoßen und dabei gleichzeitig mit den Händen und etwaigen Hilfsmitteln (siehe oben) in die Eisfläche krallen.
- Versuchen, ein Bein auf die Fläche zu bekommen, um sich heraus zu hebeln.
- Falls das Eis beim Hochziehen weiter bricht, versuchen durch Brechen einer Eisgasse ans Ufer zu gelangen.

Hilfsmaßnahmen von außen:
- Hilfsperson wenn möglich mit Seil sichern.
- Bäuchlings zum Einbruchsort robben.
- Aufstandsvergrößerungen benutzen (Boot, Äste, Bretter, aufgeblasener Autoschlauch, Sandbleche, Ski, Schneeschuhe)
- Die letzte Distanz zum Eingebrochenen mit Hilfsmitteln (Seil,

Brett, Decke, Kleidungsstücke) überbrücken, um ein Einbrechen des Helfers zu vermeiden.

- Falls überhaupt keine Rettungsmittel vorhanden, eine auf dem Bauch liegende Menschenkette bilden; dabei den Vordermann jeweils an den Füßen festhalten. Aber bedenken, dass dabei gleichzeitig der Druck aufs Eis erhöht wird! Sehr gefährlich, daher nur im äußersten Notfall versuchen!

19. Fortbewegungsmöglichkeit Wasser

ANFERTIGEN EINES NOTBOOTES

Das Boot wird aus dünnen, biegsamen Ästen hergestellt. Das Bootsgerüst wird mit einer Zeltbahn, Tierhaut oder einer Plastikplane bespannt. Der Bootsrumpf wird mit Laub, Gras oder Fichtenzweigen gefüllt, um ein Durchtreten des Behelfsbodens zu verhindern. Die Länge und Breite des Bootes ergibt sich durch die Planengröße. Sich nur auf die Spanten setzen oder treten!

Vorgehen:
- Zunächst die beiden obersten Längsstreben zusammenbinden.
- Die Querstreben befestigen.
- Die unterste und die beiden mittleren Längsstreben befestigen.
- Die Plane um das Gerippe wickeln und am Rand mit Schnur befestigen.

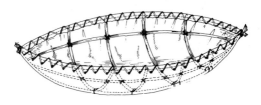

Bricht ein Ast beim Biegen oder während des Einsatzes, so flickt man diesen mit Draht oder Schnur. Alle Aststümpfe sind sauber zu glätten, um eine Beschädigung oder ein Durchstoßen der Plane oder Zeltbahn zu vermeiden!

 Ist kein geeignetes Holz für die doch recht eng zu biegenden Spanten zu finden, kann man mittels einer Kreuzkonstruktion oder durch eingebaute Kastensegmente auch weniger biegsames Holz zur Herstellung des Bootsrumpfes verwenden.

Vorgehen:
- Die obersten Längsstreben zusammenbinden.
- 2–3 viereckige Rahmen einbinden.
- Dazwischen senkrechte und waagerechte Querstreben sowie zwei weitere Längsstreben anbringen.
- Plane befestigen.

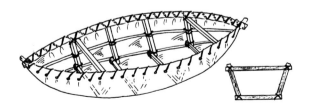

oder:

- Die obersten Längsstreben zusammenbinden.
- Zwei Stangen über Kreuz einbinden.
- Eine Längsstrebe unten sowie zwei seitliche Längsstreben hinzufügen.
- Plane anbringen.

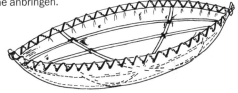

BAU EINES FLOSSES MIT AUFTRIEBSKÖRPERN

Man bindet Äste mit Seilen zu einem leichten Holzrahmen zusammen, der zusätzlich diagonal verspannt wird. Je nach Verwendungszweck kann der Boden mit dünnen Ästen vervollständigt werden oder auch unbedeckt bleiben. Die Auftriebskörper (Autoschläuche, Plastik- oder Blechkanister, Tonnen, Luftballons) werden unter dem Holzrahmen befestigt.

Wichtig: Die gesamte Seilkonstruktion muss sehr straff sein, da es durch die Eigenbewegung des Floßes automatisch zu einer Lockerung kommt.

Ideal ist, wenn man Ratschgurte zur Verfügung hat, da hiermit die ganze Konstruktion wesentlich straffer wird.

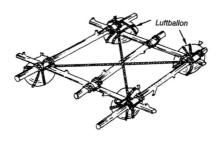

Luftballon

AUFTRIEBSFÄHIGKEIT LUFTGEFÜLLTER GEGENSTÄNDE

Das Volumen der eingeschlossenen Luft in Litern, abzüglich des Eigengewichts der gesamten Konstruktion (z. B. Holzrahmen eines leichten Floßes) ergibt bei einem Sicherheitsfaktor von 20–30 % die Tragfähigkeit.

Beispiel:

4 Gegenstände mit je 50 l Luftinhalt =	2000 N Auftrieb
Die Rahmenkonstruktion und	
die Behälter wiegen etwa	700 N
Sicherheitsfaktor	ca. 500 N
	‾‾‾‾‾‾‾‾‾
Verbleiben als Tragfähigkeit etwa	800 N

Volumenberechnung eines zylinderförmigen Körpers:

V = Volumen
p = 3,14
d = Durchmesser
h = Höhe

Formel:

$$V = \frac{p \times d^2}{4} \times h$$

$$V = 0{,}785 \times d^2 \times h$$

Beispiel:

d = 0,5 m
h = 2 m
V = 0,785 x 0,5² x 2
  = 0,785 x 0,25 x 2
  = 0,393 m³

Volumenberechnung einer Kugel:

Formel:

$$4/3 \times \pi \times r^3 = 4{,}1888 \times r^3 \qquad \pi = 3{,}14$$

r = Radius = 1/2 Durchmesser

Zur schnellen Berechnung:
Der Inhalt einer Kugel mit einem bestimmten Durchmesser beträgt etwas mehr als 50 % (52,36 %) eines Würfels mit der selben Kantenlänge.

Beispiel:

Das Volumen eines Würfels mit 4 cm Kantenlänge beträgt:

4 x 4 x 4 = 64 cm³

Das Volumen einer Kugel mit einem Durchmesser von 4 cm beträgt:

$4/3 \times \pi \times 2^3 = 4,1888 \times 8 = 33,51$ cm³

Tragfähigkeit = Auftrieb des Volumeninhaltes abzüglich des Gewichtes des Behältnisses

Entspricht das Gewicht des transportierten Objektes der errechneten Tragfähigkeit, so befindet sich der Schwimmkörper in der Schwebe. Daher Sicherheitsfaktor einkalkulieren, um den Schwimmkörper wirklich zum Schwimmen (über der Wasseroberfläche) zu bringen.

HILFSMITTEL LUFTBALLON

Luftballone sind ein gutes Allround-Hilfsmittel. Sie werden verwendet als Kentersäcke am Notboot, als Auftrieb für ein Stangenfloß oder als Schwimmwestenersatz unter der Jacke getragen.

Merke: Die Luftballone müssen durch geeignete Umhüllung (Rucksack, Schlafsackbeutel, Plastik- oder Kartoffelsäcke) gegen Beschädigung geschützt werden.

Übrigens: Kondome erfüllen den gleichen, wenn nicht sogar einen besseren Zweck, da sie stabiler sind.

HOLZFLOSS

Sind keine Auftriebskörper vorhanden, muss man auf ein reines Holzfloß zurückgreifen.
Methode für den Bau eines kleinen Holzfloßes:

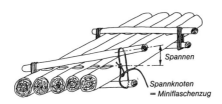

Spannen

Spannknoten
= Miniflaschenzug

Nachteile des Holzfloßes:
- schwer und unhandlich (kann wegen des hohen Gewichtes nur im Wasser gebaut werden)
- Bau ist wesentlich zeitintensiver (Bäume müssen gefällt und ins Wasser transportiert werden).

TRAGFÄHIGKEIT VON HOLZ

Es handelt sich hier nur um einen Durchschnittswert, da die Tragfähigkeit je nach Holzart und Feuchtigkeitsgehalt variiert.
Trockenes Holz: Den Festmeter (= Kubikmeter) durch 5 dividiert, ergibt die Tragfähigkeit in Tonnen ($m^3/5 = t$).

Beispiel: 1/5 = 0,2 Tonnen = 200 kg; d. h. die Tragfähigkeit von einem Kubikmeter Holz beträgt 200 kg.

Anmerkung: die Bezeichnung kg ist wissenschaftlich nicht ganz korrekt, da der Auftrieb eigentlich in N(ewton) angegeben wird: auf der Erde entspricht 1 kg rund 10 N (genauer 9,81 N).

SCHWIMMHILFEN

Als Schwimmhilfe kann alles dienen, was aufgrund seiner Dichte schwimmfähig ist oder sich mit Luft füllen und/oder luftdicht verschließen lässt:

- Autoschläuche
- leere Kanister
- Luftballone
- Brett(er)
- Äste
- wasserdichte Beutel, usw.

Luftballons

DIE STRÖMUNGSGESCHWINDIGKEIT

Um die Strömungsgeschwindigkeit eines Flusses herauszufinden, steckt man eine Strecke am Ufer parallel zum Fluss ab (z. B. 10 m). Einen schwimmenden Gegenstand in die Hauptströmung werfen; die Zeit stoppen, die der Gegenstand zum Passieren der beiden Markierungen benötigt (z. B. 5 sek.).

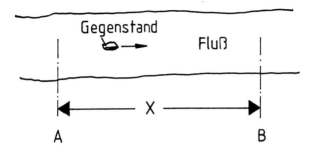

Mit Hilfe eines Dreisatzes kann nun die Geschwindigkeit des Flusses pro Stunde (3600 sek.) berechnet werden:

5 sek. = 10 m

3600 sek. = x

daraus folgt:

$$x = \frac{10 \times 3600}{5} = 7200 \text{ m}$$

Der Fluss fließt mit 7,2 km pro Stunde.

GESCHWINDIGKEITSBERECHNUNG EINES WASSER-FAHRZEUGES VOM FAHRZEUG AUS

Markierung z. B. an Bug und Heck. Abstand der beiden Markierungen messen. Stoppen der Zeit, die ein im Wasser schwimmender Gegenstand benötigt, die beiden Markierungen zu passieren.

Beispiel:
Abstand 5 Meter, gemessene Zeit 5 sek.
5 sek. = 5 m
3600 sek. = x

daraus folgt:

$$x = \frac{5 \times 3600}{5} = 3600 \text{ m}$$

Das Wasserfahrzeug legt in der Stunde 3,6 km zurück (stehendes Gewässer).

Bei fließendem Gewässer muss man die Fließgeschwindigkeit des Flusses berücksichtigen.

Bergauf: Gemessene Geschwindigkeit minus Fließgeschwindigkeit des Flusses

Bergab: Gemessene Geschwindigkeit plus Fließgeschwindigkeit des Flusses

20. Abseilen

GRUNDLEGENDES

- Das Seil immer doppelt nehmen, um es nachher wieder abziehen zu können (Abb. 1).
- Sich vorher überzeugen, dass die halbierte Seillänge bis zum gewünschten Standplatz reicht.
- Die beiden Seilenden verknoten.
- Den Befestigungspunkt auf ausreichende Haltbarkeit überprüfen.

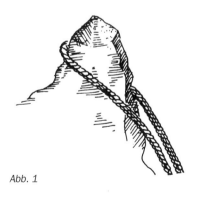

Abb. 1

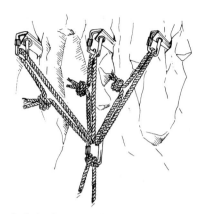

Abb. 2

- Erscheint ein Befestigungspunkt unsicher, den Zug des Seils auf mehrere Befestigungspunkte verteilen (Abb. 2).
- Am Standplatz Selbstsicherung anbringen, z. B. mit Hilfe eines Klemmknotens (Abb. 3).

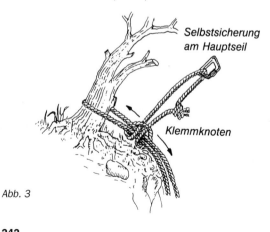

Selbstsicherung am Hauptseil

Klemmknoten

Abb. 3

ABSEILEN MIT HALBMASTWURF UND KARABINER

(Vorsicht, hohe Seilbelastung!)

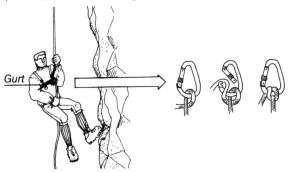

Gurt

ABSEILEN MIT ABSEILACHTER UND ZUSÄTZLICHER KLEMMKNOTEN-SICHERUNG

(Auch ohne Karabiner möglich)

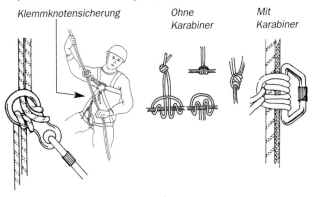

Klemmknotensicherung

Ohne
Karabiner

Mit
Karabiner

SICHERN MIT ABSEILACHTER

Ein (Abseil-)Achter ist ein im Bergsporthandel erhältliches Gerät zum Sichern und Abseilen; er ist aus Leichtmetall gefertigt und gewährleistet durch seine großen Umlenkradien eine sehr seilschonende Behandlung.

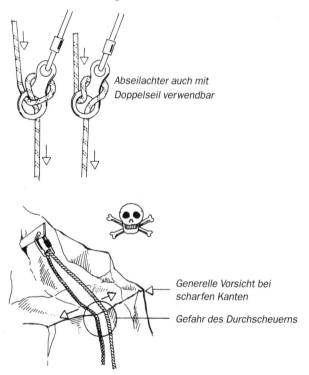

Abseilachter auch mit Doppelseil verwendbar

Generelle Vorsicht bei scharfen Kanten

Gefahr des Durchscheuerns

SICHERN MIT HALBMASTWURF

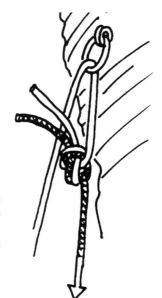

DIE SEILVERLÄNGERUNG

Ist die Abseillänge größer als die halbe Seillänge, muss das Seil verlängert werden.

Dieser Seilverbindungsknoten dreht sich an Kanten bei Belastung um, wodurch ein Hängenbleiben verhindert wird (wichtig beim Abseilen!)

DER DÜLFERSITZ

Abseilen mit Selbstsicherung und Standschlinge am Seilende.

Sicherungs-Klemmknoten

Durch starke Reibung an der Schulter besteht Verletzungsgefahr!

Zur Vorsicht sollte man sich bei der Dülfersitz-Methode mit einem zusätzlichen Klemmknoten (Seil/Körper) sichern. Diese Abseilmethode sollte nur im äußersten Notfall durchgeführt werden. Das wesentlich sicherere Abseilen mit Halbmastwurf oder mit dem Abseilachter ist immer vorzuziehen.

Standschlinge kurz vor dem Seilende anbringen

ca. 1 m

Provisorischer Brust-Sitzgurt
Es werden ca. 5 m Reepschnur oder Bandschlingenmaterial benötigt.

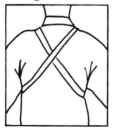

Brustgurt (Rückenansicht):
Etwa 1,5 m Reepschnur oder Band mit Achterknoten zur Schlaufe verbinden oder – falls vorhanden – fertige Bandschlinge verwenden. Am Rücken über Kreuz legen.

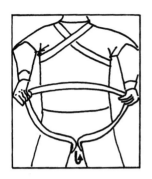

Sitzgurt (Rückenansicht):
Etwa 2,5 m Reepschnur oder
Band mit Achterknoten zur
Schlaufe verbinden (oder fertige
Bandschlinge verwenden). Hin-
ten um die Taille führen. Den
unteren Teil der Schlaufe durch
den Schritt nach vorne führen.

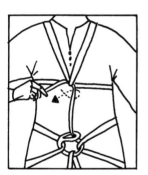
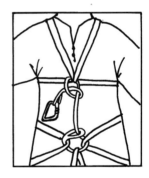

Verbindung von Brust- und Sitzgurt (Vorderansicht):
Die verschiedenen Schlaufen werden mit einer dritten
Reepschnur verbunden.

BRUCHLASTEN VON KERNMANTEL-REEPSCHNÜREN

Die folgenden Werte gelten als durchschnittliche Angaben; immer die entsprechenden Firmen-/Herstellerangaben beachten!

Durchmesser	Bruchlast
3 mm	180 kg (entspricht ca. 1,8 kN)
4 mm	320 kg (entspricht ca. 3,2 kN)
5 mm	500 kg (entspricht ca. 5,0 kN)
6 mm	750 kg (entspricht ca. 7,5 kN)
7 mm	990 kg (entspricht ca. 9,9 kN)
8 mm	1350 kg (entspricht ca. 13,5 kN)
9 mm	1950 kg (entspricht ca. 19,5 kN)
10 mm	2200 kg (entspricht ca. 22,0 kN)
11 mm	2800 kg (entspricht ca. 28,0 kN)

Merke: Knoten senken die Bruchlast um bis zu 50 %.

VERANKERUNGEN IM SCHNEE, SCHLAMM ODER ERDREICH (SOG. »TOTER MANN«)

Man verwendet den Erdanker, wenn für die Befestigung eines Seiles kein fester Punkt (Fels, Baum usw.) im Gelände vorhanden ist.

Er eignet sich zum Befestigen von Seilen, Flaschenzügen oder Rollen, zum Bergen von Gerät oder Menschen sowie zum Abseilen. Ebenso ist er hilfreich beim Brückenbau, bei der Gletscher-, Material- und Kfz-Bergung (s. entsprechende Kapitel).

Geeignet sind dazu z. B. Ersatzreifen, Skier, Rucksäcke, Kleidungsstücke, Holzbalken usw.

Der dem jeweiligen Belastungsstand entsprechend große Gegenstand wird dabei mit dem befestigten Seil in einem Erd-, Schlamm- oder Schneeloch tief eingegraben. Kommt nun Zug auf das Seil, so gräbt sich dieses zusätzlich, je nach Bodenbeschaffenheit, mehr oder weniger tief in das Erdreich ein (das unter Zug gesetzte Seil versucht immer, eine gerade Linie zu bilden).

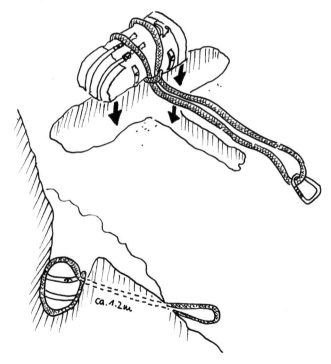

21. Bergen

DIE SELBSTBERGUNG (AUF- UND ABSTEIGEN AM SEIL)

Klemmknoten

Klemmknoten

Auf- und Ab- steigen mit einer Fuß- schlinge und einem Klemmknoten. Die Seile der Fußschlingen müssen vorne durch den Brustgurt geführt wer- den, da es sonst zu einem Abkippen des Körpers nach hinten kommt.

Auf- und Absteigen mit zwei Fußschlingen und zwei Klemmknoten.

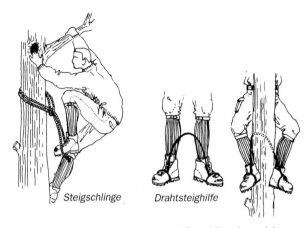

Steigschlinge   *Drahtsteighilfe*

Mit dieser Knotentechnik gelingt das Auf- und Absteigen nicht nur an normalen Bergseilen, sondern auch an Drahtseilen oder Eisenstangen.

SPALTENBERGUNG

Die Möglichkeit der Bergung eines mindestens noch bedingt aktionsfähigen Menschen wird hier am Beispiel einer Gletscherspalten-Bergung erläutert. Diese Rettungsidee kann aber auch an jeder anderen schwer zu ersteigenden Wand (Stolleneinbruch, Haus, Felsen, Schlucht usw.) benutzt werden.

Merke: In den Gletschergebieten immer angeseilt gehen!

ca. 1,5m.

252

Vorgehensweise:
- Jeder Teilnehmer einer Seilschaft sollte am Verbindungsseil direkt vor seinem Körper eine Reepschnurschlinge mit einem Klemmknoten haben. Der Klemmknoten ist am Seil, die Schlinge wird einfach in die Hosentasche gesteckt.
- Bricht der Partner ein, so muss zunächst versucht werden, bei möglichst großer eigener Sicherheit den Sturz des Partners zu bremsen.
- Hat man den Sturz des Partners abgefangen, muss dieser umgehend gesichert werden. Dazu wird die vorbereitete Schlinge mit dem befestigten Klemmknoten an einem Pickel, Schi oder einer Eisschraube befestigt und diese(r) im Schnee verankert. (A). Auf diese Weise wird ein eventuelles Weiterstürzen unterbunden.
- Im Anschluss wird an diese Sicherung eine Selbstsicherung mit Hilfe eines Klemmknotens (siehe Seite 243) angebracht (B).
- Nun wird am Seil ein Karabiner (wenn vorhanden, mit Seilrolle) eingehängt und zum Verunfallten herabgelassen. Dieser befestigt ihn an seinem Gurt (C).
- Das restliche Seil wird mit Klemmknoten oben direkt vor dem Retter fixiert (D). Dies hat den Vorteil, dass beim Hochziehen jederzeit eine Pause eingelegt werden kann, da der Verunglückte immer auf der jeweiligen Höhe gehalten wird und nicht erneut nach unten rutschen kann.
- Diese Methode funktioniert nur, wenn mindestens 2/3 des Seils für den Retter zur Verfügung stehen.
- Jetzt kann der Verunglückte nach oben befördert werden. Er kann dabei am Sturzseil mithelfen.
- Das Ziehen über den Spaltenrand sollte mit äußerster Vorsicht durchgeführt werden. Um ein Einschneiden an der Spaltenkante zu verhindern, kann man Pickel, Schi, Rucksack usw. unterlegen.

- Da die Gefahr besteht, dass der Spaltenrand abbricht, sollte ca. 1,5 m hinter dem Rand gearbeitet werden.
- Falls die Kräfte des Retters nicht ausreichen, muss der Eingebrochene versuchen, sich selbst mittels Klemmknotentechnik nach oben zu ziehen.
- Von Vorteil ist, wenn beim Begehen von Gletschergebieten schon vorher zwei Fußschlingen am Verbindungsseil eingeknotet werden. Diese Seilschlingen müssen zwischen Körper und Brustgurt geführt werden, um ein Abkippen des Körpers um den »Drehpunkt Fuß« zu verhindern. Durch dieses Führen der Seilschlinge am Brustgurt wird der Drehpunkt des Körpers in den Körpermittelpunkt verlagert.
- Ist der gestürzte Partner verletzt bzw. sogar bewusstlos, muss man sich zuerst zum Verletzten abseilen, um ihn medizinisch zu versorgen. Dabei ist es wichtig, den eigenen Rückweg zu sichern (Selbstbergung mittels Klemmknoten).

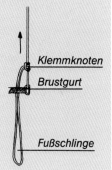

Klemmknoten

Brustgurt

Fußschlinge

BERGUNG MIT HILFE EINES FLASCHENZUGES

Bei Fehlen von Befestigungsmöglichkeiten im Gelände wird ein möglichst sperriger Gegenstand, an dem ein Express- oder Seilrollenflaschenzug – je nach Gewicht des zu bergenden Objektes – befestigt ist, in einem Erd- oder Schneeloch als Gegenlager vergraben.

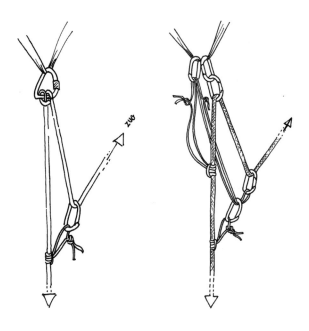

Expressflaschenzug   **Seilrollenflaschenzug**

Diese Art der Bergung wird dann eingesetzt, wenn der Verunfallte keine Mithilfe leisten kann oder wenn schweres Material nach oben gezogen werden soll. Allerdings ist hier die Gefahr des Einschneidens des Seiles und/oder des Abruches der Kante größer.

22. Hilfsmaßnahmen für draußen

MASSNAHMEN ZUR ABLENKUNG DES TIERES

Pferd will nicht stillhalten (Schmerzen oder Nervosität).

Maßnahmen zur Ablenkung:
- Oberlippe mit einer Hand fest umgreifen und drehen oder ziehen oder
- Einen Strick um die Oberlippe legen und mit Hilfe eines Knebels festdrehen (Vorsicht: Der Strick darf nicht zu dünn sein, um ein Einschneiden zu vermeiden) oder
- Ohr greifen und nach unten ziehen oder
- Das Ohr drehen.

VERHINDERUNG DES AUSSCHLAGENS

- Einen Fuß hochheben lassen oder
- Den Schweif zur Seite oder – noch besser – nach oben biegen (z. B. beim Fiebermessen) oder
- Den Schweif zwischen den Hinterbeinen zur seitlichen Brustwand ziehen und festhalten oder am Hals festbinden.

ÖFFNEN DES MAULS

- In die seitliche Zahnlücke zwischen die Eck- und Backenzähne greifen, die Zunge herausziehen und festhalten oder
- Einen Keil zwischen die obere und untere Zahnreihe schieben.

RUHEWERTE DES PFERDES

Um zu erkennen, ob das Pferd krank ist, muss man die Werte eines gesunden Pferdes (in Ruhe) kennen.

Puls: 28 bis 40 Schläge pro Minute
Atmung: 8 bis 16 Atemzüge pro Minute
Rektaltemperatur: 37,5 bis 38,0° C (bis 38,5° C beim Fohlen)

VERLETZUNGEN

Wundversorgung

- Frische, saubere Wunden nicht berühren, sondern steril verbinden.
- Stark verschmutzte Wunden zuerst mit klarem Wasser, anschließend mit einer desinfizierenden Lösung (siehe Pferdemedikamente) ausspülen.
- Starke Blutungen mit einem Druckverband versorgen; auf keinen Fall abbinden! Beim Pferd sind Blutverluste bis zu 8 l (!) nicht bedrohlich.
- Eine chirurgische Wundversorgung muss innerhalb der ersten 3–4 Stunden erfolgen, da später eine Wundnaht kaum noch möglich ist.
- Nach jeder Verletzung Tetanusschutz überprüfen, gegebenenfalls nachträglich Tetanusserum spritzen lassen, da Pferde sehr empfindlich für Tetanus sind.

Achtung: Wurde eine Wunde mit Desinfektionsmitteln oder Spray behandelt, kann sie nicht mehr genäht werden.

Wundverband:

Ein Wundverband sollte sich zusammensetzen aus:

1) sterile Wundabdeckung aus nichtfusselndem Material
2) dicke Wattepolsterung, v. a. am Vorderfußwurzel- und Sprunggelenk, da sonst die Haut absterben kann
3) selbstklebender Binde.

Um ein Abrutschen des Verbandes am Pferdebein zu verhindern, muss der Verband von unten nach oben aufgebaut werden.

Bei Verletzungen am Körper können zur Befestigung (Decken-) Gurte, Vorderzeug, Martingal, Schweifriemen oder einfach Klebebänder verwendet werden.

Pfählungswunden

Den Stock, Ast oder Sonstiges <u>nicht herausziehen</u>, sondern mit Verband, Klebeband, Schnur oder Ähnlichem in der Wunde fixieren. Durch das Herausziehen kann es zu starken Blutungen, Eindringen von Luft in Körperhöhlen (im Brustbereich dadurch zum Zusammenfallen eines Lungenteiles) oder Herauspressen von Därmen kommen. Ragt der Fremdkörper (z.B. ein Ast) sehr weit heraus, das überstehende Stück bis auf ca. 20 cm kürzen, damit es bei einem Transport oder sonstigen Bewegungen zu keinen weiteren Schädigungen kommt. Der Fremdkörper sollte wenn möglich nur in einer Klinik entfernt werden, wo das Tier sofort operativ versorgt werden kann.

Nageltritt

1) Den Nagel entfernen.
2) Das Loch trichterförmig ausschneiden.
3) Desinfizieren (s. Medikamentenliste, S. **273**)
4) Anlegen eines Verbandes (Sackverband).

5) Bei größeren Hufverletzungen, v. a. an der Hufsohle, muss ein Druckverband angelegt werden, da sonst die Gefahr besteht, dass Huflederhaut vorfällt.

Hufverband

- Wunde desinfizieren (siehe Medikamentenliste S. **273**) und mit steriler Gaze abdecken.
- Watte in die Verletzung und die gesamte Sohlenwölbung drücken.
- Den gesamten Fuß bis über die Fesselbeuge mit Watte o. ä. einwickeln, v. a. Kronrand und Fesselbeuge dick polstern.
- Mit Binden festwickeln.
- Falls kein Verbandsmaterial vorhanden ist, einen Sackverband anlegen: Ein Sack wird auf den Boden gelegt, der Pferdehuf darauf gestellt. Dann die Ecken des Sackes hochklappen und mit einer Schnur an der Röhre (Mittelfußknochen; nicht zu fest!) festbinden. Ein Sackverband ist auch ein guter Schutz für einen normalen Verband.

Ballen- oder Kronentritt

Manche Pferde treten sich selbst auf Ballen und Kronränder. Es kann dabei zu Schürfverletzungen kommen.

Behandlung:
- Haare an der Wunde abschneiden.
- Die Wunde auswaschen.
- Abhängende Hautlappen wegschneiden.
- Trockenen Verband anlegen (eine Salbe ist meist nicht nötig).

Huflederhautentzündung

Wandlederhautentzündung (durch Anschlagen) oder Sohlenlederhautentzündung (durch Prellen z. B. auf steinigem Geläuf).

Erkennen:
- Leichte bis starke Stützbeinlahmheit
- Wärme im Bereich der Hornkapsel
- Verstärkte Pulsation der Zehenarterien.

Behandlung:
- Antibiotikum
- Kühlen des Hufes
- Leder- oder Kunststoffplatte unter das Eisen legen.

Hufabszess, Hufgeschwür
Erkennen:
- Plötzlich auftretende u. U. sehr heftige Stützbeinlahmheit
- verstärkte Pulsation der Zehenarterien
- Schmerzreaktion bei Druck auf die Sohle.

Behandlung:
- Eisen entfernen.
- Huf säubern und im Bereich der weißen Linie und der Eckstreben nach schwarzen Punkten bzw. fauligen Stellen suchen.
- Leicht nachschneiden und mit einem Nagel sondieren bis graue, schwarze oder gelbe Flüssigkeit austritt.
- Anschließend trichterförmig ausschneiden, damit der Abszess leer laufen kann.
- Desinfektion und Verschließen der Öffnung mit einem Druckverband.

Satteldruck
Im Anfangsstadium flache Schwellung in der Sattellage, heiß und schmerzhaft.

Behandlung:
- Kühlen mit kaltem Wasser.
- Anschließend kühlende und schwellungsmindernde Salben (Sportsalben aus der Humanmedizin) auftragen.
- Wenn möglich, das Tier nicht mehr satteln, bis die Schwellung abgeklungen ist; ansonsten polstern, um die Druckstelle zu entlasten.
- Im fortgeschrittenen Stadium (offene Wunde), das Pferd nicht reiten und Wundsalben (Lebertran, Zink) auftragen.

Vorbeugung:
- Guter Sitz des Sattels.
- Vor Beginn des Rittes Vorderbeine einzeln nach vorne herausziehen (Falten unter dem Gurt verstreichen).
- Am Ende des Rittes die letzte Viertelstunde das Pferd bei gelockertem Sattelgurt führen; dies führt zu einer besseren Durchblutung der Sattellage (Massage-Effekt).
- Nach dem Absatteln die Sattellage mit kaltem Wasser reinigen (Säuberung/Massage/Abhärtung).

Einschuss

»Einschuss« ist eine plötzlich auftretende, starke Schwellung der Unterhaut, die durch das Eindringen von Bakterien über kleine Verletzungen bedingt ist.

Erkennen: Ein Bein schwillt plötzlich stark an, die Haut ist teigig und heiß; Fieber (Normaltemperatur: 37,5 bis 38,0° C).

Behandlung:
- Penicillin in den Brustmuskel (zwischen den Vorderbeinen) spritzen. Nachdem die Nadel eingestochen wurde, den Spritzenstempel leicht nach hinten ziehen (sog. »Aspirieren«), damit gewährleistet ist, dass man kein Blutgefäß getroffen hat. Falls

Blut kommt, Nadel herausziehen und an einer anderen Stelle neu stechen. Achtung: Pferde neigen zu Allergien auf Antibiotika, u. a. auf Penicillin. Daher Injektionen nur im äußersten Notfall selbst vornehmen!
- Angussverband über das gesamte Bein (Aufbau des Verbands: Watte, Mullbinde, aufgeschnittene Plastiktüte, Mullbinde). Kaltes Wasser in die Plastiktüte gießen.

In der Anfangsphase (akute Entzündung) den Verband nie warm werden lassen; ständig Wasser nachgießen.

In der fortgeschrittenen, chronischen Phase (2–3 Tage später) nur noch dreimal täglich angießen. Der Wechsel zwischen kalt und warm (durch körpereigene Aufheizung erwärmt sich der Verband) regt die Durchblutung und den Heilvorgang an.

Verstauchung, Sehnenzerrung
Es ist meist keine äußere Verletzung zu sehen. Das Pferd lahmt und eine Sehne bzw. ein Gelenk wird dick und heiß und fühlt sich schwammig an.

Behandlung:
Die entsprechende Stelle kühlen, z. B.
- das Tier in einen Bach stellen,
- mit Wasser übergießen,
- Anfertigung eines Angussverbands (nicht warm werden lassen),
- Auftragen kühlender Gels (Sportsalben).

Druckstellen durch Gebiss
- Das Gebiss länger oder kürzer schnallen.
- Falls möglich, das Tier ohne Gebiss reiten.

AUGENERKRANKUNGEN

Als Ursache können Infektionen, Reizungen durch Staub, Gräser oder Verletzungen durch Äste und Gestrüpp in Frage kommen.

Behandlung:
- Antibiotische Augensalben (ohne Cortison!) aus der Humanmedizin verabreichen.

NASENBLUTEN

Nasenbluten kann vielfache Ursachen haben: Risse kleiner Gefäße der Nasenschleimhaut, Schläge oder Tritte an den Kopf, Stürze, Tumoren der Nasen- oder Kieferhöhlen, innere Erkrankungen. Bei Vollblütern häufig auftretend durch kleine Lungenrisse bei extremer Belastung.

Einseitiges Nasenbluten: Bei spontanem Auftreten meist aus der Nasenhöhle. Normalerweise keine Lebensgefahr.
Beidseitiges Nasenbluten:
Helles und schaumiges Blut: Lungenblutung, häufig bei Vollblütern bei Überlastung, Erschöpfung.
Dunkles, »normales« Blut: Siebbeinblutung. Es besteht Lebensgefahr! (Eine Siebbeinblutung kann gelegentlich auch zu einseitiger Blutung führen, ist dann aber meist nicht lebensbedrohlich.) Es kann bis zu einem Liter Blut pro 15 min heraus fließen. Spätestens nach zwei Litern Tierarzt anrufen!

Behandlung:
- Bei kleineren Blutungen Pferd in Ruhe lassen, ansonsten keine weitere Behandlung nötig.
- Bei stärkeren Blutungen, Kopf des Pferdes gesenkt halten

(evtl. ausbinden), kühlende Umschläge auf Stirn und Nasenrücken.

> **Merke:** Ein Pferd kann je nach Körpergröße bis zu 8 l Blut
> gefahrlos verlieren.

SCHLUNDVERSTOPFUNG

Bei einer Schlundverstopfung ist ohne Tierarzt keine Hilfe möglich.
Aber: Rasches Erkennen kann für das Pferd lebensrettend sein,
da hohe Gefahr für eine Lungenentzündung durch Einatmen von Futter und Speichel besteht.

Anzeichen:
Nach dem Fressen von Äpfeln, Rübenschnitzel u. ä.
• plötzliches Stoppen der Futteraufnahme
• Würgereiz
• Speichelfluss
• Nasenausfluss mit Futterteilchen.

KOLIK

Unter Kolik versteht man einen schmerzhaften Zustand im
Bauchbereich.
Anzeichen:
• Pferd schlägt mit den Hinterbeinen gegen den Bauch.
• Es frisst nicht.
• Sog. Flehmen (Oberlippe wird nach oben gezogen, so dass
man die Zähne sehen kann).
• Starkes Schwitzen des Tieres.
• Das Pferd wälzt sich am Boden.

- Es liegt und sieht nach hinten.
- Legt man sein Ohr auf die Flanken, sind nur wenig oder keine Darmgeräusche hörbar (normal sind etwa 3 Darmbewegungen innerhalb 2 Minuten – »Knurren«).
- Beschleunigter Puls (normal: 28–40 Schläge in der Minute)

Der Puls ist fühlbar an:

- der Gesichtsarterie am Unterkieferrand dicht vor den »Ganaschen«
- an der Vorhand an der Hauptmittelfußarterie hinter dem inneren Griffelbein
- an der Hinterhand an der Hauptmittelfußarterie dicht vor dem äußeren Griffelbein

Behandlung (nur in leichten Fällen ohne Tierarzt möglich):

- Das Futter entfernen.
- Pferd eindecken, um Erkältungen durch Schwitzen zu vermeiden.
- Das Tier nicht hinlegen lassen, wenn Verletzungsgefahr durch Wälzen besteht (z. B. durch Anschlagen oder heftiges Hinwerfen); ansonsten schadet Wälzen bei leichten Koliken nicht.
- Das Pferd im Schritt führen, um die Darmbewegung anzuregen und Verletzungen zu vermeiden.

KREUZVERSCHLAG

Akute, sehr schmerzhafte Entzündung der Kruppen- und Rückenmuskulatur nach starker Belastung oder längeren Ruhepausen mit guter Fütterung.

Symptome (treten meist kurz nach erneutem Arbeitsbeginn auf):

- Unwilligkeit, plötzliches Stehenbleiben, Steifheit
- Schwitzen
- Muskelzittern

- Schwankender Gang bis zum Umfallen
- Harte und schmerzhafte Rückenmuskulatur
- Dunkelbrauner Urin

Behandlung:
- Pferd sofort für mehrere Stunden stehen lassen.
- Eindecken
- Viel Wasser trinken lassen (evtl. süßen, dann schmeckt es dem Tier besser).
- Ein Schmerzmittel spritzen, falls vorhanden (ca. 12-fache Erwachsenen-Dosis).
- Aderlass:
    1) Mit dem linken Daumen die linke Halsvene stauen (befindet sich in der Rinne seitlich am Hals).
    2) Eine dicke Kanüle kopfwärts einstechen.
    3) Bei einem 500 kg schweren Pferd mindestens 7 – 10 l Blut herauslaufen lassen, bei kleineren Pferden entsprechend weniger (dies bewirkt eine Blutverdünnung und somit auch eine Verdünnung der Giftstoffe, die sich durch Muskelschaden im Blut befinden).

HUFREHE

Die Hufrehe ist eine nicht infektiöse, sehr schmerzhafte und gefährliche Entzündung der Huflederhaut, die meist an beiden Vordergliedmaßen auftritt. Sie hat häufig toxische Ursachen (z. B. Eiweißüberfütterung, Vergiftung), kann aber auch durch Überbelastung auf hartem Geläuf oder durch Schonhaltung hervorgerufen werden.

Erkennen: Klammer Gang; sägebockartige Beinstellung; Trachtenfußen der Vordergliedmaßen; Gewichtsverlagerung auf die Hinterfüße; erhöhte Temperatur im Bereich des Kronrandes und der Zehenwand; Pulsieren der Zehenarterien.

Behandlung:
- Das Pferd stehen lassen.
- Auf weichen Boden stellen.
- Beine kühlen: fließendes Wasser oder Umschläge (nicht heiß werden lassen!).
- Sackverband mit guter Polsterung der Sohle: Das Gewicht des Tieres soll von der gesamten Sohle getragen werden.
- Aderlass: siehe bei »Kreuzverschlag«
- Bei beschlagenen Pferden: Entfernen des Vorderaufzuges und der beiden vordersten Nägel.
- Dünnraspeln der Zehenwand.

SCHLAUCHÖDEM

Das Anschwellen des Schlauches (Vorhaut) beim Hengst oder Wallach ist durch die Verstopfung kleiner Blutgefäße bedingt. Außer der Schwellung des Schlauches fühlt sich die Haut kalt und teigig an.

Behandlung:
- Schlauch kalt abspritzen.
- Vorsichtige, aber ständige Bewegung des Tieres.

NESSELSUCHT

Beetartige bis knotige Erhebungen in der Haut des gesamten Körpers; kein Juckreiz. Ursachen können Insektenstiche, Pilzbefall des Futters oder Staubeinatmung über das Futter sein.

Behandlung:
- Das Pferd (den gesamten Körper) mit Wasser übergießen.

- Bei einzelnen Stichen mit nachfolgender Schwellung hilft das Auftragen von zusammenziehenden Mitteln (z. B. Zink-Lotion, kalter schwarzer Tee, Essigwasser).

KREISLAUFPROBLEME

Können vor allem bei hohen Leistungen während hoher Temperaturen auftreten.

Anzeichen:

- Erhöhter Puls (Pulsfühlen siehe Seite 265): normal 28-40 Schläge pro Minute
- Erhöhte Atemfrequenz: normal 8-16 Atemzüge pro Minute; kann durch Heben und Senken der Flanken beobachtet werden bzw. durch das Vorhalten der flachen Hand vor die Nüstern gefühlt werden.
- Erhöhte Körpertemperatur: normal 37,5 bis 38° C. Kurzfristige Anstiege nach Anstrengung sogar bis auf über 40° C können bei untrainierten Pferden normal sein. Die Temperatur muss aber nach 10-15 Minuten Pause wieder auf den Normalwert sinken.
- Erhöhte Kapillarfüllungszeit: mit der Kuppe des Zeigefingers kräftig im Maulinnern auf das Zahnfleisch oberhalb der Schneidezähne drücken und gleich wieder loslassen. Der entstandene blutleere, weiße Fleck muss nach l bis 2 Sekunden wieder rosa sein.
- Verringerte Hautelastizität: am Pferdehals oder an der Schulter mit zwei Fingern eine Hautfalte hochziehen und einen Moment festhalten; im Normalzustand muss die Falte sofort wieder verstreichen.
- Schleimhautveränderungen: im Normalfall sind die Schleimhäute im Maulinnern oder im Auge blassrosa. Eine blassere oder dunklere, bis ins Rotblaue gehende Färbung ist ein Alarmsignal.

Eine deutliche Erhöhung der Puls-, Atem- und Temperaturwerte nach körperlicher Anstrengung ist normal. Ausschlaggebend ist aber wie schnell sich das Pferd wieder erholt:

- Nach 10 Minuten Pause muss mindestens ein Puls-Atemwert von 72 zu 72 erreicht sein,
- nach 20 Minuten Pause mindestens ein Puls-Atemwert von 64 zu 60,
- der Atemwert darf nie über dem Pulswert liegen!

Behandlung:
- Nicht mehr weiter reiten
- Pferd in den Schatten stellen
- Tränken (kein eiskaltes Wasser, evtl. Heu o.Ä. ins Wasser legen, um Trinkgeschwindigkeit zu verlangsamen)
- Gliedmaßen mit kaltem Wasser abspritzen, Körper mit nassem Schwamm oder Tuch abwischen.
- Wenn die Werte nicht innerhalb von 20 Minuten deutlich sinken, ist tierärztliche Hilfe nötig.

HITZSCHLAG

Kann sich bei harter Arbeit und gleichzeitiger starker Sonneneinstrahlung oder bei anschließendem Verbringen in heiße, unbelüftete Räumlichkeiten einstellen.
Erkennen:
- Benommenheit, unsicherer Gang, Taumeln bis Zusammenbrechen
- Das Pferd hört plötzlich auf zu schwitzen, die Haut ist trocken.
- hohes Fieber (über 40 bis zu 43° C) *ohne* Schweißausbruch
- Atemfrequenz sehr hoch und flach
- Puls erhöht, aber nicht extrem hoch
- Schleimhäute blaurot.

Behandlung:
- Das Pferd in den Schatten bringen.
- Aufregung vermeiden.
- Keine unnötige Bewegung, kein Transport.
- Die Beine mit kaltem Wasser übergießen oder feuchte Tücher oder zur Not feuchte Erde auflegen. V. a. den Kopf kühlen: ein feuchtes Tuch hinter die Ohren legen.
- Wenn das Pferd einen ansprechbaren Eindruck macht, lauwarmes Wasser in kleinen Portionen zu trinken anbieten.

AUSTROCKNUNG (EXSIKKOSE)

Zur Austrocknung kann es kommen durch Überanstrengung, länger anhaltende Durchfälle oder einfach durch zu geringe Flüssigkeitsaufnahme in fremder Umgebung oder aus ungewohnten Tränkestellen (manche Pferde sind es nicht gewöhnt aus Flüssen oder Bächen zu trinken!).

Erkennen:
- Außergewöhnlich langsame Erholung nach Belastung und Schwitzen: Das Pferd ist müde, schwach und leistungsunwillig.
- schwankender Gang
- deutliche Temperaturerhöhung
- erhöhter Puls (bis 240 Schläge pro Minute)
- Zieht man eine Hautfalte im Hals- oder Schulterbereich hoch, so muss diese nach dem Loslassen nach maximal drei Sekunden wieder verstreichen. Bleibt sie länger bestehen, ist das Pferd ausgetrocknet.
- Mit Daumen und Zeigefinger die Unterlippe zusammendrücken, so dass auf der Schleimhaut ein blasser Fleck entsteht. Der Fleck muss nach max. 2 Sekunden wieder verschwunden sein. Bleibt er länger bestehen, liegt bereits eine deutliche Kreislaufschwäche vor.

Behandlung:
- Absitzen und das Pferd in den Schatten führen.
- Alle 5 Minuten kleinere Mengen Wasser (2–3 l) geben.
- Die Beine mit kaltem Wasser übergießen.
- Gras, Möhren oder Äpfel anbieten (enthalten viel Flüssigkeit und Mineralstoffe).
- Wenn das Pferd trotz starker Austrocknung nicht saufen will, hilft nur noch eine Tropfinfusion!

GIFTPFLANZEN

Es gibt zahlreiche Pflanzen, die für Pferde giftig sind. Viele Pferde meiden diese instinktiv, doch kann es gelegentlich zur Aufnahme kommen (z. B. bei starkem Hunger. Manche Giftpflanzen wie z. B. Herbstzeitlosen schmecken auch besonders gut, wenn sie getrocknet sind, d. h. im Heu aufgenommen werden.). Außerdem gibt es Pferde, die einfach alles fressen. Einige der in Deutschland vorkommenden Giftpflanzen werden daher hier aufgezählt. Von ihnen sollten Pferde in jedem Fall ferngehalten werden.

- Adlerfarn
- Adonisröschen
- Bingelkraut
- Buchsbaum
- Christrose (= Schwarze Nieswurz)
- Eibe
- Eisenhut
- Feuerbohne
- Goldregen
- Hahnenfuß
- Heckenkirsche
- Herbstzeitlose
- Liguster
- Maiglöckchen
- Oleander
- Osterluzei
- Robinie
- gefleckter Schierling
- Schöllkraut
- Gemeiner Seidelbast
- Spindelbaum (= Pfaffenhütchen)
- Sumpfschachtelhalm
- Tollkirsche
- Thuja (= Lebensbaum)
- Zypressenwolfsmilch

Behandlung:
- Nur Wasser und ein wenig Heu anbieten, um zu sehen, ob das Pferd noch frisst.
- Nicht mehr weiterreiten, da das Gift sonst schneller aufgenommen wird.
- So schnell wie möglich symptomatische Behandlung durch den Tierarzt. Von Vorteil ist es, wenn man die vermutete Giftpflanze aufhebt, um sie zeigen und identifizieren lassen zu können.
- Wenn die Giftpflanze oder das Gift bekannt ist, kann auch Hilfe über den Giftnotruf für Menschen erhalten werden (siehe S. **161**).

STECKEN BLEIBEN BZW. EINBRECHEN

Das Pferd versinkt im Sumpf, rutscht in einen Graben oder ein Loch oder bricht im Eis ein.

Maßnahmen:
- Ist das Pferd in einen befestigten Graben o. ä. gestürzt, hilft meist nur noch technische Hilfe. Eigene Hilfsversuche sind zwecklos. Man sollte lediglich versuchen, das Tier zu beruhigen bis Unterstützung kommt.
- Steckt das Pferd im Sumpf o. ä. fest, auf keinen Fall versuchen das Pferd am Halfter oder Zügel herauszuziehen. Ist das Pferd richtig versackt, ist dies sinnlos. Ist es nur gering versackt, kann es plötzlich herausspringen und den Reiter dabei überrennen.
- Besser ist es, das Pferd zunächst zu beruhigen, um es dann mit einem kräftigen Schlag auf die Hinterhand dazu zu bringen, alle Kräfte zu mobilisieren, um eine Befreiung aus eigener Kraft doch noch zu schaffen.

- Kann das Pferd sich nicht alleine befreien und ist keine Hilfe in Sicht, zunächst den Sattel und das Gepäck entfernen. Im Sumpf muss auch der Sattel meist erst ausgegraben werden. Anschließend versuchen, nach vorne einen Ausstieg zu graben oder das Loch vorne auszufüllen.

> **Merke:** Will man ein Gebiet durchqueren, das einen sumpfigen Eindruck macht, zunächst das Pferd anbinden und zu Fuß einen Weg suchen. Sinkt der Mensch vermehrt ein, ist bei einem Pferd höchste Vorsicht geboten.

PFERDEMEDIKAMENTE

Wundsalben: Zink- oder Lebertransalben

Augenmedikamente: siehe Kapitel 8

Desinfektionsmittel: Bei Hufverletzungen helfen jodhaltige Präparate, z. B. Betaisodona, Braunol oder 0,1%-ige Kaliumpermanganatlösung (Vorsicht mit Kupfervitriol, da schwere Lederhautverätzungen entstehen!).

Hautverletzungen: Hier kann z. B. Seifenlauge, Ballistol oder Kaliumpermanganatlösung zum Einsatz kommen; bei Hautabschürfungen ein landesübliches Desinfektionsspray.

Antibiotika: Ein Antibiotikum kann wegen der zu verabreichenden hohen Dosis nur gespritzt werden (1 Mega = 1 Million internationale Einheiten – bei Kleinpferden, 2 Mega bei Großpferden). Gespritzt wird i. d. Regel 1-mal täglich (von Wirkungsdauer des Antibiotikums abhängig) mindestens 3 Tage lang.

Impfungen: Eine Tetanusimpfung ist wichtig, da Pferde gegen Wundstarrkrampf äußerst empfindlich sind; ebenso empfiehlt sich eine Tollwutimpfung in gefährdeten Gebieten.

HUFBESCHLAGKONTROLLE

Die Eisenkontrolle sollte generell vor dem Abritt und bei der Ankunft vorgenommen werden. Folgende Punkte sind zu kontrollieren:

- Die Eisen dürfen – wenn man an den Schenkelenden zieht – kein Spiel aufweisen; ansonsten Nägel nachziehen, evtl. ersetzen.
- Hufeisen dürfen nicht vom Horn überwachsen sein: Bei deutlich überwachsenem Horn neu beschlagen.
- Sind die Eisen im Zehenbereich zu stark abgelaufen, riskiert man eine Bruchgefahr; in diesem Fall: neuer Beschlag.
- Die Nagelnieten (Teil des Hufnagels, der durch die seitliche Hufwand kommt) müssen alle vorhanden sein und flach an der Hufwand anliegen. Ansonsten die entsprechende(n) Nagelniete(n) mit Zange und Hammer neu anziehen.

> **Merke:** Nagelniete nie an die Hufwand klopfen ohne vorher anzuziehen; sonst wird der Kopf gelockert, und es besteht die Gefahr des Abreißens!

- Alle Nagelköpfe müssen im Eisen vorhanden sein; nachnageln, wenn ein Nagel fehlt. Ist ein Nagelkopf abgerissen, klopft man den verbleibenden Rest mit einem zweiten Nagel von der Wand in Richtung Sohle; vorsichtig so weit herausklopfen, bis er mit der Zange gezogen werden kann.

ERSETZEN EINES NAGELS

1) Nagelniet öffnen (muss mindestens rechtwinklig zur Hufwand stehen).
2) Den Nagel zurückklopfen in Richtung Sohle.

3) Nagelkopf packen und herausziehen.
4) Den neuen Nagel in den alten Nagelkanal einführen und einschlagen. Ist das Hufeisen bereits stärker abgelaufen, steht der neue Nagel stark hervor, womit wieder die Gefahr des Lockerns oder des Abreißens gegeben ist. Dann entweder: Den Nagelkopf flacher feilen oder »Kuhnägel« (flacherer Kopf) benutzen.
5) Die aus der Hufwand herausragende Spitze Richtung Hufeisen/Hufwand umlegen.
6) Spitze etwa 2–4 mm vor der Hufwand abkneifen.
7) Den Nagel mit Zange und Hammer beiziehen und anklopfen.

VERLUST EINES HUFEISENS

Auf keinen Fall sollte auch das zweite Eisen entfernt, sondern vielmehr ein Ersatzeisen mitgeführt werden.

Vorgehen:

• Das losgerissene Eisen zunächst vollständig entfernen.
• Die noch im Huf steckenden Nägel herausziehen.
• Ersatzeisen aus Kunststoff aufnageln: Es gibt mittlerweile zahlreiche Alternativprodukte verschiedener Hersteller. Es ist dabei kein Aufrichten erforderlich. Das Eisen wird einfach aufgenagelt. Überstehendes Material kann weggeraspelt oder -geschnitten werden. Der Vorteil des Kunststoffeisens ist das geringe Gewicht (wichtig für das Mitführen im Gepäck).
• Hufschuhe: Für diejenigen, die sich das Nageln nicht zutrauen, besteht die Möglichkeit, sich einen passenden Hufschuh zu kaufen (z. B. Swiss Boot), der dann einfach angezogen wird.
• Neues Metalleisen aufnageln: Vor dem Ritt sich vom Hufschmied ein passendes Vorder- und Hintereisen vorrichten lassen, das dann mit wenigen Veränderungen aufgenagelt werden kann.

- *Vorsicht:* Erfahrung und handwerkliches Geschick sind dringend erforderlich! Daher vor der Tour sich durch den Hufschmied einweisen lassen und selbst üben.

TIPPS ZUR HUFARBEIT

- Hufnägel sind an der Spitze asymmetrisch geformt, *die abgeschrägte Seite* muss beim Einschlagen zur Huf*innen*seite zeigen.
- Die Ersatznägel sollten eine Nummer stärker im Durchmesser sein als die alten Nägel. Somit erhält man einen stärkeren Sitz im alten Nagelkanal.

---

23. Soforthilfe bei Krankheiten und Verletzungen

ALLGEMEINES

Die Versorgung bei Verletzungen oder Krankheiten bei Hund und Mensch ist weitgehend gleich. Daher zu jedem Fall erst das entsprechende Kapitel für die Behandlung von Menschen nachlesen. Die nachfolgenden Behandlungsvorschläge und Tipps stellen die Abweichungen und Ergänzungen dar.

VERHINDERN DES BEISSENS

Situation: Der Hund beißt um sich und lässt sich nicht anfassen.

Maßnahmen:
- Anleinen oder – falls nicht möglich – eine Schlinge um den Hals werfen.
- Extrem kurz anbinden, z. B. an einen Baum; der Kopf und der Hals müssen gegen den Stamm gedrückt sein.
- Eine Schlinge ums Maul ziehen, zuziehen, die Bandenden unter dem Unterkiefer kreuzen und anschließend hinter den Ohren verknoten.
- Bei einer nur dünnen Schnur/Band und/oder extrem bissigen Hund das Band mindestens 2-mal um die Schnauze wickeln.

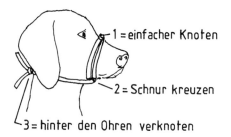

1 = einfacher Knoten
2 = Schnur kreuzen
3 = hinter den Ohren verknoten

- Bei kurznasigen Hunden (z. B. Boxer) wird die Schlinge weit hinten auf dem Nasenrücken angelegt (über dem knöchernen Nasenrücken), da sonst Erstickungsgefahr besteht.

Merke: Auch der bravste Hund beißt, wenn er Schmerzen hat. Daher dem Tier vor dem Anfassen oder Hochheben immer erst die Schnauze zubinden!

SCHOCKBEHANDLUNG

Schock ist an der Blässe der Schleimhäute (Zunge, Zahnfleisch, Bindehaut) zu erkennen; das Tier hat kühle Beine und eine oberflächliche, schnelle Atmung. Schneller Puls (160 Schläge/min. und mehr) sowie Pupillenerweiterung.

Behandlung:
- Das Tier in Seitenlage bringen.
- Die Zunge seitlich herausziehen.
- Blutungen so schnell wie möglich zum Stillstand bringen.
- Wärmezufuhr (eindecken).

NORMALWERTE BEIM HUND

Um erkennen zu können, ob ein Hund krank ist, muss man seine Normalwerte (in Ruhe) kennen.

Puls: 80–120 Schläge pro Minute (je nach Rasse und Größe; der Puls ist bei kleinen Hunden schneller)

Atmung: 15–30 Atemzüge pro Minute

Rektaltemperatur: 37,5–39° C (Welpe bis 39,5° C)

PULSMESSEN

Wird am einfachsten an der Arterie vorgenommen, die an der Innenseite des Oberschenkels verläuft:

- Mit der rechten Hand von vorne an die Oberschenkelinnenseite des rechten Hinterbeines greifen.
- Der Daumen bleibt außen liegen, Zeige-, Mittel- und Ringfinger werden mit leichtem Druck auf das Gefäß gedrückt.
- Eine Viertelminute zählen und mit 4 multiplizieren.

Merke: Eine Unregelmäßigkeit im Rhythmus der Atmung ist beim Hund normal!

WUNDVERSORGUNG

Zunächst immer versuchen, einen Druckverband anzubringen: Gaze oder ein sauberes Tuch auf die Wunde drücken und festhalten, bis die Blutung steht oder zumindest nachlässt; anschließend festkleben oder festbinden.

Gut zur Blutstillung geeignet sind auch kalte Kompressen (Eis, Schnee oder auch nur kaltes Wasser). Die Kompresse kann bei größeren Verletzungen auch auf dem eigentlichen Verband angebracht werden.

NÄHEN VON WUNDEN

Zum Nähen von Wunden sollte man:
- Eine sogenannte »rückläufige« oder »U-Naht« verwenden; dadurch erhält man eine gute Kammbildung: breite, rasche und solide Vereinigung der Wundränder.
- Die Fadenenden mit zweifachen Knoten verknüpfen, wobei die erste Schlinge doppelt gelegt wird.

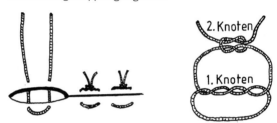

- Wunden können auch mit einem Hautklammerer geklammert werden. Dies hat den Vorteil, dass es weniger schmerzhaft ist und auch schneller geht, da der Hund ja mit Gewalt festgehalten werden muss. Manche Körperstellen (z.B. Verletzungen zwischen den Zehen) sind allerdings nicht für den Hautklammerer zugänglich. Außerdem darf er nur über einem Weichteilmantel verwendet werden, um Beschädigungen von Nerven, Gefäßen, Gelenken oder Knochen zu vermeiden.
  Achtung: Unbedingt vorher das Maul zubinden!
- Infizierte Wunden (Bissverletzungen) an der tiefsten Stelle offen lassen.
- Bei Ansammlung von Wundwasser unter der Haut 1 bis 2 Fäden an der tiefsten Stelle ziehen, mit einem Löffelstiel die Wundränder wieder öffnen und das Sekret abfließen lassen; die Wunde einige Tage offen halten. Eine Vereinigung der

Wundränder unter Zuhilfenahme von Klebepflaster ist nur dann möglich, wenn keine Spannung vorhanden ist.

- Fäden nach 10 Tagen ziehen; bei Wunden am Rücken, Nacken, der seitlichen Brustwand oder wenn starke Spannung besteht, besser erst nach 14 Tagen.

OHRVERLETZUNGEN

- Verbandsmaterial auf beide Ohrseiten legen.
- Festdrücken, bis die Blutung zum Stillstand gekommen ist.
- Das Ohr nach oben klappen und auf den Kopf legen.
- Anfertigung eines Kopf-/Halsverbandes (in Achter-Touren um das gesunde Ohr wickeln, um ein Verrutschen zu vermeiden).

BRUST- UND BAUCHVERLETZUNGEN

- Gaze oder Tuch auf die Wunde legen.
- Binde um den gesamten Rumpf wickeln.
- Bei Wunden im Brustbereich, bei denen Atmungsgeräusche zu hören sind oder Schaum austritt: Die Wunde durch einen festen Druckverband möglichst *luftdicht* abschließen (Plastiktüte auflegen, falls zur Hand). Mehrere Tage absolute Ruhigstellung des Tieres.

WUNDEN AN DEN LÄUFEN (BEINEN)

- Anlegen eines Druckverbands.
- Bei unstillbaren Blutungen Anwendung einer Aderpresse.

Aderpresse

1) Einige Zentimeter über der Wunde einen Stoffstreifen mit Hilfe eines Knebels festzurren (nur so fest drehen, dass die Blutung gerade steht).

2) Den Knebel mit einem Verband fixieren oder festhalten.
3) Alle 10 – 15 Minuten für einige Minuten lockern, sonst besteht die Gefahr des Absterbens der Gliedmaße und somit der Amputation.
4) Nach Stillstand der Blutung Anlegen eines Druckverbands.

VERLETZUNGEN AN DEN PFOTEN

- Die Pfote nach einem Fremdkörper (Dorn, Nagel, Scherbe) absuchen.
- Fremdkörper entfernen.
- Verband anlegen (wenn ein Verband längere Zeit an der Pfote bleiben soll, sind die Zehen abzupolstern: Watte oder weiches Material in die Zwischenräume der Zehen stopfen, da sonst die Gefahr von Druckstellen gegeben ist). Zum besseren Halt des Verbands kann dieser mit einem Klebeband am Fell festgeklebt werden.

KRALLENBRUCH

- Das lose Stück mit einem scharfen Ruck abreißen.
- Anschließend verbinden.

Merke: Krallen- und Ballenverletzungen bluten meist sehr stark; daher Druckverband anlegen.

BISSVERLETZUNGEN

Bissverletzungen sind stets als infiziert anzusehen. Da beim Hund die Verletzungen jedoch häufig sehr groß sind, ist dennoch oft Nähen erforderlich.

Reinigung: wie in Humanmedizin, s. Kap. 8.
Nähen: s. »Nähen von Wunden«, S. **280.**

> **Merke:** Die Wunde immer am tiefsten Punkt für einige Tage offen halten; bei vorzeitigem Verkleben der Wundränder die Wunde 2-mal täglich mit einem Löffelstiel unten erneut öffnen, damit das sich bildende Sekret abfließen kann.
>
> Wenn möglich, einige Tage Antibiotikum verabreichen. Im Gegensatz zum Pferd ist beim Hund die Tetanus-Gefahr sehr gering, eine vorbeugende Impfung ist daher unnötig.

ANFERTIGUNG EINER HALSKRAUSE

Versucht der Hund einen Verband mit den Zähnen abzureißen, geht man wie folgt vor:

- Plastikeimer o. ä. nehmen und den Boden herausschneiden.
- Schnüre als Schlaufen durch den bodennahen Rand ziehen.
- Das Halsband durch die Schlaufen ziehen; den Eimer je nach Kopfform des Tieres kürzen, damit es fressen und trinken kann.
- Bauch- und Rückenwunden können geschützt werden, indem man dem Hund ein T-Shirt anzieht: Kopf und Vorderbeine durch Hals- bzw. Armausschnitte stecken; für die Hinterbeine zwei Löcher ins untere Ende des Hemdes schneiden.

KNOCHENBRÜCHE

Offener Bruch: wie in Humanmedizin, s. Kap. 8.

Beinbrüche müssen geschient werden, Vorgehen ebenfalls wie in der Humanmedizin.

Bei *Rippenbrüchen* ist häufig eine Ruhestellung des Hundes ausreichend.

Wirbelsäulen- oder Beckenverletzungen: Das Tier ist bewegungsunfähig, also:
- Den Hund auf ein Brett oder ähnliche harte Fläche legen.
- Tier mit Stoffstreifen festbinden.
- Hund so gut wie möglich ruhigstellen.

> **Merke:** Diese Behandlung ist für das Tier äußerst schmerzhaft. Deshalb dem Hund vorher das Maul zubinden!

KÜNSTLICHE BEATMUNG

1) Die Nasengänge freimachen, evtl. durch Ausschütteln.
2) Den Hund in die Seitenlage bringen.
3) Alle 3 Sekunden Luft in die Nasenlöcher blasen, bis sich der Brustkorb des Tieres wieder von allein bewegt. Nicht zu stark blasen, da sonst Lungenbläschen zerstört werden.
4) Puls- und Atemkontrolle weiterhin durchführen. Zum eigenen Schutz sollte man ein dünnes Tuch zwischen die Hundenase und den eigenen Mund legen.

HERZMASSAGE BEI KREISLAUFSTILLSTAND

1) Den Hund je nach Größe in die Rückenlage oder rechte Seitenlage bringen.
2) Vom Kopf ausgehend den Brustkorb rhythmisch zusammenpressen.
3) 2 Sekunden pressen, 1 Sekunde lockern.
4) Alle 30 Sekunden Atemspende.
5) Herzschlag prüfen durch linksseitiges Hand- oder Ohrauflegen.
6) Wenn der Spontanherzschlag einsetzt, das Tier weiter beatmen, bis es auch zur Spontanatmung kommt.

> **Merke:** Der Herzschlag ist beim Hund von Natur aus unregelmäßig, da er *atmungsgekoppelt* ist.

INNERE ERKRANKUNGEN

Magendrehung

Zu Erkennen am stark aufgetriebenen Bauch und schneller Hinfälligkeit. Ohne tierärztliche Hilfe tritt der Tod innerhalb von Stunden ein.

Ursache: Starke Bewegung direkt nach der Futteraufnahme. Also Vorbeugen! Eine Ruhephase für das Tier nach der Fütterung einplanen sowie generell 2-mal täglich füttern.

Große Hunde sind wesentlich stärker gefährdet.

Drohender Erstickungstod durch Fremdkörper

Anzeichen:
- Husten oder Röcheln
- Atemnot
- Hund versucht, mit der Pfote ins Maul zu gelangen.

Behandlung:
- Dem Tier tief ins Maul greifen und versuchen, den Fremdkörper zu entfernen.
- Den Hund an den Hinterbeinen hochheben und schütteln und/oder den Hals kopfwärts massieren.

Erbrechen und Durchfall

- Den Hund 24 Stunden hungern lassen.
- Schwarzen Tee oder Kamillentee mit einer Prise Salz (mindestens 1 Teelöffel pro Liter) anbieten.
- Da eine ausreichende Flüssigkeitszufuhr sehr wichtig ist, bei Bedarf zwangsweise mit einem Löffel einflößen (Mindestbe-

darf 40 ml pro kg Körpergewicht täglich, bei Austrocknung bis 100 ml pro kg).

- Ab dem 2. Tag kleine Portionen gesalzenen Hafer- oder Reisschleim füttern; auch Sauermilchprodukte, geriebene Äpfel oder Möhren sind möglich.
- Tritt eine Besserung des Zustands ein, ab dem 3. oder 4. Tag kleine Mengen mageres, gekochtes Fleisch (Rind, Huhn oder Fisch) zusetzen. Gut bewährt hat sich die Beigabe von Fleischbrühe aus Brühwürfeln, da sie schmackhaft und salzhaltig sind.
- In schweren Fällen zusätzlich Magen-/Darm-Medikamente verabreichen (wie in Humanmedizin, s. Kap. 8).

Fremdkörper im Darm (Darmverschluss)

Erkennbar an Erbrechen – auch nach Flüssigkeitsaufnahme; kein Kotabsatz.

Behandlung:

In *schweren* Fällen, d. h. bei Darmverschluss, tritt der Tod ohne tierärztliche Behandlung innerhalb von wenigen Tagen ein.

In *leichteren* Fällen – wenn der Fremdkörper noch nicht festsitzt – Sauerkraut füttern (kleinere Fremdkörper werden umhüllt, weitertransportiert und ausgeschieden).

Verstopfung

- Löffelweise Öl eingeben
- Abführende Nahrungsmittel füttern: Milch, rohe Leber (nicht vom Schwein)

Vergiftung

Im Wesentlichen kann das Kapitel »Vergiftungen beim Menschen« (siehe S. **159ff.**) auch auf Hunde übertragen werden. Ohne geeignetes Gegenmittel kann man lediglich versuchen, die

Vitalfunktionen zu erhalten, den Symptomen entgegen zu wirken und die Ausscheidung des Giftes zu fördern bzw. es zu binden oder neutralisieren durch:

- Eingabe von Paraffin zur Darmentleerung: 10-100 ml pro Hund vorsichtig einflößen (es darf nichts in die Lunge gelangen, da es sonst zu schweren Entzündungen kommen kann!).
- Einflößen von Aktivkohleaufschwemmungen, um das Gift zu binden: ca. 1 g pro kg Körpergewicht (z.B. bei 15 kg Hund 5 gehäufte Teelöffel in 200 ml lösen).
- Einflößen von Milch zur Neutralisation (nur, wenn es sicher ist, dass es kein fettlösliches Gift ist!): ca. 100 x Giftmenge
- Eiklar bei Säuren oder Laugen: 4 Eiklar mit lauwarmem Wasser oder Pflanzenöl mischen und einflößen.

Wichtig bei äußerlichem Kontakt mit giftigen Substanzen: Ein Lecken unbedingt vermeiden sowie Haut und Fell gründlichst reinigen.

ZAHNERKRANKUNGEN

Hunde sind relativ unempfindlich für Zahnschmerzen. Sieht man allerdings eine *Umfangsvermehrung* unter dem Auge, kann man häufig auf einen Abszess schließen, der von den Zahnwurzeln der Backenzähne ausgeht.

Behandlung:

- Mit einer großen Kanüle oder noch besser mit dem Messer öffnen, Eiter abfließen lassen.
- Die Wunde einige Tage offen halten (durch Auswaschen oder wiederholtes Öffnen).
- Zahnziehen ohne Narkose ist nur bei den vorderen Zähnen möglich, da sie nur eine Wurzel besitzen (auch die aber muss zu diesem Zeitpunkt schon locker sein), oder bei sehr starker Lockerung der Backenzähne, die extrem starke Wurzeln aufweisen.

AUGENERKRANKUNGEN

- Bei Reizungen der Bindehaut durch Staub o. ä. das Auge vorsichtig mit lauwarmem Wasser oder Kamillentee auswaschen, um reizende Teilchen zu entfernen. (siehe auch S. **137**)
- Kontrollieren, ob sich Fremdkörper (Gras-, Getreidespelzen, Baumnadeln o. ä.) im Auge befinden; ggf. entfernen. Fremdkörper spießen sich oft unter dem Ober- oder Unterlid oder unter dem 3. Augenlid (Nickhaut) ein. Das 3. Augenlid ist normalerweise nur im Augeninnenwinkel als kleines Dreieck sichtbar. Wenn es bei geöffnetem Auge weiter vorgefallen ist, ist dies ein Anzeichen für eine Erkrankung des Auges *oder* des gesamten Hundes (Binde- oder Hornhautentzündung, Nerven- oder Gehirnerkrankungen, Muskelentzündungen, Austrocknung, starke Verwurmung und andere Krankheiten).
- Hornhautverletzungen sind äußerst schmerzhaft. Das Auge ist sehr lichtempfindlich und wird ständig zugekniffen. Den Hund vor Licht und Staub schützen; antibiotische Augensalben und Augensalben zur Hornhautregeneration einbringen, keine cortisonhaltigen Augensalben.
- Eitrige Bindehautentzündung: Absonderung eines gelblichen Sekretes: antibiotische Augensalbe ev. mit Cortisonzusatz (gegen den Juckreiz) einbringen.

Cortisonhaltige Augensalben können bei starkem Juckreiz (z. B. bei Allergie) sehr sinnvoll sein, dürfen aber nur angewendet werden, wenn mit Sicherheit keine Hornhautverletzung vorliegt.

> **Merke:** Unbedingt verhindern, dass sich der Hund am Auge kratzt und sich dadurch weitere Verletzungen zuzieht. Eine Halskrause anlegen oder Pfoten (Krallen) umwickeln (Strumpf überziehen oder Verband anlegen und festkleben).

ERTRINKEN

- Nach der Bergung den Hund an den Hinterbeinen hochheben und kräftig schütteln, damit das Wasser aus der Lunge fließen kann.
- Je nach Zustand des Tieres künstlich beatmen oder mit einer Herzmassage beginnen.

ERFRIERUNGEN

Beim Hund sehr selten, am ehesten sind die Ohren oder die Rute (Schwanz) betroffen; *Behandlung* wie in Humanmedizin, s. Kap. 8.

UNTERKÜHLUNG

Die Normaltemperatur eines Hundes beträgt – im After gemessen – zwischen 38° und 39° C. Bei einem Absinken unter 32° C besteht die Gefahr des Kältetodes. Sofort einwickeln in warme Kleidung oder das Tier mit dem eigenen Körper (z. B. im Schlafsack) wärmen. Ansonsten wie in Humanmedizin, s. Kap. 8.

HITZSCHLAG

Ab einer Körpertemperatur von 41,5° C ist ein Gehirnschaden mit Todesfolge möglich. Ein Hitzschlag ist erkennbar an:
- unsicherem Gang des Tieres
- Schwanken
- Bewusstlosigkeit.

Behandlung:
- Zuerst die Läufe, *dann* Kopf und Körper kühlen.
- Den Hund abspritzen.

- Wenn kein Wasser vorhanden ist, das Tier in den Schatten legen und Luft zufächeln.

ZECKEN

- Den Zeckenkörper mit den Fingernägeln oder einer Pinzette erfassen und vorsichtig gerade herausziehen.
- Reißt der Zeckenkopf beim Entfernen ab und verbleibt somit in der Haut, abwarten, ob sich eine Entzündung bildet; meist wird der Zeckenrest von der Haut eingekapselt.
- Bildet sich eine kreisförmige Rötung um die Bissstelle, besteht Borrelioseverdacht. Penicillin geben (Erwachsenendosis für einen großen Hund).

> **Merke:** Zecken können auch auf den Hund eine Reihe von Krankheiten übertragen. Daher empfiehlt sich in jedem Fall eine Zeckenprophylaxe mit Spot-on-Präparaten, Sprays oder Halsbändern. Gegen Borreliose gibt es eine vorbeugende Impfung. Falls keine Prophylaxe getroffen wurde, den Hund jeden Abend auf Zecken absuchen und diese ggf. wie oben angegeben entfernen.

- Siehe auch Kapitel 8 »Zeckenbisserkrankungen«

INSEKTENSTICHE

Bienen-, Wespen- und andere Insektenstiche werden vom Hund meist besser als vom Menschen vertragen. Bei einer Schwellung empfiehlt sich Kühlung. Gefahr besteht dagegen dann, wenn das Tier eine Biene oder Wespe frisst, da durch einen Stich des Insekts ein Zuschwellen des Halses möglich ist (Erstickungstod!).

Die Zunge des Hundes herausziehen, kühlende Umschläge machen, Speiseeis füttern.

SCHLANGENBISSE

Schlangenbisse bewirken:
- ein Anschwellen der Bissstelle (bei Vipern und Grubenottern)
- Erbrechen des Hundes (bei Giftnattern)
- Atembeschwerden
- Krämpfe und/oder Lähmungen.

Behandlung: wie in Humanmedizin, s. Kap. 8. »Bisse und Stiche giftiger Tiere«

Merke: Bei Bissen von Giftnattern treten an der Bissstelle selbst nur selten Veränderungen auf!

MEDIKAMENTENTIPPS

Viele Medikamente, die für den Menschen bestimmt sind, können auch für den Hund verwendet werden. *Aber:* Der Hund benötigt im Verhältnis zu seinem Körpergewicht *eine höhere Dosis als der Mensch.* (Dosis für große Hunde entspricht oft der Dosis für einen erwachsenen Mensch).

24. Hilfe für Offroader

GRUNDREGELN DES GELÄNDEFAHRENS

1) Geschwindigkeit und Fahrstil immer dem Gelände anpassen.
2) Rechtzeitig, also vor auftretenden Schwierigkeiten Allradantrieb und Reduzierung einschalten.
3) Kuppen und unübersichtliche Steigungen langsam überfahren: Man weiß nie, was dahinter ist.
4) In sehr schwierigem Gelände vorher aussteigen und die kritischen Stellen genau anschauen.
5) Versuchen, den Geländewagen immer in Bewegung zu halten. Oft schafft man eine schwierige Stelle nur mit Schwung. Allerdings können bei solchen Aktionen auch Schäden am Fahrzeug auftreten.
6) Das Fahren in Spurrillen vermeiden. Werden sie zu tief, kann das Fahrzeug aufsetzen.
7) Immer versuchen, in der Drehzahl des optimalen Drehmomentverlaufs des Motors zu fahren, d. h. viel Kraft, aber keine durchdrehenden Räder.
8) Gräben, Baumstämme, Felsen u. ä. immer diagonal überfahren.
9) Falls eine Klimaanlage vorhanden ist, diese beim Fahren durch Staub einschalten, damit durch den Überdruck der Staub draußen gehalten wird.

10) Im Expeditionsbereich sollte man immer mit zwei oder mehr Fahrzeugen unterwegs sein. So kann man sich bei Defekten und in schwierigen Passagen besser helfen.

11) Wenn an einem Steilhang, bedingt durch durchdrehende Räder oder weil der falsche Gang eingelegt war und der Motor abstirbt, das Fahrzeug nicht weiterkommt, muss blitzschnell der Rückwärtsgang eingelegt werden, da das Auto sofort ins Rutschen geraten kann. Möglichst nicht bremsen! Sollte dies nicht zu vermeiden sein, darauf achten, dass die Räder nicht blockieren, da der Wagen ansonsten ebenfalls unkontrolliert nach unten wegrutschen kann. In der Falllinie rückwärts fahren.

12) Bleibt der Wagen stecken:
   a) Versuchen, gleich wieder mit wenig Drehzahl rückwärts heraus zu fahren.
   b) Beifahrer aussteigen lassen; evtl. auch schweres Gepäck ausladen, da der Wagen so mehr Bodenfreiheit bekommt.
   c) Sitzt der Wagen auf einem Stein oder Holzstück auf, versuchen dieses zu beseitigen.
   d) Versuchen, den Wagen durch wechselweises Einlegen von Vor- und Rückwärtsgang »frei zu schaukeln«.
   e) Rechtzeitig aufhören, wenn der Wagen sich einzugraben droht.

AUSRÜSTUNG

1) **Winde**. Sie sollte dem Fahrzeuggewicht und dem Einsatzzweck angepasst sein. Je nach Fahrzeugtyp sind verschiedene Modelle lieferbar: elektrische, hydraulische oder mechanische (über eine separate Kardanwelle).

Frontseilwinden sind fast optimal. Sie haben lediglich den Nachteil, dass das Fahrzeug nicht zurückgezogen werden kann. Dieses Problem ist jedoch mit etwas Aufwand zu lösen:

- Winde demontieren und am Heck (z. B. an der Anhängerkupplung) provisorisch mit einer Kette o. ä. befestigen.
- Eine Kabelverbindung nach vorne improvisieren, z. B. Kabelverlängerung über ein Startkabel möglich.
- In manchen Fällen ist es auch möglich, das Fahrzeug über die Seite um 180° zu drehen.

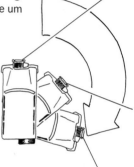

Portable Winde. Sie kann im Innenraum mitgeführt werden und über ein vom Autor entwickeltes *Multimount-System* je nach Bedarf im Heck- oder Frontbereich eingesteckt werden.

2) **Umlenkrolle**. Es sollten mindesten zwei mitgeführt werden, um die Winde zu entlasten oder die Kraft zu vergrößern (Flaschenzugbau). Ideal sind Klapprollen.

3) **Schäkel**. Zum Verbinden von Bergegurten, Seilen und Rollen.

4) **Hi-Jack-Wagenheber**. Gibt es in 1,20-m- und 1,50-m-Ausführung. Sehr robuster und vielseitig verwendbarer Wagenheber (auch als Notwinde einsetzbar). Man sollte vorher die Ansatzpunkte am Fahrzeug klären. Falls das Fahrzeug dort nicht stabil genug ist, Verstärkungen anbringen.

5) **Kompressor.** Nötig, um Reifen wieder aufzupumpen, nachdem man für Sand- oder Schlammfahrten die Luft heraus gelassen hat und um Reifenpannen zu beheben. Wenn der Kompressor mit einem Lufttank ausgestattet ist, kann er auch verwendet werden, um Autoteile (z.B. Luftfilter) sauber zu blasen.

6) **Bergegurte**. Gut zu verstauen, stabil (bis zu 20 t (entspricht ca. 500 kN) je nach Modell) und vielseitig verwendbar. Durch ihre breite Auflagefläche verhindern sie wirksam Schäden an Bäumen oder am Fahrzeug (z. B. beim Wiederaufstellen). Es sind auch Bergegurte mit extremer Dehnbarkeit erhältlich. Bei Verwendung dieser Gurte kann man »mit Schwung« anziehen und hat somit eine wesentlich größere Chance, das zweite Auto frei zu bekommen. Bei Verwendung normaler Bergegurte muss immer langsam angezogen werden, da sonst irgendetwas am Zugfahrzeug oder am zu bergenden Fahrzeug abreißt.

7) **Kettenstück**. 2–5 m lang. Die Kette wird überall dort eingesetzt, wo starker Verschleiß entsteht, z. B. beim Ziehen von Bäumen oder an Umlenkungen, die scharfkantig sind (etwa Felsen). Da Kettenglieder im Durchmesser kleiner sind, müssen Ringe eingebaut sein, um die Schäkel zum Verbinden einsetzen zu können. Ideal sind daher sog. Choker-Ketten.

8) **Sandbleche**. Sie sollten je nach Fahrzeuggröße 1–2 m lang sein. Ideal sind Leichtmetallbleche (keine Korrosion, wenig Gewicht). Die können als Reifenunterlagen im Schlamm, Sand oder Schnee dienen. Ideal auch als Unterlage für den Wagenheber.

9) **Schaufel, Spaten**. Ideal ist die Kombination aus beiden: der amerikanische Militärspaten.

10) **Axt**. Eine 1–1,5 kg schwere Axt kann man auch gut als Hammer z. B. zum Einschlagen von Pflöcken verwenden. Tipp:

Kleine Flachfeile mitnehmen, um die Axt zu schärfen (s. »Schärfen der Axt«, Kap. 6).

11) **Machete**. In manchen Gebieten kommt man ohne Machete kaum aus. Nicht die billigen »Büchsenblechmodelle« kaufen. Selbst in den sogenannten Machetenländern wird meist schlechte Qualität angeboten. Bei einer Machete ist der Schliff entscheidend: Ist der Schneidewinkel zu spitz, hält die Schneide die Belastung nicht aus; ist der Winkel zu stumpf, prellt die Machete beim Arbeiten. Beim Schleifen muss daher der richtige Kompromiss zwischen beiden Extremen gefunden werden (s. »Schärfen der Machete«, Kap. 6).

12) **Greifzug**. Ideales Einsatzfeld von Greifzügen ist die rückwärtige oder seitliche Bergung eines Fahrzeuges oder Gegenstandes, da Greifzüge nicht richtungsgebunden arbeiten. Ideal auch zum Spannen oder Fixieren von Leitseilen beim Brückenbau. Greifzüge sind technisch nicht von einer Maschine (Motor, Batterie, Ölpumpe usw.) abhängig. Allerdings ist schonendes Vorgehen ratsam: Seilquetschungen oder Knicke am Auto können zum Ausfall führen. Ein 16-kN(entspricht ca. 1600 kg bzw. 1,6 t)-Greifzug mit der dazugehörenden Seiltrommel ist schon ein größerer Brocken; aber er zieht eben nur 16 kN! Man muss also zur Kraftverstärkung immer 1 oder 2 Umlenkrollen verwenden, um ein Fahrzeug mit einem Greifzug bergen zu können.

Merke: Eine Umlenkrolle verdoppelt annähernd (Reibungsverluste!) die Zugkraft.

13) **Nylonseil mit eingespleisten Seilenden**. Die Länge sollte ca. 20–30 m betragen, der Seildurchmesser 18–25 mm. Es ist ideal zur Verlängerung des Windenseiles, wenn kein Fixpunkt in der Nähe ist. Wichtig ist es auch beim Bau von Flaschenzü-

gen, da die 30–40 m langen Seile von Winden und Greifzügen durch die Umlenkung nur noch 10–15 m bringen.

14) **Komplettes Werkzeug**. Es sollte enthalten:
- die wichtigsten Schlüssel in Maul- und Ringversion für alle Schrauben des Fahrzeugs
- 1 Hammer
- 1 oder 2 Gripzangen
- 1 großes Stemmeisen
- 1 Meißel
- evtl. 1 Mutternsprenger
- 1 Reifenmontierhebel in langer Version
- ein 30–100 cm langes stabiles Eisenrohr (als Hebel)
- Schrauben und Muttern
- Isolierband
- Elektromaterial
- Spez. Ersatzteile für den jeweiligen Wagentyp
- Spezialwerkzeuge für den jeweiligen Wagentyp (vor Reiseantritt in der Werkstatt nachfragen, was erforderlich ist).
- Reifenflickzeug

15) Diverses:
- Werkstatthandbuch
- Service- und Importeurverzeichnis
- Telefonnummer der eigenen Werkstatt und eines Automobilclubs
- Sinnvoll ist es auch, vor der Reise jemanden zu bestimmen, der im Notfall bereit ist, Ersatzteile zu beschaffen und zu versenden.

> **Merke:** *Winden und Greifzüge müssen dem Gesamtgewicht des Fahrzeuges (= Eigengewicht plus Zuladung) angepasst sein.* Im Zweifelsfall immer die stärkere Version mitnehmen, da der Saugeffekt von Schlamm oder Sand nicht zu unterschätzen ist.

- **Dieselkraftstoff.** Viele Geländewagen haben Dieselmotoren. In »kalten« Ländern werden in der entsprechenden Jahreszeit generell Additive beigemischt, die den Stockpunkt des Kraftstoffs unter – 30° C absenken. Verwendet man jedoch normalen Diesel, so stockt dieser schon +1 bis -4° C. Daher immer darauf achten, dass man bei Kälte Winterdiesel getankt hat. Wer von einem Gebiet mit gemäßigten Temperaturen in die Kälte fährt, sollte entsprechende Additive mitnehmen, die nachträglich in den Tank gefüllt werden und Sommerdiesel frostsicher machen. Wird es überraschend kälter als der Treibstoff verträgt, den Motor über Nacht laufen lassen. Der Kraftstoff, der über den Rücklauf in den Tank kommt, ist von der Einspritzpumpe vorgewärmt und hält normalerweise den Tankinhalt warm genug, um ihn vor Versulzung zu schützen. Ist das Auto erst einmal ausgekühlt, keine gewaltsamen Startversuche wie Anschleppen oder mit Startpilot versuchen, da diese zum Motorschaden führen können. Der Motor – genauer der Tank - muss vielmehr beheizt werden bis der Wagen wieder selbstständig gestartet werden kann.

In Extremgebieten kann statt Tankstellendiesel Petroleum oder Flugkerosin verwendet werden. Allerdings nicht vergessen, ca. 0,5 % Motoröl zuzumischen!

KLEINES BRENNSTOFFWÖRTERBUCH

Deutsch	Englisch	Amerikanisch	Französisch	Italienisch	Spanisch
Bleifreies Benzin	unleaded patrol	unleaded gas	sans plomb, normal	senza piombo	gasolina sin plomo, normal
Diesel	Diesel fuel/ Diesel oil	Diesel fuel/ Diesel oil	Gas-oil / Diesel	Gasolio/ Diesel	Gasóleo/ Diesel
Reinbenzin	pure benzin	white gas	essence c	benzina bianca	bencina
Brenn- spiritus	spirit	methylated alcohol	alcool à brûler	alcool metilico	alcohol de quemar (metiloco)
Petroleum	paraffin	kerosene	pétrole	kerosene	queroseno
Propangas	propane	propane	propane	gas propano	propano
Butangas	butane	butane	gaz butane	gas butano	butano

WINDEN UND BERGEN

Grundregeln

a) Möglichst gerade Seilverbindungen wählen, da durch Reibung und Scherkräfte das Seil stark belastet wird.

b) Das Seil immer tief an Felsen, Bäumen usw. befestigen.

> **Merke:** Bei Bäumen immer sehr vorsichtig sein, damit keine Rindenverletzungen verursacht werden.
> Die entsprechende Stelle vorher abpolstern bzw. einen Bergegurt aber keine Ketten oder Drahtseile verwenden.

c) Wegen der Bruchgefahr des Seiles sollte man sich immer soweit entfernt wie möglich von belasteten Seilverbindungen aufhalten.

d) Motorhaube bei der Windenarbeit vorsichtshalber öffnen. Falls das Seil reißt, ist die Windschutzscheibe geschützt.

e) Immer versuchen, das Windenseil gleichmäßig aufzuspulen: Druck und Knickstellen vermeiden.

f) Motor beim Winden stets mit erhöhter Drehzahl laufen lassen: So wird die Batterie aufgeladen.

g) Winde beim Aufspulen immer selbst bedienen.

h) Beim Führen und Arbeiten mit dem Drahtseil immer Handschuhe anziehen, da herausstehende Drähte böse Verletzungen verursachen können.

i) Bei Winden, die keinen Überlastschutz haben, diese nicht überlasten, d. h. nicht bis zum Stillstand beanspruchen.

j) Wenn man merkt, dass die Winde »in die Knie geht«, Winde entlasten und eine oder zwei Umlenkrollen einbauen (Flaschenzug!). Rechnerisch wird mit jeder Rolle die Zugkraft verdoppelt. In der Praxis geht allerdings eine Menge Kraft durch die Rollenreibung verloren.

Bergung mit Seilwinde und einer Umlenkrolle

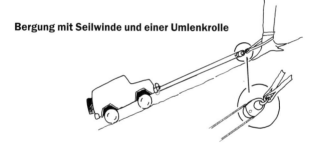

Bergung mit Seilwinde und zwei Umlenkrollen

Bergung mit einfacher Kraftumlenkung

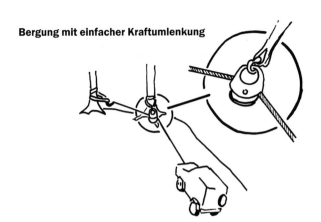

**Bergung mit doppelter Kraft-
umlenkung (Flaschenzug)**

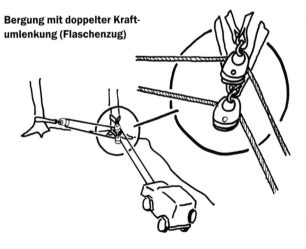

Siehe auch Kapitel 18, »Bau eines Flaschenzuges«.

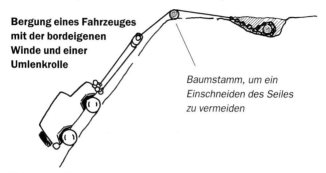

**Bergung eines Fahrzeuges
mit der bordeigenen
Winde und einer
Umlenkrolle**

*Baumstamm, um ein
Einschneiden des Seiles
zu vermeiden*

Fahrzeugsicherung

Falls beim Herauswinden eines Fahrzeuges oder anderen Gegenstandes das Zugfahrzeug in Winschrichtung rutscht, kann man zuerst versuchen etwas unterzulegen. Räder dabei gerade stellen! Falls dies nicht ausreichend ist, das Fahrzeug an einem Baum, Felsen oder anderen Wagen festbinden.

Falls nichts dergleichen vorhanden ist, mit einem Reservereifen, Baumstück o. ä. einen Erdanker bauen. Der Gegenstand wird dabei je nach Zugwinkel und Geländebeschaffenheit 0,5–1 m tief eingegraben.

**Bergung eines Fahrzeuges
mit zwei Winden über ein
zweites Fahrzeug**

Merke: Bei Hangbergungen (je steiler, desto häufiger notwendig) sollte man das Fahrzeug noch zusätzlich sichern, um einen Unfall bei einem Seilbruch zu vermeiden.

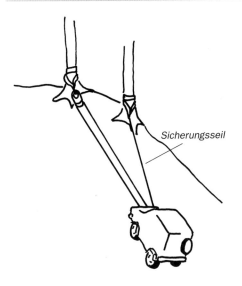

Sicherungsseil

Bergung mit dem Hi-Jack

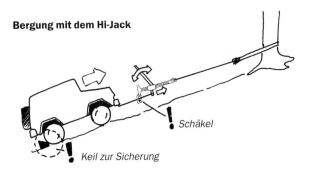

Schäkel

Keil zur Sicherung

In Ermangelung einer Winde ist es auch möglich, ein Fahrzeug mit dem Hi-Jack zu bergen. Dabei kann man den Wagen auch statt mit einem Keil mit einem Seil an einem Baum sichern.

Bergung mit dem Erdanker

Ist weder ein Baum noch irgendeine andere Befestigungsmöglichkeit für das Windenseil greifbar, so kann ein Erdanker gebaut werden: ein Reservereifen, größeres Holzstück oder irgendein anderer sperriger Gegenstand, der vorher an einer Kette befestigt wurde, wird im Boden eingegraben. In das aus der Erde ragende Ende der Kette wird das Windenseil eingehängt (siehe auch Kapitel 20, »Verankerungen in Schnee, Schlamm oder Erdreich«).

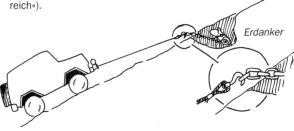

Erdanker

Bergen mit einem Ratschgurt (Spanngurt)

Hat man keine Winde, kann man zur Not einen (oder besser zwei) stabilen Ratsch- (Spann-)gurt am Auto befestigen. Das zweite Ende wird um einen Baum oder anderen festen Gegenstand geschlungen. Anschließend Zug um Zug den Wagen aus dem Schlamm »ratschen«. Dies geht natürlich nur unter günstigen Bedingungen. Außerdem kann das Fahrzeug nur ein kleines Stück herausgezogen werden.

Herausschieben eines Fahrzeuges

Man kann ein eingegrabenes Fahrzeug in Ermangelung von Seilen auch mit einem oder mehreren Fahrzeugen herausschieben. Karosserieschäden sind allerdings meist vorprogrammiert.
Um die schiebenden Fahrzeuge nicht ebenfalls in das Einsinkgebiet fahren zu müssen, kann man durch einen Baum den nötigen Abstand herstellen.

Seilverlängerung

Um ein eingegrabenes Fahrzeug herauszuziehen, kann man in Ermangelung von langen Seilen einen starken Ast, Balken o. ä. als Seilverlängerung benutzen.

Bergen mit Sandblechen

Um die Sandbleche unter die Räder zu bekommen, gibt es zwei Möglichkeiten: Das jeweilige Rad wird entweder freigegraben und das Sandblech darunter geschoben oder man hebt das Fahrzeug mit dem Wagenheber an und schiebt dann das Blech darunter.

Die Sandbleche sollten bei Bedarf mit einer Kette oder einem Seil am Fahrzeug befestigt werden. Man muss dann nicht anhalten, sondern kann mit dem Verstauen der Bleche warten bis man »sicheren« Boden erreicht hat.

Durch das Sandblech wird der Druck auf eine breitere Fläche des losen Untergrunds verteilt.

Erhöhung der Traktion

Um die Traktion in Schlamm und Sand zu erhöhen, kann der Luftdruck in den Reifen abgesenkt werden (bis auf 0,8 bar). Dies sollte nur bei langsamer Fahrweise geschehen, da bei höherer Geschwindigkeit der Reifen schnell geschädigt wird.

Je höher die Reifenflanke ist, desto geringer ist die Gefahr, den Reifen bei niedrigem Luftdruck zu zerstören.

Der abgesenkte Druck bewirkt durch die starke Walkarbeit eine schnellere Reinigung des Profils, eine bessere Verzahnung mit dem Untergrund und eine Verbreiterung der Standfläche – also geringeres Einsinken.

HANGFAHREN

Schutz vor dem Umkippen

Um das Kippen des Fahrzeuges am Steilhang zu verhindern oder zumindest hinauszuzögern, gibt es folgende Möglichkeiten:

1. In den Hang hineinlenken

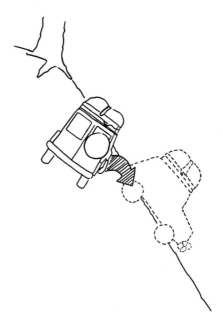

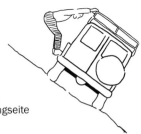

2. Alle Mitfahrer hänge sich zum
   Gewichtsausgleich an die Hangseite
   des Wagens.

3. Alle Gegenstände vom Dachträger abräumen;
   evtl. sogar Dachträger abbauen.

4. Flaschenzug am Dachträger befestigen: Zwischen zwei Befestigungspunkten wird mit Hilfe eines Flaschenzuges ein Seil
   straff gespannt. Auf diesem Geländerseil läuft eine Umlenkrolle, an der mit Hilfe eines zweiten Flaschenzuges das Auto
   fixiert und so am Umkippen gehindert wird.

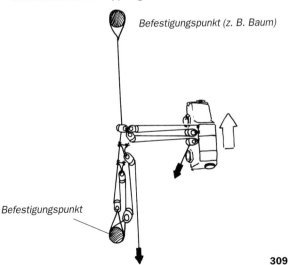

Befestigungspunkt (z. B. Baum)

Befestigungspunkt

Wenn kein Dachträger vorhanden ist, einen Bergegurt oder ein Seil um die Fahrzeugkontur legen und dann wie oben vorgehen.

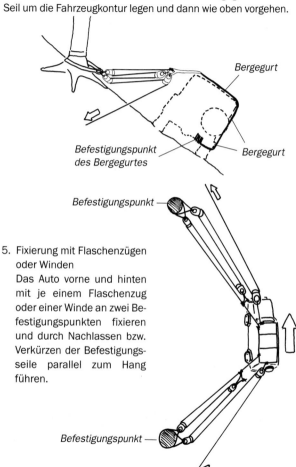

Bergegurt

Bergegurt

Befestigungspunkt des Bergegurtes

Befestigungspunkt

5. Fixierung mit Flaschenzügen oder Winden
Das Auto vorne und hinten mit je einem Flaschenzug oder einer Winde an zwei Befestigungspunkten fixieren und durch Nachlassen bzw. Verkürzen der Befestigungsseile parallel zum Hang führen.

Befestigungspunkt

Besitzt das Auto eine eigene Winde, so kann es über das Windenseil vorne an einem Befestigungspunkt fixiert werden und wird nur hinten von der Winde eines zweiten Fahrzeuges gehalten.

Sofortmaßnahmen bei umgestürztem Wagen

1. Zündung sofort ausschalten.
2. Alle stromverbrauchenden Funktionen (Scheibenwischer, Radio usw.) abschalten.
3. Falls der Motor trotz ausgeschalteter Zündung weiterläuft, Bremse treten und Motor mit dem Gang abwürgen.
4. Motorhaube entriegeln.
5. Kleinen Gang einlegen und Handbremse ziehen.
6. Feuerlöscher aus dem Wagen nehmen.
7. Den Wagen gegen weiteres Kippen oder Rutschen sichern.
8. Batterie kontrollieren. Wenn Auslaufgefahr besteht, Batterie ausbauen. Ist bereits Säure ausgetreten, müssen die betroffenen Stellen nach dem Aufrichten mit viel Wasser gesäubert werden. *Ideal sind Gelbatterien.* Sie enthalten keine flüssige Säure und sind somit kippbar und absolut auslaufsicher!
9. Falls Benzin, Öl oder Diesel ausläuft, versuchen, die Öffnung zu verschließen. Notfalls sauberes Gefäß unterstellen, um nach der Bergung die Flüssigkeit wieder einfüllen zu können.
10. Wenn der Luftfiltereinsatz aus Papier besteht, diesen herausnehmen, um zu verhindern, dass er durch auslaufendes Öl der Kurbelgehäuseentlüftung unbrauchbar wird.

Merke: Feuerlöscher bereithalten, um im Notfall sofort löschen zu können.

Aufstellen eines gekippten Wagens

Eisenstange oder stabilen Holzbalken mit Ratschgurten o. ä. am Rahmen befestigen. Wenn das Fahrzeug rutscht, Pflöcke an beiden unteren Rädern einschlagen. Mit zweitem Fahrzeug vorsichtig ziehen und Auto aufrichten.

Anstatt Pflöcke einzuschlagen, kann auch ein Baumstamm zwischen beide Fahrzeug geklemmt werden.

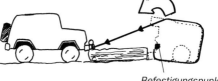

Befestigungspunkt des Bergegurtes

Merke: Auf genügend Abstand zwischen beiden Fahrzeugen achten!

Wenn der Wagen wieder auf allen vier Rädern steht:
1) Batterie und evtl. Luftfilter wieder einbauen.
2) Bei einem Dieselfahrzeug die Glühkerzen, beim Benziner die Zündkerzen herausschrauben und den Motor mit dem Anlasser durchdrehen lassen, um evtl. eingedrungenes Öl aus dem

Kolbenraum herauszudrücken. Es besteht sonst die Gefahr eines Ölschlages (d. h. es gibt verbogene Pleuelstangen, da der Motor das Öl nicht komprimieren kann).

3) Glüh- bzw. Zündkerzen wieder einschrauben.
4) Nachschauen, ob Öl aus der Kurbelgehäuseentlüftung in den Luftfilter gelaufen ist.
5) Falls dies geschehen ist, säubern.

Spurrillen

Beim Fahren in verschlammten Spurrillen darauf achten, dass die Räder genau in Fahrtrichtung stehen. Man tendiert dazu, die Lenkung einzuschlagen, die Räder also schief zu stellen. Auf diese Art schiebt man jedoch den Schlamm wie eine Bugwelle vor sich her, was das Vorwärtskommen stark behindert.

> **Merke:** Bei der Fahrt im Gelände stets die Daumen aus dem Lenkradkreuz nehmen! Bei plötzlichem Lenkradeinschlag (etwa wenn das Fahrzeug mit einem Rad auf einen Stein trifft) besteht die Gefahr eines Daumenbruchs. Bei Fahrzeugen ohne Servolenkung ist dies noch gefährlicher!

Um ein festgefahrenes Fahrzeug aus seiner Spur zu bekommen, kann man versuchen, es per Wagenheber anzuheben und zwar so hoch wie möglich, um es dann seitlich aus der Spur zu kippen.

BRÜCKENBAU

Merke: Bevor man sich zum Brückenbau entschließt, sollten zunächst andere Überfahrmöglichkeiten erkundet werden. Vielleicht findet man eine Furt, eine andere Brücke oder eine Stelle, wo eine provisorische Brücke leichter zu bauen ist.
Brückenbau fällt ohnehin eher in den Expeditionsbereich (für Forschungsteams, Entwicklungshelfer, Geologen o. ä.) erfordert einige Erfahrung und Geschicklichkeit und ist nicht ungefährlich

Das Hauptproblem beim Brückenbau ist, dass ein Stamm, wenn er mehr als die Hälfte über den Fluss gezogen wurde, leicht in den Fluss stürzen kann oder sich (im besten Fall) in das gegenüberliegende Ufer bohrt.

Es ist sehr schwer und gefährlich einen »abgestürzten« Stamm wieder zu bergen. Deshalb empfiehlt sich:

1. die Leitseilmethode: Der Stamm hängt an einem Leitseil.

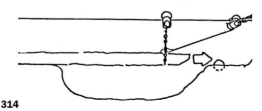

2. die Schiebemethode: Das schiebende Fahrzeug hindert durch seine Achslast den Stamm vor dem Abkippen. Zusätzlich unterstützt es durch Schieben die ziehende Winsch.

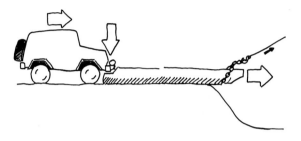

3. Ist ein Stamm über den Fluss geschafft, kann er als Hilfsstamm für die nächsten Stämme benutzt werden. Manchmal kann es sinnvoll sein, zuerst einen leichten Hilfsstamm über den Fluss zu schaffen. Der neue Stamm rutscht auf dem bereits liegenden und kann so nicht in den Fluss fallen.

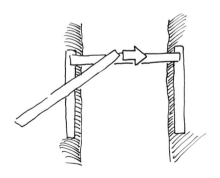

Brückenbau mit einem Fahrzeug und einer Winde

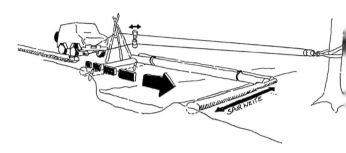

Brückenbau mit zwei Fahrzeugen und zwei Winden
Mit Flaschenzug zum Abspannen des Baumes
oder Dreibocks.

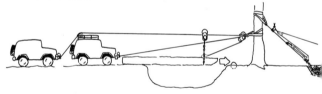

Brückenbau mit einem Fahrzeug und einer Winde
Mit Erdanker und Dreiböcken.

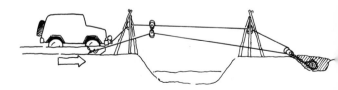

Um den nötigen Abstand der Stämme, der der Spurweite des Fahrzeuges entsprechen muss, zu gewährleisten, wird zwischen den Stämmen ein Distanzstück eingeklemmt. Um ein seitliches Verrutschen zu verhindern, werden an den Außenseiten Pflöcke eingerammt, die gleichzeitig das Lager vor dem Verrutschen schützen.

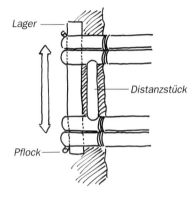

Will man sehr schnell eine Möglichkeit der Flussüberquerung haben, kann man mit nur zwei Stämmen arbeiten. Man zieht das Fahrzeug, das mit der Achse auf den Stämmen liegt, mit der Winde auf die andere Seite. Dabei auf glatte Stämme achten und alle Aststutzen vorher entfernen. Darauf achten, dass nichts am Fahrzeugboden (Bremsleitung, Spurstangen usw.) abgerissen wird.

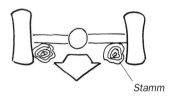

Zum Ziehen von Stämmen sollte man Ketten verwenden, um Schäden an Seilen und Gurten zu vermeiden.

Bau einer Konturenbrücke

Sind Täler zu überwinden, kann man die Fahrzeuge herunterwinschen. Falls dies nicht möglich ist, etwa wegen großer Felsen, wird eine Brücke in die Kontur des Tales gebaut.

Die Konstruktion immer von unten nach oben bauen, da der Druck auf dem untersten Stamm am größten ist.

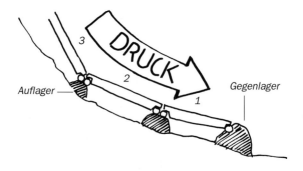

Die Auflager werden je nach Länge der Stämme gebaut.

Bau einer Konturenbrücke mit zwei Fahrzeugen

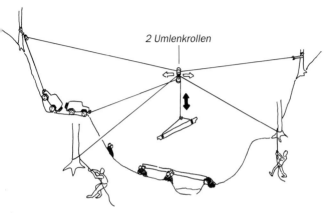

2 Umlenkrollen

Bau einer Konturenbrücke mit einem Fahrzeug und einem Flaschenzug

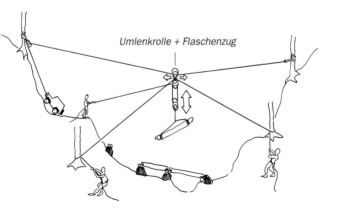

Umlenkrolle + Flaschenzug

Ist die Brücke fertig gestellt, wird das hinüberfahrende Auto hinten gesichert und langsam nach unten gelassen. Ist die Talsohle erreicht, wird das Fahrzeug mit der eigenen Winde herausgewinscht.

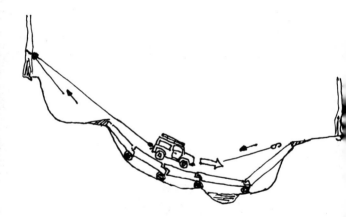

Generell liegt die mittlere Spannweite einer mit solch beschränkten Mitteln gebauten Brücke bei ca. 12 (max. 15–16) Metern, da längere Stämme zu schwer und zu dick werden, um mit Autos und Winden bewegt werden zu können.
Ist das gegenüberliegende Ufer zu flach, ist Brückenbau generell schwierig, da die Auflagefläche für die Stämme fehlt, bzw. die Stämme im Wasser liegen und von diesem weggedrückt werden.

Überwinden unwegsamer Areale mit Hilfe einer Dreibockbrücke

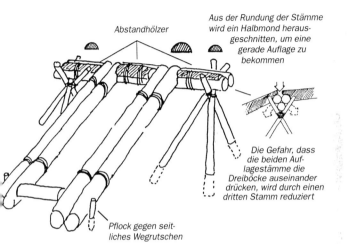

Abstandhölzer

Aus der Rundung der Stämme wird ein Halbmond herausgeschnitten, um eine gerade Auflage zu bekommen

Die Gefahr, dass die beiden Auflagestämme die Dreiböcke auseinander drücken, wird durch einen dritten Stamm reduziert

Pflock gegen seitliches Wegrutschen

Auf den Winkel achten, der von der Länge des Fahrzeuges, des Radstandes und der Bodenfreiheit abhängig ist. Ansonsten droht das Fahrzeug auf der Auflage aufzusetzen

Brückenbau mit Hilfe von Schwimmkörpern (Flößen)

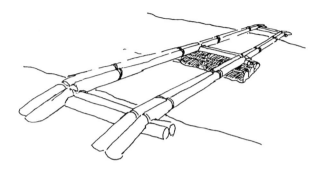

Der Schwimmkörper oder das Floß kann mit Baumstämmen, Fässern, Schlauchbooten, Schläuchen und anderen schwimmfähigen Hohlkörpern gebaut werden. Auf die Strömung achten!

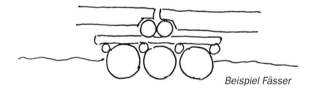

Beispiel Fässer

Wenn sehr große Strecken überwunden werden müssen, besteht auch die Möglichkeit, mehrere Floße zu bauen (sehr schwierig!). Probleme entstehen auch durch die Seilmengen, die man benötigt, um die Flöße am Ufer zu befestigen, wenn man keine Anker hat.

Gute Anker kann man z. B. aus zwei zusammengebundenen Rädern herstellen.

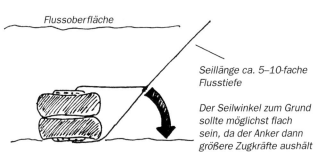

Flussoberfläche

Seillänge ca. 5–10-fache Flusstiefe

Der Seilwinkel zum Grund sollte möglichst flach sein, da der Anker dann größere Zugkräfte aushält

Vorgehensweise:
1) Floß am Ufer bauen und stabil verzurren.
2) Gegenlager und Rampe am Ufer bauen.

Auffahrrampe: Anfangsstück in der Erde versenken, um die Entstehung einer Kante zu vermeiden

Pflock gegen seitliches Wegrutschen

3) Mit dem Floß die Anker ausbringen. Sicherstellen, dass sie absolut sicher das Floß halten. Falls die Anker nicht halten, ein weiteres Rad 2–3 m vor dem Anker ausbringen.

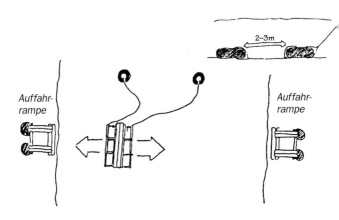

4) Die Stämme auf dem Floß befestigen und es dann vorsichtig in Ankerposition bringen. Falls genügend Seil vorhanden ist, das Floß zusätzlich an beiden Flussufern sichern.

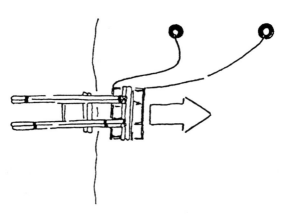

5) Wenn die Stämme sicher auf dem Floß liegen, die Anker halten und man die erste Teilstrecke befahren könnte, werden die nächsten vier Stämme eingeschwommen, d. h. mit Seilen vom Ufer aus in Position gebracht und dann auf das Floß und die Rampe gehoben und fixiert.

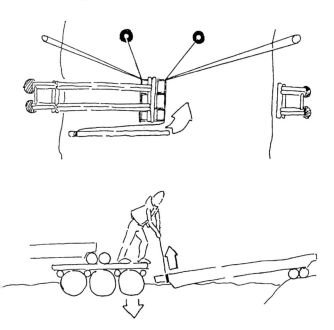

6) Stämme alle fest verbinden. Dabei immer genau auf die Spurweite des Fahrzeuges achten. Danach kann die Brücke befahren werden.

Merke: Beim Bau Schwimmwesten tragen. Falls keine vorhanden sind, kann man Hilfswesten aus Luftballons oder Präservativen unter dem Hemd tragen.

7) Geländewagen mit dem Windenseil am Ufer sichern. Ein Fahrer fährt das Auto. Er muss über die Abkippgefahr, die besonders über dem Floß besteht, informiert sein.

8) Der Fahrer des Wagens darf sich nicht anschnallen und sollte möglichst wenig Kleidung tragen. Dies ermöglicht ihm, sich schnell aus dem Fenster zu retten.

9) Wenn die Sache zu gefährlich erscheint, den Motor laufen lassen und den Wagen mit der Winde über die Brücke ziehen. Dabei muss kein Fahrer im Auto sitzen, da die Winde über die Fernbedienung von außen bedient wird und die Vorderräder in der Mitte der Doppelbalken automatisch spuren.

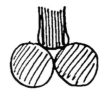

RADWECHSEL

Öffnen einer Radmutter

1) Ein Eisenrohr als Verlängerung auf den Schlüssel oder
   das Radkreuz schieben (Hebelwir-
   kung).

2) Von oben auf die Radmutter
   schlagen (nicht aufs Ge-
   winde schlagen, falls es
   übersteht).

3) Wenn eine Radmutter auch mit diesen Tricks nicht aufgeht,
   versuchen, sie zu erhitzen – etwa mit Lötkartusche, Benzin-
   kocher o. ä. Dann wie oben beschrieben vorgehen.

4) Geht gar nichts mehr, mit einem Meisel
   seitlich an der Mutter ansetzen und
   versuchen, mit einem Hammer die
   Mutter auf zu drehen oder zu
   schlagen.

Anheben des Wagens

Falls kein Wagenheber vorhanden ist, den Wagen mit einem Baumstamm anheben. Dabei – um Karosserieschäden zu vermeiden – eine Unterlage unter den Rahmen legen.

Sind weder Wagenheber noch Baumstamm vorhanden, die Radmuttern des defekten Rades lösen und dann mit dem diagonal gegenüberliegenden Rad in eine Mulde oder einen Graben fahren. Das defekte Rad wird sich vom Boden abheben. Falls nötig, die gegenüberliegende Seite zusätzlich belasten. (Je schlechter die Achsverschränkung des Fahrzeuges ist, desto besser funktioniert diese Methode.)

REIFENPANNE

Bevor man sich bei schleichendem Luftverlust die Mühe macht, einen Reifen von der Felge zu holen, zuerst untersuchen, ob nicht ein defektes Ventil für den Platten verantwortlich ist. (Ventil kann sich verklemmt haben oder Schmutz kann eingedrungen sein). Dazu Ventil herausschrauben und wieder einschrauben bzw. wenn vorhanden neues Ventil einsetzen.

Außerdem kann sich zwischen Felgenhorn und Reifenwulst bei schlauchlosen Reifen Dreck (Steine, Holzteile) eingedrückt haben und so zum Luftverlust führen.

Danach feststellen, auf welcher Art Felge der zu flickende Reifen sitzt und ob er schlauchlos oder mit Schlauch gefahren wird.

Hilfsmittel:

- ideal ist ein *Reifenabdrücker* als Zubehör für den Hi-jack oder
- ein *Reifentreiber*
- schwerer *Hammer*
- 2 große *Montiereisen*
- *Kompressor,* ideal mit Lufttank. Auf alle Fälle sollte er jedoch genügend Kapazität haben, um auch große Reifen aufzupumpen.
- *Flickzeug*
- *Montagepaste*
- *Talkumpuder*

Abmontieren eines Reifens von der Tiefbettfelge

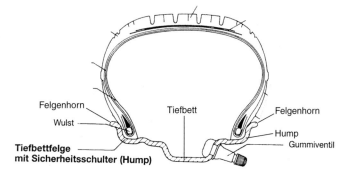

(Mit freundlicher Genehmigung der Fulda Reifen GmbH+Co. KG)

Es gibt je nach Ausrüstung verschiedene Möglichkeiten:

Methode 1:

1) Felge mit der Rückseite auf eine saubere Unterlage legen.
2) Ventilinnenteil herausschrauben
3) Den Reifentreiber zwischen Felgenhorn und Gummiwulst ansetzen und in kleinen Abschnitten den Reifen mit dem Hammer vom Felgenrand (Hump) klopfen, so dass er in das Felgentiefbett rutscht. Es ist meist harte Arbeit! Handschuhe tragen, da man sich relativ leicht mit dem Hammer auf die Hand schlägt.

Methode 2:
Den Reifen mit einem Reifenabdrücker – einem Zusatzgerät zum Hi-Jack – herunter drücken. Dies ist die einfachste Methode.

Methode 3:
Falls kein Spezialwerkzeug vorhanden ist, das Fahrzeug hochheben, Reifen unter die Stoßstange oder den Rahmen legen, Rohr, Wagenheber o. ä. auf den Wulst des Reifens setzen und dann das Fahrzeug mit Schwung herunterlassen.
Mit etwas Glück drückt das Gewicht des Autos den Reifen von der Felge. Schwierige Methode, die oft nicht klappt!

Achtung: Auto gut vor Wegrutschen oder -rollen sichern!

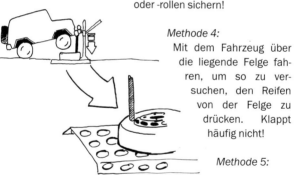

Methode 4:
Mit dem Fahrzeug über die liegende Felge fahren, um so zu versuchen, den Reifen von der Felge zu drücken. Klappt häufig nicht!

Methode 5:

Den Reifen auf die Seite legen. Ein Holzbrett, halbierten Baumstamm oder Eisenstange (darf sich nicht verbiegen) o.ä. an den Rand der Felge legen und mit einem Vorderrad auffahren, so dass der Reifen heruntergedrückt wird. Mit etwas Glück wird so der Reifen von der Felge gehebelt. Eventuell mit Reifentreiber nachhelfen. Diese Methode ist gut praktikabel, weil das Fahrzeug sicher steht und nicht wie bei Methode 4 in einem relativ unstabilen Zustand ist. Ist eine Seite des Reifens von der Felge gedrückt, den Reifen wenden und die zweite Seite ins Tiefbett drücken. Wenn der Reifen locker im Tiefbett liegt, d.h. auf der Felge bewegt werden kann,

den Reifenwulst mit Montagepaste, zur Not auch Fettcreme, Seifenkonzentrat o.ä. einstreichen. Anschließend den Reifen mit 2 Montiereisen Stück für Stück über das Felgenhorn hebeln. Dabei die gegenüberliegende Seite ins Tiefbrett drücken. Darauf achten, dass ein eventuell innen liegender Schlauch nicht verletzt wird. Beim Schlauchreifen kann jetzt nach Herausschrauben des Ventils der Schlauch vorsichtig herausgezogen werden.

Abmontieren eines Reifens von der Sprengringfelge

Hier wird mit Hilfe eines Montiereisens der Sprengring herausgehebelt. Dann kann der Reifen mit dem Schlauch seitlich heruntergenommen werden.

Beim Zusammenbau der Sprengringfelge auf Sauberkeit und genaues Einlegen des Felgenbandes achten.

Vorsicht beim Befüllen des Reifens: Der Sprengring muss richtig sitzen, sonst kann er explosionsartig wegfliegen.

Reifenflicken

a) Schlauchreifen

- Schlauchverletzung begutachten. Kann kein Defekt entdeckt werden, den Schlauch nochmals aufpumpen und durch Eintauchen in ein mit Wasser gefülltes Behältnis den Defekt anhand der aufsteigenden Luftblasen lokalisieren. Ist das Wasser knapp oder kein geeignetes Behältnis vorhanden, den Schlauch mit Seifenlösung einreiben und nach kleinen Luftbläschen suchen.

- Hat man den Defekt im Schlauch gefunden, die entsprechende Stelle im Reifen begutachten, ob sich dort ein Fremdkörper (Nagel, Dorn usw.) befindet oder einfach nur eine Rauhigkeit vorhanden ist. Rauhigkeiten müssen geglättet, Fremdkörper entfernt und eventuelle Löcher nach der Flickanleitung verklebt werden. Der Schlauch selbst wird entweder ausgetauscht oder nach Anleitung geflickt.
- Anschließend Reifen und Felge von Staub, Sand oder Lehm mit feuchtem Tuch, Pressluft – falls vorhanden – oder ähnlichem reinigen.
- Reifen innen mit Talkum-Puder einstäuben. Danach den Reifen mit den Montiereisen auf die Felge hebeln. Dabei auf die Laufrichtung achten.
- Den Schlauch einlegen.
- Das Ventil mit dem Ventileinsatz in das Ventilloch der Loch der Felge stecken und den Schlauch ganz leicht aufpumpen.
- Die zweite Seite des Reifens vorsichtig (der Schlauch darf nicht verletzt werden!) aufhebeln.
- Den Ventileinsatz wieder entfernen und den Reifen aufpumpen. Meist wird sehr viel mehr Druck als der eigentliche Arbeitsdruck des Reifens benötigt, um diesen wieder auf den Hump zu drücken.
- Nach einem zweimaligen »Knall« wird der Ventileinsatz wieder eingeschraubt und der Reifen auf den richtigen Luftdruck aufgepumpt.
- Zieht man einen neuen Schlauch oder auch Reifen auf, müssen alle Kontrollaufkleber vorher entfernt werden, da dies potentielle Scheuerstellen sind.

b) Schlauchlosreifen

Manchmal muss in einen Schlauchlosreifen, weil man ihn nicht dicht bekommt, ein Schlauch eingelegt werden. Dazu muss meist das Ventilloch in der Felge aufgebohrt werden. Grat- und Bohrspäne sorgfältig entfernen!

Eine Reparatur geht manchmal ganz einfach: Man kann, wenn man den Reifendefekt sofort bemerkt hat und noch kein Schmutz zwischen Felgenhorn und Reifen gekommen ist, den Reifen von außen ohne Demontage mit Hilfe von Reifenpropfen nach Anleitung flicken. Danach kann er sofort wieder aufgepumpt werden.

Ist dies nicht möglich oder die Verletzung des Reifens größer, muss der Reifen ebenfalls demontiert werden. Demontage und Montage werden dabei genau wie beim Schlauchreifen durchgeführt.

Besteht eine extreme Reifenverletzung und es ist kein Ersatzreifen vorhanden, kann der Reifen zur Not auch genäht werden. Segelgarn ist dafür z.B. gut geeignet. Die Nahtlöcher können mit einer Ahle, einem Pfriem, einer Akku-Bohrmaschine oder auch einem glühenden Nagel eingestochen werden. Nach dem Nähen

muss immer ein Schlauch eingezogen werden, da der Reifen sonst nicht mehr dicht sein kann. Zusätzlich muss zwischen Schlauch und der Nahtstelle Polstermaterial wie z.B. Leder oder ein altes Schlauchstück gelegt werden, da die Naht den neuen Schlauch sofort wieder zerstören würde.

Achtung: Der Reifen ist nach solchen »Reparaturen« nicht mehr straßentauglich und schon gar nicht für höhere (ab 30 km/h!) Geschwindigkeiten geeignet. Diese Methoden dürfen daher nur in einer extremen Notsituation angewendet werden, wenn man auf das Auto angewiesen ist und keine Hilfe von außen zu erhalten ist.

Das Wiederaufpumpen ist beim Schlauchlosreifen deutlich schwieriger: Bei Verwendung eines Kompressors ohne Lufttank strömt mehr Luft aus dem Spalt zwischen Reifen und Felge als der Kompressor liefern kann. Deshalb muss dieser Spalt abgedichtet werden:

Aufpumpen eines schlauchlosen Reifens

Um schlauchlose Reifen wieder aufzupumpen, ist es erforderlich, sie am Felgenrand abzudichten. Zuerst Felgen- und Reifenrand säubern (Schmutz, Sand, Schlamm usw. entfernen), dann einen Ratschgurt um den Reifen legen und anziehen (s. Abb.). Mit etwas Glück erreicht man eine gewisse Abdichtung, um mit dem Kompressor soviel Luft in den Reifen zu bekommen, dass er auf den »Hump« springt.

Stehen einem mehrere Helfer zur Verfügung, so kann man zusätzlich versuchen, mit Lappen, Arbeitshandschuhen oder Ähnlichem den seitlichen Luftaustritt zu verhindern.

Dies funktioniert allerdings nur mit einem relativ starken Kompressor und etwas Glück.

Eine weitaus bessere Abdichtung erreicht man mit zwei passenden Fahrradschläuchen, die aufgepumpt zwischen Reifenwulst und Felgenhorn gelegt werden. Diese müssen vorher gut mit »Gleitmittel« (Montagepaste, Seife usw.) eingerieben werden, um sie nach dem Hineinspringen des Reifens wieder gut entfernen zu können.

Ab einer gewissen Reifenbreite kann nur noch das Einziehen eines Schlauches oder die folgende *Methode aus Island* helfen. Diese Methode ist sehr wirkungsvoll, aber nicht ungefährlich! Es ist auch zu beachten, dass bei Anwendung dieser Methode die Gewährleistung des Reifenherstellers erlischt.

Vorgehen:

Der Reifen wird auf die Felge gehebelt, alle Ränder werden gesäubert. Anschließend wird er flach auf die Erde gelegt und der Ventileinsatz entfernt. Dann sprüht man Bremsenreiniger in den Reifen (nicht zu viel, nur ein Mal kurz rundherum! Es besteht sonst die Gefahr, dass der Reifen innen abbrennt.).

Alle Umherstehenden entfernen sich bis auf den »Feuerwerker«. Dieser wirft ein brennendes Stück Papier, einen brennenden, ölgetränkten Lappen oder auch nur ein Streichholz auf den Reifen. Der mittlerweile gasförmige Bremsenreiniger explodiert und drückt in Sekundenschnelle auch den dicksten Reifen auf den »Hump«.

Es brennt nichts, man kann sofort danach den Ventileinsatz wieder einschrauben und hat oft sogar noch etwas Luftdruck im Reifen.

WASSERFAHRTEN

Grundregeln

1) Die vom Werk angegebene Wattiefe annähernd einhalten.
2) Vor dem Passieren eines Flusses Strömung und Tiefe bestimmen.
3) Im Zweifelsfall das Fahrzeug mit einem Seil an einem weiteren Fahrzeug sichern, um es im Fall der Fälle schnell wieder herausziehen zu können. Dies ist vor allem bei reißenden Flüssen notwendig, da man zu Fuß nicht imstande ist, ein Seil zum steckengebliebenen Fahrzeug zu bringen. Man sollte das Seil vorher in seiner gesamten Länge auslegen und dann im gleichen Rhythmus des den Fluss querenden Wagens am Ufer mitfahren. Seilwinden laufen zu langsam, man behindert oder stoppt den Wagen im Fluss.

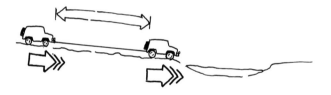

4) Falls kein zweites Fahrzeug vorhanden ist, sollte man über ein ausgelegtes Seil das Fahrzeug an einem Baum oder Erdanker sichern.
5) Nicht zu schnell in ein Gewässer fahren, da sonst die Bugwelle die Wattiefe überschreiten kann.
6) Bei längeren Wasserdurchfahrten kann man den Lüfter oder den Keilriemen für den Lüfter entfernen, da der Lüfter noch zusätzlich Wasser an den Motor drückt (Er saugt es durch den Kühler und drückt es über den Motor.).

7) Es kann versucht werden, ein Ansaugen von Wasser über den meist nach vorne zeigenden Einlass zum Luftfilter durch geeignete Maßnahmen zu erschweren (z. B. Schlauch aufstecken, Prallblech anbringen oder den Einlass umdrehen). Nach der Wasserdurchfahrt wieder umbauen, da der Motor sonst unter Umständen zu wenig Luft bekommt.

8) Wenn man merkt, dass der Wagen tiefer als geplant einsinkt, sofort den Motor ausschalten, da sonst die Gefahr eines Wasserschlages besteht (Wasser dringt durch den Luftfilter in den Brennraum; da Wasser nicht komprimiert werden kann, sind verbogene Pleuel die Folge).

9) Wenn man vermutet, dass Wasser in den Brennraum eingedrungen ist, sollte man zur Sicherheit die Glüh- bzw. Zündkerzen herausschrauben. Dann den Motor durchdrehen lassen, um das Wasser auszublasen. Schließlich die Kerzen wieder einschrauben.

10) Falls die Ansaugluft über eine zum Dach hochgelegte Filteranlage angesaugt wird, müssen immer wieder die Verbindungsstücke auf Undichtigkeit kontrolliert werden, da der Motor über diese Lecks ebenfalls Wasser ansaugen kann.

11) Nach Wasserdurchfahrten Motoröl und Tank kontrollieren. Nach längeren Wasseraktionen auch Getriebe-, Reduziergetriebe- und Differentialöle überprüfen. Wenn Wasser ins Öl gelangt ist, erkennt man dies an dem milchig-trüben Aussehen des Öls. Da Öl leichter als Wasser ist, setzt sich das Wasser nach einiger Zeit an der tiefsten Stelle ab.

12) Lässt sich draußen kein fachgerechter Öl- und Ölfilterwechsel vornehmen, muss man versuchen, durch vorsichtiges Öffnen und schnelles Schließen der Ablassschrauben das Wasser auslaufen zu lassen.

13) Bzgl. des Tankes kann man versuchen, durch Lösen der Leitung zwischen Treibstoffpumpe und Motor bei gleichzeitigem

Laufenlassen der Pumpe (Zündung einschalten und Motor starten) evtl. vorhandenes Wasser aus dem Tank zu pumpen. Das Diesel- oder Benzingemisch kann so in einen Reservekanister gepumpt werden.

Es kann auch versucht werden, durch schnelles Öffnen und Schließen der Tankablass-Schraube (tiefste Stelle) das Wasser herauszubekommen. Falls keine Ablass-Schraube vorhanden ist, diese nicht zu öffnen ist oder die Batteriekapazität nicht ausreicht, um den Tank leer zu pumpen, kann man versuchen, einen Schlauch in den Einfüllstutzen zu stecken, kurz mit dem Mund anzusaugen und dann den Tankinhalt auslaufen zu lassen.

Achtung: Treibstoff darf dabei auf keinen Fall in den Mund gelangen!

Merke: Öle, Diesel und Benzin auch im Ausland nicht einfach auslaufen lassen, sondern in Kanistern, Eimern usw. auffangen!

14) Wasser setzt sich nach einiger Zeit unten ab: Durch vorsichtiges Abschöpfen kann der Treibstoff vom Wasser getrennt werden. Nun den Tank wieder befüllen. Bei älteren Dieselmodellen muss die Einspritzpumpe entlüftet werden.

15) Beim Diesel gibt es von der Zündungsseite her keine Probleme bei Wasserdurchfahrten. Beim Benziner hingegen ist das Problem durch Verteiler, Zündkabel, Kerzen und Zündspule schon größer.

16) Falls der Benziner nicht mehr anspringen will:
   a) Zuerst Verteiler öffnen, alles trocken wischen.
   b) Zündkabel, Kerzen und Zündspule an den Verbindungsstellen trocknen.
   c) Kontaktspray aufsprühen (wirkt meist Wunder!).

d) Wenn der Wagen nicht anspringen will, den Anlasser nicht zu lange betätigen; sonst besteht Gefahr, dass die Batterie leer wird. Lieber gleich Punkte a–c wiederholen.

17) Nach der Ausfahrt aus dem Wasser die Bremsen trocken bremsen.

18) Nach längeren Wasserdurchfahrten alle Schmiernippel abschmieren.

19) Anlasser, Lichtmaschine, Seilwinde, Bremsen, Radlager und Achsschenkelgehäuse kontrollieren.

> **Merke:** Nie in Salzwasser fahren. Falls dies unumgänglich sein sollte, das Fahrzeug danach schnellstens mit reichlich Süßwasser spülen – auch den Motorraum!

FLOSSBAU (SCHWIMMAUTOBAU)

Um Flüsse, Seen oder Überschwemmungsgebiete in eigener Regie mit dem Geländewagen zu überqueren, gibt es mehrere Möglichkeiten des Floßbaus. Egal welches System man jedoch wählt bzw. was als Auftriebskörper dienen soll, man benötigt Seile o. ä. zum Zusammenbinden der einzelnen Teile. Sehr gut bewährt haben sich dabei Ratschgurte. Man sollte diese daher immer in ausreichender Zahl mit sich führen, wenn man eine derartige Flussüberquerung plant.

Als Auftriebskörper kommen alle schwimmfähigen, wasserdichten Hohlkörper und Holzstämme in Frage.

1. Holzfloß (aus Stämmen oder Bauholz)

Zuerst denkt man natürlich an Holzstämme. Dies ist auch möglich. Aber der Aufwand ist zum einen vom Standpunkt des Umweltschutzes nicht gerechtfertigt, wenn die Stämme frisch gefällt werden müssen. Stehen Stämme zur Verfügung, ist zum anderen der Bau trotzdem problematisch, da es sehr schwierig ist, die schweren Stämme zu bewegen. Sie müssen daher im Wasser zusammengebunden werden.

Der Auftrieb der Stämme richtet sich nach dem Trocknungsgrad des Holzes und der Baumart. Man muss den Auftrieb schätzen und dann vorsichtig ausprobieren.

Zur Berechnung der Tragfähigkeit des Holzes siehe Kapitel 19, »Tragfähigkeit von Holz«.

2. Schlauchbootfloß

Werden zwei Schlauchboote verwendet, so werden sie aufgepumpt nebeneinander ins Wasser gelegt und an möglichst vielen Punkten miteinander verbunden (z. B. an Seilösen oder ähnlichen Punkten).

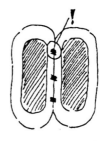

Danach fertigt man einen leichten Rahmen aus dünnen Baumstämmen oder Kantholz. Dieser Rahmen kann gebunden, geschraubt oder genagelt werden.

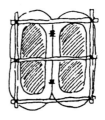

Auf diesem Holzrahmen wird anschließend die »Fahrspur« – bestehend aus vier Holzstämmen – befestigt. Die vier Stämme werden ebenfalls je nach Möglichkeit geschraubt, gebunden oder genagelt.

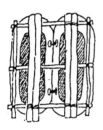 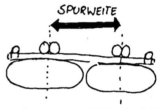

Man sollte versuchen, die Mitte des Schlauchbootes mit den Spurbalken zu belasten

Ladekapazität des »Bootes«:	*Beispiel:* 2 Schlauchboote à 2500 kg Auftrieb
Auftrieb der Schlauchboote	2 x 2500 kg = 5000 kg
minus Holzrahmen (geschätzt)	Holzrahmen = - 300 kg
minus 4 Spurbalken (geschätzt)	Spurbalken = - 500 kg
dividiert durch 2	4200 kg
= Ladekapazität	÷ 2 = **2100 kg**

D. h. das Fahrzeug inklusive Ausrüstung darf max. 2100 kg wiegen. Falls der Auftrieb zu gering ist, müssen Ausrüstung und Gepäck getrennt vom geleerten Fahrzeug transportiert werden.

> **Merke:** Auf potentielle Scheuerstellen achten. Sie müssen mit Planen, Decken, Säcken o. ä. unterlegt werden.

3. Auftriebskörper-Floß

In Ermangelung von Schlauchbooten kann man auch ein Floß mit Auftriebskörpern wie Ölfässern, Tanks, Autoschläuchen, Styropor, Kunststofftonnen o. ä. bauen.

Die Auftriebskörper werden am Ufer ausgelegt. Bei schweren Auftriebskörpern (Tanks, Fässer usw.) muss im Wasser gebaut werden. Falls dies nicht möglich ist, kann man die gesamte Konstruktion auf Rollen setzen und im Fertigzustand ins Wasser rollen.

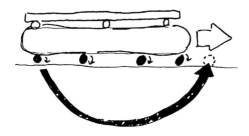

Über die Auftriebskörper wird ein leichter Holzrahmen gebaut. Auch hier wird wieder genagelt oder geschraubt. Der Holzrahmen trägt die beiden Spurhölzer.

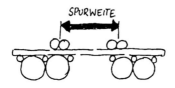

SPURWEITE

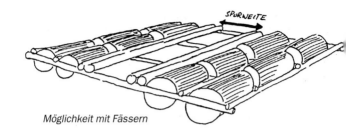

Möglichkeit mit Fässern

Es muss darauf geachtet werden, dass die Schwimmkörper vor Beschädigungen geschützt sind. Wenn die Konstruktion belastet ist, versuchen die Schwimmkörper sich durch den Rahmen zu drücken.

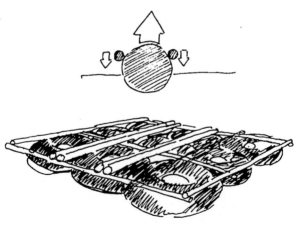

Möglichkeit mit Autoschläuchen

Berechnung der Auftriebskapazität:

Die Auftriebskapazität entspricht dem Auftriebsvolumen der Hohlkörper minus der Holzkonstruktion minus Leergewicht der Hohlkörper geteilt durch 2.

Beispiel: 4000 l   Volumen der Hohlkörper (l = kg)
- 400 kg   Holzkonstruktion
- 200 kg   Leergewicht der Hohlkörper
= 3400 kg ÷ 2 = **1700 kg** = zulässiges Gesamtgewicht für das Fahrzeug

Merke: Das Fahrzeug immer gegen das Verrutschen sichern.

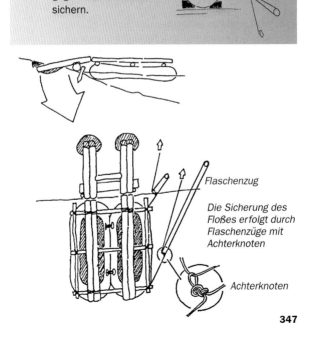

Flaschenzug

Die Sicherung des Floßes erfolgt durch Flaschenzüge mit Achterknoten

Achterknoten

Als Auftriebskörper kommen alle schwimmfähigen und wasserdichten Hohlkörper in Frage, z. B. Schläuche aus Reifen (LKW, PKW, Traktor), Fässer (z. B. Ölfässer), aufblasbare Schwimmkörper (z. B. Reste von Schlauchbooten), Flugzeugschwimmer.
Um die oben beschriebenen Floßkonstruktionen mit dem Auto befahren zu können, muss das Floß am Ufer fixiert und eine stabile Auffahrrampe gebaut werden. Das Gleiche gilt auch für das Entladen.

> **Merke:** Die Rampe wie auch das Floß selbst muss gut am Ufer befestigt sein.

4. Bau einer Konstruktion, um das Fahrzeug selbst schwimmfähig zu machen (Schwimmautobau)

Die Hauptlast wird beim Schwimmautobau über zwei Balken/Bäume, die an den Stoßstangen befestigt werden, getragen. Je nach Fahrzeughöhe kann zusätzlich ein mittlerer Tragebalken verwendet werden.

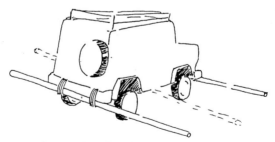

Dann werden zwei stabile Rahmen zur Befestigung der Schwimmkörper angefertigt.

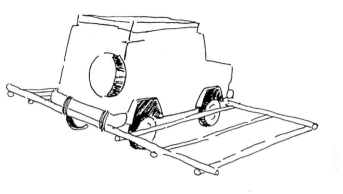

Falls die Auftriebskapazität nicht ausreicht, muss parallel ein zweiter Rahmen gebaut werden.

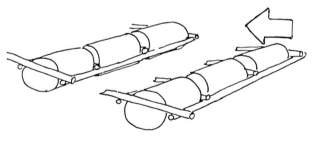

Der Rahmen wird gegen den Dachgepäckträger abgestützt.

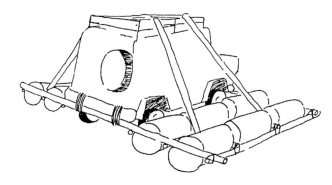

Je nach Stabilität der Gesamtkonstruktion gibt es verschiedene Abstützmöglichkeiten über den Dachträger.

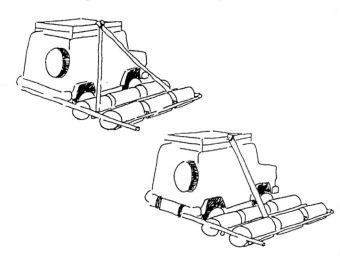

Falls kein Dachträger vorhanden ist, kann ein Hilfsrahmen über das Dach gebaut werden.

Merke: Man sollte darauf achten, dass das Fahrzeug noch fahrbar bleibt. D. h. unter der Schwimmerunterkante sollten ca. 10 cm Luft bleiben. Ansonsten ist es fast unmöglich, in das Wasser hineinzufahren oder es zu verlassen.

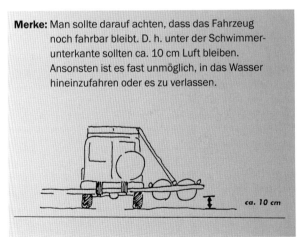

ca. 10 cm

Da der Bootskörper durch die Belastung des Fahrzeuges heruntergedrückt wird, besteht die Gefahr von Verletzungen der Bootshaut. Daher mit großer Vorsicht in das Gewässer einfahren. Die Schwimmkörper auch nicht zu hoch auf das Ufer legen, sonst kommt man nach der Beladung nicht mehr vom Ufer weg.

Beim Herausfahren eine flache Uferstelle suchen. Kurz vor dem Ufer etwas Schwung holen, um das Fahrzeug aufzusetzen (auf die Schwimmer aufpassen!), sonst greifen die Räder nicht. Meistens muss beim Verlassen des Gewässers die Winde oder der Greifzug eingesetzt werden.

Mit dem hier abgebildeten Schwimmauto fuhr der Autor 1200 km von Kanada nach Alaska den Yukon hinunter

Möglichkeiten für den Vortrieb

1) Schaufelradprinzip
Je nach Radhausgröße und Bremsen-
abstand kann eine Schaufelkonstrukti-
on aus Holz oder Metall gebaut werden.
Gelenkt wird dabei über die Vorderräder.

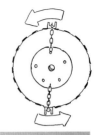

> **Merke:** Im großen Gang über die Wasserfläche fahren. Vor-
> sicht bei Wind und Strömung. Meist reicht dann der
> Vortrieb nicht aus. Bei starkem Wind und Wellenbil-
> dung generell warten bis sich das Wetter bessert.

2) Paddeln.
3) Staken.
4) Außenborder am Fahrzeug befestigen.
5) Seilverbindung zum Ufer herstellen und Fahrzeug ziehen.
6) Über die Winde ziehen (Motor dabei laufen lassen).
7) Seil spannen und hangeln.
8) Mit einem zweiten Auto vom Ufer ziehen.

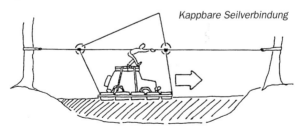

Kappbare Seilverbindung

25. Notsignale und Nachrichtenübermittlung

ALPINES NOTSIGNAL

»Hilfe erforderlich«:

Pyrotechnisch: Rote Leuchtkugel

Akustisch oder optisch: 1x pro Minute 6 Signale in schneller Folge

»Verstanden«:

Pyrotechnisch: Rote Leuchtkugel

Akustisch oder optisch: 1x pro Minute 3 Signale in schneller Folge

SOS – internationales Notsignal

SOS steht für »Save our souls« und bedient sich des Morsealphabetes (S. 355), d.h. man blinkt, klopft usw. ··· - - - ··· (3x kurz, 3x lang, 3x kurz)

Hat man Leuchtraketen zur Verfügung, kann man auch <u>eine</u> rote Leuchtkugel abschießen.

MAYDAY – gesprochener internationaler Notruf der Luft- und Seefahrt

Wird normalerweise über Funk ausgesendet.

Text: 3x »Mayday« rufen, Namen und Kennzeichnung (des Schiffes oder Luftfahrzeuges) angeben, 1x »Mayday« wiederholen, Position angeben sowie Art des Notfalles, welche Hilfe benötigt wird und wie viele Leute beteiligt sind. Mit »over« beenden.

DAS MORSEALPHABET

a ·−	k −·−	u ··−	1 ·−−−−
b −···	l ·−··	v ···−	2 ··−−−
c −·−·	m −−	w ·−−	3 ···−−
d −··	n −·	x −··−	4 ····−
e ·	o −−−	y −·−−	5 ·····
f ··−·	p ·−−·	z −−··	6 −····
g −−·	q −−·−	ä ·−·−	7 −−···
h ····	r ·−·	ö −−−·	8 −−−··
i ··	s ···	ü ··−−	9 −−−−·
j ·−−−	t −	ch −−−−	0 −−−−−

DAS PHONETISCHE ALPHABET

(Von NATO und Luftfahrt)

A	Alfa	**N**	November
B	Bravo	**O**	Oscar
C	Charlie	**P**	Papa
D	Delta	**Q**	Quebec
E	Echo	**R**	Romeo
F	Foxtrott	**S**	Sierra
G	Golf	**T**	Tango
H	Hotel	**U**	Uniform
I	India	**V**	Victor
J	Juliett	**W**	Whiskey
K	Kilo	**X**	X-Ray
L	Lima	**Y**	Yankee
M	Mike	**Z**	Zulu

1	Wun	6	Six
2	Too	7	Seven
3	Tree	8	Ait
4	Fow-er	9	Nin-er
5	Fife	0	Ze-ro

BODENZEICHEN FÜR FLUGZEUGE

Diese Zeichen können in den Schnee getrampelt, mit Steinen angelegt oder auch aus Zweigen und/oder Kleidungsstücken angefertigt werden. Es ist auf Schattenbildung zu achten! Die Zeichen möglichst groß anlegen; mit Kaliumpermanganat kann man eine Blaufärbung des Schnees erzielen.

FLUGZEUGANTWORTEN

- **Grünes** Blinklicht *oder* **Wackeln** mit den Tragflächen = Nachricht verstanden.
- **Rotes** Blinklicht *oder* **voller Kreisbogen** nach rechts: Übermittlung **nicht** verstanden.

BODENZEICHEN FÜR FLUGZEUGE

I Benötigen Arzt, ernste Verwundungen	I I Benötigen Medikamente	✕ Können Weg nicht fortsetzen
F Benötigen Verpflegung und Wasser	⋁⋁ Benötigen Feuerwaffen und Munition	☐ Benötigen Karten und Kompass
— — Benötigen Morselampe mit Batterie + Notsender	K Zeigt Marschrichtung an	↑ Wir marschieren in dieser Richtung
▷ Wir versuchen zu starten	⊐ Flugzeug schwer beschädigt	△ Sichere Landung möglich
L Benötigen Brennstoff und Oel	LL Alles in Ordnung	N Nein
Y Ja	⌐L Nicht verstanden	W Benötigen Mechaniker

KÖRPERSIGNALE FÜR DIE LUFTSUCHE

Bitte um
Aufnahme

Nicht landen

Alles klar
nicht warten

Bestätigt

Nicht bestätigt

Benötige Hilfe

Funkgerät in
Betrieb

Nachricht abwerfen

Kann in Kürze
weitermaschieren

Hier landen

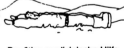

Benötige medizinische Hilfe
(dringend)

IMPROVISIERTE NOTSIGNALE

In einer Notsituation kann man mit den verschiedensten Hilfs-
mitteln auf sich aufmerksam machen. So sollten in keinem
Survival-Kit fehlen:
- Signalspiegel
- Leuchtraketen oder Rauchstäbe
- Pfeife.

Folgende Dinge können als improvisierte Notsignale dienen:
- Taschenlampe, die im SOS-Rhythmus an- und ausgeknipst
  wird.
- Kosmetikspiegel
- Eine Alurettungsdecke, die an auffälliger Stelle platziert oder
  auch zu einem Kinderdrachen umgebaut wird, der im Wind
  flattert.
- Stark rauchende Feuer, evtl. sogar mit Hilfe eines Autoreifens
  oder eines Öl-Sand-Gemisches, das in der Radkappe entzün-
  det wird.
- Schüsse, falls man eine Jagdwaffe bei sich führt.

26. Verschiedene Maßeinheiten

DIE UMRECHNUNG VON FAHRENHEIT IN CELSIUS

Nullpunkte: 0 Grad Celsius entsprechen 32 Grad Fahrenheit.

Formel zur Umrechnung von
Fahrenheit in Celsius und umgekehrt:

$$°C = \frac{°F - 32}{9} \times 5 \qquad °F = \frac{°C \times 9}{5} + 32$$

Beispiel: Umrechnung von
100° Fahrenheit in °Celsius

$$°C = \frac{°F - 32}{9} \times 5$$

$$\frac{100° - 32}{9} \times 5 = 37,8° C$$

Beispiel: Umrechnung von
20° Celsius in ° Fahrenheit

$$°F = \frac{°C \times 9}{5} + 32 \qquad \frac{20 \times 9}{5} + 32 = 68° F$$

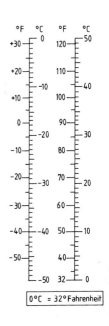

0°C = 32° Fahrenheit

UMRECHNUNGSTABELLE FÜR DEUTSCHE, ENGLISCHE UND AMERIKANISCHE MASSE UND GEWICHTE

1 Kilometer	=	1000 Meter = 0,621 Landmeilen = 0,54 Seemeilen
1 Meter	=	1000 Millimeter
1 km^2	=	1.000.000 m^2
1 Hektar	=	10.000 m^2
1 Ar	=	100 m^2
1 Seemeile	=	1852 m
1 englische Landmeile	=	1609 m
1 square mile (engl.)	=	2,59 km^2
1 acre	=	4046,8 m^2
1 square foot	=	929,029 cm^2
1 square inch	=	6,452 cm^2
1 Fuß (foot)	=	30,48 cm = 12 Zoll (inches)
1 yard (= 3 feet)	=	91,44 cm
1 Zoll (= 1 Inch)	=	2,54 cm
1 Kilogramm	=	1000 Gramm
1 pound	=	0,453 kg
1 Tonne	=	1000 kg
1 Liter	=	1000 ccm
1 gallon (USA)	=	3,79 Liter = 4 amer. Quarts
1 gallon (engl.)	=	4,55 Liter = 4 engl. Quarts
1 Quart	=	1,14 Liter = 2 engl. pints
1 pint (engl.)	=	0,57 Liter

Faustregeln:
- 4 inches = ca. 10 cm
- 5 Meilen = ca. 8 km
- 10 yards = ca. 9 m
- 3 feet = ca. 1 m

27. Improvisierte Hilfsmittel

ANFERTIGUNG EINER SCHNEEBRILLE

Bei starker Sonnenein-
strahlung oder großen,
reflektierenden Flächen
(Wüste, Sand, Wasser, Eis
oder Schnee) muss man
die Augen – auch bei ver-
meintlich bedecktem Him-
mel – vor Blendung schüt-
zen.

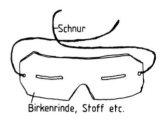

Birkenrinde, Stoff etc.

RUCKSACK- UND TRAGENBAU

Sackzipfel

Einfacher Rucksack

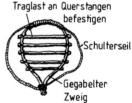

Traglast an Querstangen
befestigen

Schulterseil

Gegabelter
Zweig

Traggestell

BAU EINER SÄGE

Das Sägeblatt kann unterwegs
gerollt (z. B. im Kochtopf) gut
transportiert werden.

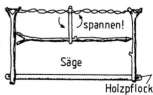

spannen!

Säge

Holzpflock

Danksagung

Nobody is perfect. Will man in einem Lehrbuch dieser Art alle Themen kompetent behandeln, ist man – gerade im medizinischen Bereich – auf Spezialisten angewiesen. Ich möchte mich an dieser Stelle bei den Fachleuten bedanken, die mir für die einzelnen Kapitel ihr Fachwissen zur Verfügung gestellt haben:

- Dr. Lisa Fritsch, Zahnärztin, Hasloch
- Priv. Doz. Dr. Karlheinz Kiehne, Oberarzt der 1. Medizinischen Universitätsklinik Kiel
- Rainer Korn, Journalist und Angelspezialist, Hamburg
- Prof. Dr. Dietrich Mebs, Toxikologe, Universität Frankfurt/Main
- Dr. Karin Pantel-Lapp, Kleintierärztin, Wittgenborn
- Pit Pfrüner, Outdoor-Journalist und Navigationsspezialist, München
- Hubertus Schulze-Neuhoff, Meteorologe, Traben-Trarbach
- Dr. Michael Weiler, Pferdetierarzt, Gelnhausen

Für die Zeichnungen möchte ich mich bei meinem Vater Heinz Lapp bedanken sowie bei Christian Schiegel für die Wolkenbilder.
Mein ganz besonderer Dank gilt jedoch meiner Frau Karin, ohne die es mir nicht möglich gewesen wäre, all mein gesammeltes Wissen in geordneter Form zu Papier zu bringen, und die alle Verbesserungsvorschläge akribisch sammelt und einarbeitet, damit das Buch immer auf dem neuesten Stand ist.

Volker Lapp

Ein vielseitiges Unternehmen

Seit 1978 befasst sich die Firma Volker Lapp Expeditionsservice mit Entwicklung und Vertrieb von Ausrüstung, Booten, Off Road – Fahrzeugen und Zubehör, Durchführung von Expeditionsseminaren für Privat und Industrie sowie Incentive – Veranstaltungen im Outdoor – Bereich.

Aufgrund der Vielschichtigkeit des Angebotes wurde die Firma zum 01.01.2000 aufgeteilt und Teilbereiche an zwei Geschäftsfreunde als eigenständige Firmen verkauft.

Die Firma Volker Lapp konzentriert sich daher heute ganz auf die Bereiche Produktberatung, Public Relations, Technische Beratung, Produktpräsentationen sowie die Planung und Ausführung von Outdoor-Veranstaltungen für Großkunden.

Neu dazu gekommen ist im Jahr 2004 die die **Firma Thomas Nowak – Büchsenmachermeister**, mit der zusammen der Autor Kunststoffschäfte für Jagd- und Sportwaffen entwickelt und vertreibt.

Volker Lapp
An der Weihertanne 28
63607 Wächtersbach-Wittgenborn
Telefon 06053·5275, Telefax 06053·601417
Mobil 0172·8550075
eMail volker-lapp@t-online.de
www.volker-lapp.de

Nowak
Büchsenmachermeister

Udenhainer Landstrasse 24
63636 Brachttal
Telefon 06054·908155, Telefax 06054·908156
Mobil 0171·5853788
eMail thomas-nowak@freenet.de
www.thomasnowak.com

Der Autor

Volker Lapp, selbstständiger Kaufmann aus dem hessischen Wittgenborn. Seit 26 Jahren hauptberuflich im Outdoor-Bereich tätig.
Entwicklung und Optimierung von Ausrüstung und Booten, Off-Road-Fahrzeugen und -Zubehör sowie Expeditionstrailern.
Leiter von Expeditionsseminaren für Privat und Industrie. Durchführung von Incentive-Veranstaltungen im Outdoorbereich, Produktpräsentationen und -beratung, Public Relations.

Extremreisen in aller Welt: USA, Alaska, Kanada, Grönland, Skandinavien, Afrika, Südamerika, Indonesien, Russland, arabische Länder, Australien und Neuseeland.
- Camel Trophy in Brasilien, Gewinner des TEAM SPIRIT AWARD
- Pharao-Rallye in Afrika
- Motorbootrennen Niamey–Bamako in Afrika
- Dunlop Iron-Drivers-Cup in Patagonien
- Segelboottour Hanau–Afrika–Hanau
- Schwimmautobau und 1200-km-Erprobungstrip auf dem Yukon
- Survival-Lehrgänge bei der Bundeswehr

Unterwegs mit Kanus, Segel- und Motorbooten, Geländewagen, Motorrad, ATV, Pferden, Hundeschlitten und zu Fuß; geprüfter Wanderrittführer, Jäger und Hundeführer.
Homepage: www.volker-lapp.de

Stichwortverzeichnis KORREKTUR

A

Abbalgen	184ff
Abbinden	114f, 173
Abfangen	183f
Abseilachter	243f
Abseilen	241f
Achterknoten	210, 347
Aderlass	266
Aderpresse	113f, 281f
Akklimatisationszeiten	162
Allergie	115f, 146f, 169, 262
Alphabet, Morse-	355
Alphabet, phonetisches	355
Angelausrüstung	189
Angelhaken	189f, 200
Angelrevier	191f
Angina	139
Angussverband	262
Antiserum	142
Äquidistanz	41f
Artillerie-Promille	48
Asthmaanfall	169
Atemstillstand	108ff, 284
Aufpumpen	295, 335, 337ff
Auftrieb	234ff, 344ff
Auftriebskörper	234ff, 345ff
Augenerkrankungen	137, 169, 263, 288
Auskugelung	129
Ausnehmen	184ff
Ausschlagen	256
Austrocknung	154f, 270, 286
Ausweiden	184ff
Axt	88f, 288
Azimuth	55

B

Backofen	207
Bakterielle Infektion	170
Ballentritt	259
Barometer	24, 77
Bauchschmerzen	132ff, 169, 264
Baumangel	194
Baumfällen	221ff
Beatmung	284
Beaufort	29
Beckenbruch	128
Beizen	198
Beratungszentrum, tropenmedizinisches	151f
Bergegurt	295, 300ff, 310
Bergen	104ff, 250ff, 300ff
Bindehautentzündung	137, 288
Bisswunden	121f, 282f
Blasenentzündung	134
Blinddarmentzündung	133
Blutstillung	113ff, 137f, 166
Blutvergiftung	116, 120
Bodenzeichen	356
Borreliose	149f
Brandwunden	119f
Breitengrad	37, 39, 72ff
Breitenmessung	59
Brennholz	86
Brennstoff	299
Brotbacken	201f
Brüche	124ff, 283f
Bruchlast	248
Brustgurt	246f

C

Chill-Faktor	29
Choker-Kette	295
Clinchknoten	193

D

Darmverschluss	134, 286
Datumsgrenze	50
Deklination	46, 49ff, 54
Deviation	47
Diabetes	156f
Diesel	298f
Drahtsteighilfe	251
Dreibock	220, 221, 316
Druckverband	114ff, 257, 259, 279
Dülfersitz	246f
Durchfall	155, 159, 285f
Durst	154f

E

Eichhörnchenfalle	177f
Einbrechen	227ff, 272f
Einrenken	124f, 129
Einschuss	261f
Eisüberquerung	224ff
Erbrechen	130ff, 136, 141, 159f, 285f
Erdanker	248f, 303f, 316
Erfrieren	158f, 289
Ersticken	139f, 185
Ertrinken	113, 289
Expressflaschenzug	255

F

Fallenbau	176ff
Fallenkasten	179
Fallkerbe	221f
Fällschnitt	221f
Fangschuss	182f
Feinfilterung	83
Feuergrube	92
Feuerinsel	90f
Feuermachen	85f, 89ff

Feuerstarter 86
Feuerstelle 85, 93
Filetieren von Fisch 196
Fische, giftige 147f, 199
Fischfalle 181
Flächenkochfeuer 90f, 206
Flaschenzug 216, 219, 221, 248, 254f, 296, 301f, 309ff, 319, 347
Fleischkonservierung 188
Flüssigkeitsmangel 154f, 170
Flussüberquerung 212ff
Fremdkörper 137, 285f, 288, 335
Frontseilwinde 294
FSME 150

G
Gauß-Krüger-Gitter 75
Gebiss 108, 262
Geflügel 182, 184f
Gegengift 142f
Gehirnerschütterung 136f
Geschwindigkeits-
berechnung 239f
Gewitter 31
Giftfische 147f, 199
Giftnotruf 143, 161, 175
Giftpflanzen 159, 204, 271f
Giftschlangen 140ff, 291
Gitter, geodätisches 75
Gitterzahl 76
Gon 47f, 55
Gradnetz 72ff
Greifzug 296, 352
Grippaler Infekt 170
Grundangel 192f

H
Haarwild 182ff
Halbmastwurf 243, 245f
Halskrause 283
Halsschmerzen 138
Handy-Ortung 175
Hase 182
Hautpilz 170
Herzinfarkt 130f
Herz-Kreislauf-Stillstand 108ff, 284
Hi-Jack 294, 305, 333
Hilfsseil 216f
Hirnblutung 135f
Hitzschlag 152, 269f, 289
Hochdruckgebiet 14, 24ff
Hochspannungsunfall 154
Hochwert 61f
Höhenkrankheit 161ff
Höhenlinien 41ff, 77
Höhenmessung 24, 44f, 77
Holzfloß 231, 327, 343
Holzmehl 201
Hüttenbau 96ff
Hufabszess 260
Hufbeschlagkontrolle 274
Hufeisen 260, 275f
Hufgeschwür 260
Huflederhautentzündung 259ff
Hufnagel 274ff
Hufrehe 266f
Hufverband 259

I
Iglu 97, 100
Impfungen 104, 122f, 150f, 174, 257, 273
Injektionen 172ff

Inklination 46
Insektenschutzmittel 171
Insektenstiche 146f, 171, 290
Isobaren 25f
Isogonen 49, 54

K
Kaninchen 178f, 182
Kaninchenfalle 178f
Kehlkopfentzündung 139
Kettensuche 78
Klapprolle 294
Klemmknoten 210, 242f, 250, 253
Knochenbruch 124ff, 289f
Kochstelle 205f
Köder 190f
Körpersignal 358
Kolik 132f, 169, 264ff
Kompass 36, 46ff
Kompassersatz 36
Kompass-Winkelangaben 48
Kompressor 295, 331
Konservieren
von Fisch 198f
von Fleisch 188
Konturenbrücke 318ff
Koordinaten 72ff
Kraftumlenkung 302f
Kraftverstärkung 296
Krallenbruch 282
Krankentransport 107f
Kreuz des Südens 37f
Kreuzknoten 209
Kreuzverschlag 265f
Kronentritt 259
Kühleffekt des Windes 29
Kurszahl 55

L

Ladekapazität 341f
Lähmung 135, 137, 141, 160
Längengrad 49, 72ff
Lawinengefahr 33f
Leitseil 314
Luftballons 236, 238, 234, 328
Luftdruck 14f, 24ff, 77, 307
Luftdruckmessung 24, 77
Luftdruckregeln 24ff
Luftsuche 78f, 358
Lungenentzündung 131f

M

Machete 87f, 296
Magendrehung 285
Magenbeschwerden 170
map datum 64
Marschzahl 55ff
Maßstab 40ff
Mastwurf 209
Mayday 354
Meerestiere, giftige 147f
Meridian 49, 72f
Messerschleifen 187
Methode, 1-2-3 60f
Mils 48
Miniflaschenzug 219, 237
Missweisung 46, 49ff
Mittelohrentzündung 138
Morsealphabet 355
Multimount 294

N

Nähen von Wunden 122, 257, 280f
Nageltritt 258f
Nasenbluten 137f, 263

Nervenbahnen 126
Nesselsucht 267f
Nordlinien 47, 55, 60
Nordmarke 46ff, 55, 60
Nordpol,
    geografischer 46, 49ff
    magnetischer 46, 49ff
Nordstern 37f
Notbiwak 102
Notboot 230f
Notfallangel 190f
Notfon 175
Notrufnummern 175
Notsignal 354, 359
Nullmeridian 72f

O

Ofenbau 205ff
Ohrenschmerzen 138, 171
Ohrverletzungen 281
Orientierungsmittel 36ff
Ortung per Handy 175

P

Palstek 211
Peilung 45, 51ff
Pemmikan 188
Pfählungswunde 258
Planzeiger 46, 61ff
Polarkoordinaten 72ff
Polarstern 37ff
Poncho-Unterkunft 97f
Puls 108, 110f, 113f, 116, 130, 136, 152, 157, 159, 265, 268f, 270, 278f

R

Radmutter 329f
Räuchergestell 208

Räucherofen 208
Rautek-Griff 104f
Rechtswert 61f
Reflektor 92f
Reifenabdrücker 331ff
Reifenflicken 334ff
Reifenpanne 331ff
Reifentreiber 331ff
Reisevorbereitung 151
Rippenbruch 128, 283
Rucksack 107, 362
Ruhewert 257, 279

S

Sackverband 267
Säge 223, 362
Sandblech 295, 307
Satteldruck 260ff
Schädelbruch 136f
Schäkel 294, 305
Schärfen 87ff
Schaufelrad 353
Schlagadern 114, 173
Schlaganfall 135
Schlagfalle 179
Schlangenbiss 141f, 291
Schlauchbootfloß 343f
Schlauchlosreifen 336f
Schlauchödem 267
Schlauchreifen 394
Schlaufenknoten 192
Schleppangel 194
Schlingenfallen 177
Schlundverstopfung 264
Schlüsselbeinbruch 127
Schneebehausungen 100ff
Schneeblindheit 137
Schneebrille 137, 362
Schock 115f, 141f, 147, 169, 278

Schwimmauto 342ff, 348ff
Schwimmhilfe 238
Schwimmkörper 324
Seekrankheit 171
Seilbahn 218
Seilkräfte 215
Seilrollenflaschenzug 255
Seilspannung 219
Seilverbindung 209, 300, 353
Seilverlängerung 245, 306
Seilwinde 293f, 298, 300ff, 310, 316f
Seitenlage, stabile 111f
Selbstbergung 250f
Sicherung beim
  Abseilen 242ff
Skorpione 143f
Sonnenbrand 171
Sonnenstand 36f
Sonnenstich 153
SOS 354
Spaltenbergung 251ff
Spinnen, giftige 145
Spiralsuche 78f
Sprengringfelge 334
Spurrille 313
Stangenzelt 99
Steigschlinge 251
Steigungswinkel 43
Stirnhöhlenentzündung 138
Stockfisch 198
Strich 48, 75
Strömungs-
  geschwindigkeit 238f
Stromschlag 153f
Suchen 78f

T
Tetanus 122, 174, 257

Tiefbettfelge 332ff
Tiefdruckgebiet 14, 24ff
Töten von Tieren 183ff, 195
Tollwut 122f, 273
»Toter Mann« 248f
Trage 362
Tragfähigkeit 234ff
Traktion 307f
Trockengestell 208
Trocknen von Kleidung 94f
Tropenerkrankungen 151f

U
Übelkeit 130, 132f, 153, 155, 159, 171
Umlenkrolle 294, 296, 301ff, 319
Umrechnung 361
Universal Time
  Coordinated (UTC) 73
Unterkühlung 157f, 289
Unterzuckerung 156f
UTM-Gitter 75

V
Verätzungen 120f
Verbinden 114ff, 143, 257
Verbrennungen 119f
Vergiftungen 159ff, 257ff, 286f
Verrenkung 124f, 129
Verschlucken 139f
Verschüttung 34f
Verstauchung 124f, 130, 262
Verstopfung 286

W
Wagen, Großer, Kleiner 37f
Wagenheber 294, 330, 333

Wasserentsalzung 81f
Wasserfiltern 82f
Wassergewinnung 80ff
Wasserreinigung 83f
Wattiefe 339
Weltzeit 73
Wetterkarten-Symbole 23
Wetterregeln 13ff, 24f
WGS 84 64
Wiederbelebung 108ff, 284
Wild 180, 182ff
Winde 293f, 298, 300, 316
Windgeschwindigkeiten 23, 28f
Windregeln 26ff, 30
Windrose 47
Winkelmesser 55
Winterdiesel 298
Wirbelsäulenverletzung 127, 284
»Wolf« 121
Wolkentabelle 17
Wolkenwetterbedeutung 15f
Wundnaht 117f, 120, 257, 280f
Wundversorgung 113, 159ff, 257ff, 279ff

Z
Zähllinien 41
Zahnabszess 164, 287
Zahnfleischentzündung 163
Zahnfüllung 164, 171
Zahnrettungsbox 165
Zahnziehen 166
Zeckenbiss-
  erkrankungen 148ff, 290
Zweighütte 96, 99, 101

Stichwortverzeichnis

A

Abbalgen	183ff
Abbinden	115f, 142
Abfangen	182f
Abseilachter	237f
Abseilen	235ff
Achterknoten	209, 339
Aderlass	260f
Aderpresse	114f, 273f
Akklimationszeiten	160
Allergie	115f, 146f, 169, 262
Alphabet, Morse-	347
Alphabet, phonetisches	347
Angelausrüstung	188
Angelhaken	188ff, 199
Angelrevier	190f
Angina	138
Angussverband	256
Antiserum	142
Äquidistanz	41f
Artillerie-Promille	48
Asthmaanfall	168
Atemstillstand	109ff, 276
Aufpumpen	287, 323, 326ff
Auftrieb	228ff, 336ff
Auftriebskörper	228, 337ff
Augenerkrankungen	136, 168, 257, 279 f
Auskugelung	129
Ausnehmen	183ff
Ausschlagen	250
Austrocknung	153f, 262, 280
Ausweiden	183ff
Axt	88f, 288
Azimuth	55

B

Backofen	206
Bakterielle Infektion	169
Ballentritt	253
Barometer	24, 77
Bauchschmerzen	132ff, 168, 258f
Baumangel	193
Baumfällen	220ff
Beatmung	108ff, 276
Beaufort	29
Beckenbruch	128
Beizen	197
Beratungszentrum, tropenmedizinisches	150f
Bergegurt	287, 302, 304
Bergen	104ff, 244ff, 292ff
Bindehautentzündung	136, 280
Bisswunden	122, 272f
Blasenentzündung	134
Blinddarmentzündung	133
Blutstillung	114ff, 137, 165
Blutvergiftung	117, 119, 122
Bodenzeichen	348
Borreliose	149
Brandwunden	119f
Breitengrad	37, 39, 72ff
Breitenmessung	59
Brennholz	86
Brennstoff	291
Brotbacken	200f
Bruchlast	243, 248
Brüche	124ff, 275f
Brustgurt	240f

C

Chill-Faktor	29
Choker-Kette	287
Clinchknoten	191

D

Darmverschluss	134, 278
Datumsgrenze	50
Deklination	46, 49ff, 54
Deviation	47
Diabetes	156f
Diesel	290f
Drahtsteighilfe	245
Dreibock	220, 308, 315
Druckverband	114ff, 251, 253, 271
Dülfersitz	240f
Durchfall	154, 157, 273f, 277f
Durst	153f

E

Eichhörnchenfalle	176
Einbrechen	265
Einrenken	124f, 129
Einschuss	255
Eisüberquerung	224ff
Erbrechen	130ff, 135f, 140f, 157f, 277f
Erdanker	242f, 297, 308
Erfrieren	156f, 281
Ersticken	139f, 185
Ertrinken	108, 280f
Expressflaschenzug	249

F

Fällschnitt	221f
Fallenbau	175ff
Fallenkasten	178
Fallkerbe	220f
Fangschuss	181ff
Feinfilterung	83
Feuergrube	92
Feuerinsel	90f

Feuermachen 85f, 89ff
Feuerstarter 86
Feuerstelle 85, 93
Filetieren von Fisch 195
Fische, giftige 146f, 198
Fischfalle 180
Flächenkochfeuer 90f, 205
Flaschenzug 215, 218, 220, 248f, 289, 294, 301f, 311, 339
Fleischkonservierung 187
Flüssigkeitsmangel 153f, 168
Flussüberquerung 211ff
Fremdkörper 136, 277f, 279, 326
Frontseilwinde 286
FSME 150

G

Gauß-Krüger-Gitter 75
Gebiss 109, 256
Geflügel 181, 183f
Gegengift 142
Gehirnerschütterung 135f
Geschwindigkeits-
   berechnung 233f
Gewitter 31
Giftfische 146f, 198
Giftnotruf 159
Giftpflanzen 157, 203, 263ff
Giftschlangen 139ff, 283
Gitter, geodätisches 75
Gitterzahl 76
Gon 47f, 55
Gradnetz 72ff
Greifzug 288, 290, 344
Grippaler Infekt 168
Grundangel 191f

H

Haarwild 181, 183ff
Hängeseil 216
Halbmastwurf 237, 239
Halskrause 275
Halsschmerzen 138
Handy-Ortung 174
Hase 181
Hautpilz 169
Herzinfarkt 130f
Herz-Kreislauf-Stillstand 110ff, 276f
Herzmassage 110ff, 276f
Hi-Jack 232, 286, 297
Hilfsseil 216
Hirnblutung 135f
Hitzschlag 152, 262, 281
Hochdruckgebiet 14, 24ff
Hochspannungsunfall 154
Hochwert 61f
Höhenkrankheit 159ff
Höhenlinien 41ff, 77
Höhenmessung 24, 44f, 77
Holzfloß 231, 235
Holzmehl 200
Hüttenbau 96ff
Hufabszess 254
Hufbeschlagkontrolle 266
Hufeisen 254, 266ff
Hufgeschwür 254
Huflederhautentzündung 253f
Hufnagel 252, 266ff
Hufrehe 260f
Hufverband 253

I

Iglu 97, 100
Impfungen 104, 122ff, 150f, 173, 251, 266

Injektionen 171f
Inklination 46
Insektenschutzmittel 169
Insektenstiche 146, 169, 282
Isobaren 25f
Isogonen 49, 54

K

Kaninchen 177f, 181
Kaninchenfalle 177f
Kehlkopfentzündung 138
Kettensuche 78
Klapprolle 286
Klemmknoten 209, 236ff, 244, 248
Knochenbruch 124ff, 275f
Kochstelle 204
Köder 189
Körpersignal 350
Kolik 132f, 168, 258f
Kompass 36, 46ff
Kompassersatz 36
Kompasswinkelangaben 48
Kompressor 287, 323, 328f
Konservieren
   von Fisch 197f
   von Fleisch 187
Konturenbrücke 310f
Koordinaten 72ff
Kraftumlenkung 294
Kraftverstärkung 288
Krallenbruch 274
Krankentransport 107f
Kreuz des Südens 37f
Kreuzknoten 208
Kreuzverschlag 259f
Kronentritt 253
Kühleffekt des Windes 29
Kurszahl 55

L

Ladekapazität	336
Lähmung	135, 137, 141, 160
Längengrad	49, 72f
Lawinengefahr	33ff
Leitseil	306
Luftballons	228, 230, 232, 320
Luftdruck	14f, 24ff, 77, 299
Luftdruckmessung	24, 77
Luftdruckregeln	24ff
Luftsuche	78f, 350
Lungenentzündung	131f

M

Machete	87f, 277, 288
Magendrehung	277
Magenbeschwerden	169
Map-Datum	64
Marschzahl	55ff
Maßstab	40ff
Mastwurf	208
Mayday	346
Meerestiere, giftige	146f
Meridian	49, 72f
Messerschleifen	186
Methode, 1-2-3	60f
Mils	48
Miniflaschenzug	218, 231
Missweisung	46, 49ff
Mittelohrentzündung	137
Morsealphabet	347
Multimount	286

N

Nähen von Wunden	121, 188f, 251, 272f
Nageltritt	252f
Nasenbluten	137, 141, 257f
Nervenbahnen	126
Nesselsucht	261
Nordlinien	47, 55, 60
Nordmarke-Pfeil	46ff, 55, 60
Nordpol, geografischer	46, 49ff
Nordpol, magnetischer	46, 49ff
Nordstern	37ff
Notbiwak	101f
Notboot	224
Notfallangel	189f
Notfon	174
Notrufnummern	173
Notsignal	346, 348, 351
Nullmeridian	72f

O

Ofenbau	205ff
Ohrenschmerzen	137, 169
Ohrverletzungen	273
Orientierungsmittel	36ff
Ortung per Handy	174

P

Palstek	210
Peilung	45, 51ff
Pemmikan	187
Pfählungswunde	252
Planzeiger	46, 61ff
Polarkoordinaten	72f
Polarstern	37ff
Poncho-Unterkunft	97f
Puls	108, 110, 113f, 116, 130, 136, 152, 156f, 259, 263, 271

R

Radmutter	321f
Räuchergestell	207
Räucherofen	207
Rautek-Griff	104f
Rechtswert	61ff
Reflektor	92f
Reifenabdrücker	323ff
Reifenflicken	326ff
Reifenpanne	323ff
Reifentreiber	323ff
Reisevorbereitung	150f
Rippenbruch	128, 276
Rucksack	107f
Ruhewert	251, 271

S

Sackverband	253
Säge	222, 354
Sandblech	287, 299
Satteldruck	254f
Schädelbruch	135f
Schäkel	286, 297
Schärfen	87f
Schaufelrad	345
Schlagadern	115, 172
Schlaganfall	135
Schlagfalle	179
Schlangenbiss	139ff, 283
Schlauchbootfloß	335f
Schlauchlosreifen	327ff
Schlauchödem	261
Schlauchreifen	326
Schlaufenknoten	191
Schleppangel	193
Schlingenfallen	176ff
Schlundverstopfung	258
Schlüsselbeinbruch	127
Schneebehausungen	100ff
Schneeblindheit	136
Schneebrille	136, 354
Schock	116f, 142, 146, 168, 270
Schwimmauto	334ff, 340ff

Schwimmhilfe 231
Schwimmkörper 316
Seekrankheit 170
Seilbahn 217
Seilkräfte 214
Seilrollenflaschenzug 249
Seilspannung 218
Seilverbindung 208, 292, 345
Seilverlängerung 239, 298
Seilwinde 286f, 290, 292ff, 308
Seitenlage, stabile 106, 108, 113f
Selbstbergung 244
Sicherung beim Abseilen 236ff
Skorpione 143f
Sonnenbrand 170
Sonnenstand 36f
Sonnenstich 152f
SOS 346
Spaltenbergung 245ff
Spinnen, giftige 144
Spiralsuche 78f
Sprengringfelge 326
Spurrille 305
Stangenzelt 99
Steigschlinge 245
Steigungswinkel 43
Stirnhöhlenentzündung 137
Stockfisch 197
Strich 48, 75
Strömungs-
geschwindigkeit 232f
Stromschlag 153f
Suchen 78f

T

Tetanus 122, 173, 251

Tiefbettfelge 324ff
Tiefdruckgebiet 14, 24ff
Töten von Tieren 181ff, 194
Tollwut 123f, 266
„Toter Mann" 242f
Trage 107f, 354
Tragfähigkeit 231
Traktion 299
Trockengestell 207
Trocknen von Kleidung 94f
Tropenerkrankungen 150f

U

Übelkeit 130, 132f, 152, 157, 170
Umlenkrolle 286ff, 293ff, 301, 311
Umrechnung 43, 352f
Universal Time
Coordinated (UTC) 73
Unterkühlung 155f, 281
Unterzuckerung 156f
UTM-Gitter 75

V

Verätzungen 121
Verbinden 114ff, 141f, 252ff
Verbrennungen 119f
Vergiftungen 140f, 157ff, 278f
Verrenkung 124f, 129
Verschlucken 138f
Verschüttung 34f
Verstauchung 124f, 130, 256
Verstopfung 278

W

Wagen, Großer, Kleiner 37f
Wagenheber 286, 322, 325

Wasserentsalzung 81f
Wasserfiltern 82f
Wassergewinnung 80ff
Wasserreinigung 83f
Wattiefe 331
Weltzeit 73
Wetterkarten-Symbole 23
Wetterregeln 13ff, 24f
WGS 84 64
Wiederbelebung 108ff, 276
Wild 181ff
Winde 286f, 290, 292ff, 308
Windgeschwindigkeiten 23, 28f
Windregeln 26ff, 30
Windrose 47
Winkelmesser 55
Winterdiesel 290
Wirbelsäulenverletzung 127, 276
»Wolf« 121f
Wolkentabelle 17
Wolkenwetterbedeutung 15ff
Wundnaht 121, 188f, 251, 272f
Wundversorgung 114ff, 117ff, 251ff, 271ff

Z

Zähllinien 41
Zahnabszess 162f, 279
Zahnfleischentzündung 162
Zahnfüllung 163, 170
Zahnrettungsbox 164
Zahnziehen 164f
Zeckenbiss-
erkrankungen 148ff, 282
Zweighütte 96, 99, 101